中国化妆品经营法律指引

焦汉伟 / 著

Legal guidelines for cosmetics business

中国法制出版社
CHINA LEGAL PUBLISHING HOUSE

前　言

目前，中国是全球第二大化妆品市场。但我国化妆品行业尚未完成行业集中，仍处在相对粗放发展阶段。2012 年，为了更好地促进化妆品企业发展，我着手从法律视角为化妆品经营者撰写一本系统的“化妆品经营法律指引”书籍。2013 年，我有机会以经营者角色深度参与化妆品经营，于是暂停了书籍出版。2019 年，书籍出版事宜重新提上日程。当站在律师和化妆品经营者两个视角重新审视书稿时，发现从法律视角看到的问题并不一定是化妆品经营的真正痛点。深思良久，我决定将书稿推倒重来，站在化妆品经营者和法律的全视角重理思路，从零起笔。

产业发展，规则是关键。本书在撰写过程中，又恰逢《化妆品监督管理条例》即将出台。《化妆品监督管理条例》是我国化妆品监管的基本法，将对我国化妆品行业下一阶段的发展产生根本性影响，因此我决定待新条例正式公布后再最终定稿。2020 年 6 月 16 日，《化妆品监督管理条例》正式颁布，于 2021 年 1 月 1 日起施行。此时，我第一时间结合新条例完成了本书的校正、撰写及定稿工作。最终，就有了呈现在大家面前的《中国化妆品经营法律指引》一书。

内容在精，不在多。本书抛弃了传统的、面面俱到的编撰理念，基于化妆品经营实践，站在经营和法律的全视角，抓取了“业务合规”“公司股权”“品牌管理”和“企业税负”4 个化妆品企业经营痛点，又进一步具体提炼出了化妆品经营者最关心的 48 个问题。全文分 4 个部分，一节一个话题进行探讨，并辅以典型案例。力求在最有限的时间内，让化妆品经营者领悟化妆品经营规则之关键。力图解惑，又不多一字，不浪费一分钟时间。

就企业经营而言，法律的首要价值在于指引，指引经营者采用最合适的方式实现商业目的；其次才是救济。用商业思维思考法律问题，用法律手段实现商业目的，致力于为伙伴创造价值。我衷心希望本书能够在一定程度上为中国化妆品经营者提供经营参考，帮助中国化妆品经营者在法律规则内更好地实现化妆品经营之商业目的，为我国化妆品行业的健康发展略尽绵薄之力。

此外，本书仅以发表日期为限分享化妆品经营规则信息，不构成具体法律意见或建议。法律事务具有特殊性，如有任何具体法律问题，请寻求专业人士的意见或建议。

本书如有不足之处，敬请广大专业人士、化妆品经营者和读者批评、指正。

焦汉伟

2020 年 8 月

目录 Contents

第一章　业务合规

第一节　《化妆品监督管理条例》重塑行业发展规则

法律为产业发展确立方向，并在很大程度上决定了产业发展空间。一部与时俱进的法律会在很大程度上引导、促进行业发展；一部滞后的法律则会制约行业的发展。就化妆品规模而言，我国有4000余家化妆品生产企业，但中小型企业约占90%，化妆品经营水平良莠不齐。就化妆品产品而言，化妆品属于快速消费品，产品区域性和季节性强，种类多，销售周期快，产品概念、配方和包装调整频繁，销售渠道灵活多样，消费者需求个性化，营销概念和推广策略个性化。《化妆品卫生监督条例》1989年发布，1990年实施。在30年的实施过程中，《化妆品卫生监督条例》在规范化妆品生产经营行为、加强化妆品监管方面发挥了积极作用，但随着经济社会和化妆品产业的快速发展，化妆品消费需求迅速增长，新概念、新原料、新技术、新渠道、新问题层出不穷，该条例表现出了极大的滞后性。如《化妆品卫生监督条例》重事前审批，重政府监管；轻企业自律，轻事后监管，不能充分发挥市场机制作用，与产业升级需求相背离，与国际化妆品监管趋势不同步；《化妆品卫生监督条例》中规定的监管手段相对匮乏，法律责任比较粗放，对违法行为的处罚力度较弱，没有建立以企业为主体的系统化风险管理制度，难以满足规范化妆品生产经营秩序的实际需要。2013年，《化妆品卫生监督条例》修订列入国务院立法工作计划，提上议事日程。2015 年，首次颁布修改草案。经过长时间调研与审议，国务院常务会议于 2020 年 1 月 3 日审议通过了《化妆品监督管理条例》。《化妆品监督管理条例》（以下简称“新条例”）于 2020 年 6 月 16 日正式公布，自 2021 年 1 月 1 日起实施。“新条例”是我国化妆品监管基本法，将对我国化妆品行业下一阶段的发展产生根本性影响。

一、调整化妆品分类，带来了挑战，也带来了机遇

化妆品概念、范畴和分类等问题是化妆品业务的基础问题，也是化妆品监管的基础问题。长期以来，我国相关化妆品法律法规对化妆品定义并不统一。在化妆品新产品层出不穷的今天，化妆品定义和边界的不统一也给化妆品经营带来了一定的困扰。经营实践中，也经常发生某种产品是否属于化妆品的争论，比如牙膏、美容针、肥皂、洗手液、漱口水等。“新条例”明确规定，化妆品是指以涂擦、喷洒或者其他类似方法，施用于皮肤、毛发、指甲、口唇等人体表面，以清洁、保护、美化、修饰为目的的日用化学工业产品。该定义在定性化妆品属于“日用化学工业产品”的同时，明确了化妆品的范畴是指施用于人体表面的产品。同时，“新条例”还调整了普通化妆品和特殊化妆品的范围。在延续特殊化妆品注册、普通化妆品备案管理的同时，将特殊化妆品由原来的 9 类化妆品调整为：染发、烫发、祛斑美白、防晒、防脱发的化妆品以及宣称新功效的化妆品。同时，“新条例”进一步规定，国务院药品监督管理部门根据化妆品的功效宣称、作用部位、产品剂型、使用人群等因素，制定、公布化妆品分类规则和分类目录。这意味着该后续分类规则和分类目录将更具体，更具有可操作性。“新条例”规定，育发、脱毛、美乳、健美、除臭 5 类原来归属于特殊化妆品范畴的产品不再归入特殊化妆品范畴，若上述产品管理由注册制改为备案制，则意味着化妆品经营企业出品上述 5 种功效产品将更加便捷，为化妆品企业经营带来新的机遇，但有待政策明确。此外，“新条例”明确了牙膏和香皂的定性问题。虽然牙膏等口腔护理用品的主要使用目的是清洁和美化，符合化妆品的定义，且美国、欧盟、

日本等国家和地区均将口腔护理用品纳入化妆品管理，但早期在我国，牙膏等口腔护理产品并不属于化妆品范畴，也不使用化妆品监管制度。为保持工作衔接，并参考国际惯例，“新条例”规定牙膏参照有关普通化妆品的规定进行管理；牙膏的具体管理办法由国务院药品监督管理部门拟订，报国务院市场监督管理部门审核、发布。上述调整必将对牙膏等口腔产品行业带来新的挑战。考虑到牙膏产品的特点，“新条例”在对牙膏规范监管的同时，还保留了适度的灵活性，第77条第1款明确规定：“牙膏参照本条例有关普通化妆品的规定进行管理。牙膏备案人按照国家标准、行业标准进行功效评价后，可以宣称牙膏具有防龋、抑牙菌斑、抗牙本质敏感、减轻牙龈问题等功效。牙膏的具体管理办法由国务院药品监督管理部门拟订，报国务院市场监督管理部门审核、发布。”此外，第2款还明确：“香皂不适用本条例，但是宣称具有特殊化妆品功效的适用本条例。”

二、确立注册与备案相结合的新原料管理制度，为化妆品原料创新松绑

化妆品是以天然、合成或者提取的各种具有不同作用的基本原料、辅助原料和功能性原料，经加热、搅拌和乳化等生产工艺和生产流程加工而成的混合物。化妆品的质量受化妆品原料、化妆品配方、化妆品生产工艺、化妆品生产流程、化妆品生产环境等多种因素的影响，其中化妆品原料对化妆品质量的影响最大。化妆品原料直接关系到化妆品的质量安全，关系到产品功效，关系到消费者的身体健康。化妆品经营实践中，因新原料许可条件苛刻，程序繁琐，化妆品企业申报化妆品新原料的积极性不高，通过许可的化妆品新原料数量更是有限，制约了化妆品原料行业的创新，也制约了我国化妆品行业的发展升级。《化妆品监督管理条例》参考国际经验，对化妆品新原料的管理制度有重大调整，由新原料许可制调整为新原料注册与备案相结合的管理制度。其中，对风险程度较高的防腐剂、防晒剂、着色剂、染发剂、美白剂等高风险原料实行注册管理，其他新原料则经过备案即可使用。对风险程

度不高的化妆品原料由许可制调整为备案制，为化妆品新原料的使用松绑，不仅有利于化妆品原料行业的创新，而且在很大程度上为化妆品行业的科技升级创设了有利条件。成分功效在很大程度上决定了产品功效，对主打科技和成分的化妆品企业而言，化妆品新原料创新的松绑，无论是从产品功效角度，还是从品牌宣传角度，都将大有作为。

三、确立以功效宣称和安全性评价为核心的产品管理制度，为产品开发套上了“紧箍咒”

根据欧盟定义，化妆品宣称是指通过标签、商业供给过程和广告，以文字、名字、商标、图案、数字或其他形式，明示或暗示地传递化妆品的产品特点或功能。化妆品宣称分为安全性宣称、功效性宣称和其他宣称，其中产品功效宣称最为重要。化妆品功效宣称是指传递化妆品功能和使用效果的宣称，如防晒、美白、控油、保湿、去屑等。化妆品属于快消品，产品功效宣称对化妆品销售的现实意义重大。出于营销的需要，化妆品通常都进行功效宣称。化妆品功效宣称与保护消费者权益关系密切，美国、日本、欧盟等发达国家和地区都对此进行严格规范。就化妆品功效宣称的管理，《化妆品监督管理条例》第22条规定：“化妆品的功效宣称应当有充分的科学依据。化妆品注册人、备案人应当在国务院药品监督管理部门规定的专门网站公布功效宣称所依据的文献资料、研究数据或者产品功效评价资料的摘要，接受社会监督。”初步确立了产品功效管理制度。同时，“新条例”借鉴欧盟做法，确立了产品安全评价制度，明确化妆品注册申请人和备案人应当自行或者委托独立的第三方机构，按照国务院食品药品监督管理部门的规定开展化妆品安全评估。同时规定，从事安全评估的人员应当具备化妆品质量安全相关专业知识，并具有5年以上相关专业从业经历。“新条例”还进一步规定，产品在注册或备案时，要提交产品安全评估资料。因此，化妆品企业在产品开发时，应严谨地对待产品功效性宣称评估和安全性评价，不能任性。

四、确立产品质量安全责任人制度，强化化妆品生产全过程监管

《化妆品监督管理条例》确立了生产环节看门人制度，明确要求生产企业指定质量安全负责人负责产品质量安全管理和产品出厂放行工作；在法律责任部分明确就特定违法情形，企业质量安全负责人要承担罚款、行业禁入等行政责任。“新条例”通过明确质量安全责任人，细化质量安全责任人的法律责任，倒逼化妆品企业重视化妆品生产环节产品质量安全。“新条例”实施后，化妆品生产企业质量安全责任人的安排和任命将变得日益重要，经营者应重视。另外，“新条例”将原质量监督部门发放的化妆品生产许可证与原食品药品监管部门发放的化妆品生产企业卫生许可证整合为化妆品生产许可证，明确企业自我管理义务，建立自查报告制度；化妆品注册人、备案人、受托生产企业应当定期对化妆品生产质量管理规范的执行情况进行自查；生产条件发生变化，不再符合化妆品生产质量管理规范要求的，应当立即采取整改措施；可能影响化妆品质量安全的，应当立即停止生产，并向所在地省、自治区、直辖市人民政府药品监督管理部门报告。通过事前化妆品生产许可证、事中质量安全责任人及企业自查、事后产品召回等制度建设，“新条例”从事前、事中和事后 3 个阶段对化妆品生产环节确立了全业务环节监管。

五、细化违法情形，加大处罚力度，大幅加重违法成本

就化妆品违法责任而言，《化妆品监督管理条例》细化了违法行为的违法责任，法律责任设置全面涵盖各种违法情形，为规范执法标准明确了边界。就加大处罚力度而言，主要表现在处罚金额的加重、责任人范围的扩大和新增行政处罚种类 3 个方面。首先，就罚款金额而言，生产经营者违法行为的处罚将罚款基数由违法所得调整为产品货值金额，并规定了最低罚款额度，处罚金额大大增加。货值金额，是指违法生产、经营化妆品（包括已售出和未售出的）的标价总额；没有标价的，按照同类化妆品的市场价格计算。最高按货值金额 30 倍处罚，意味着将会出现天价罚单。其次，“新条例”规定

生产企业有违法行为的除对企业进行处罚外，对企业负责人、质量安全负责人、安全评估人员等负有责任的自然人可以按照个人收入处以罚款、行业禁入等行政处罚，双罚制扩大了责任主体。再次，“新条例”还启用新的行政处罚种类“资格罚”。就特定违法行为，化妆品经营单位和个人将面临 3 年、5 年或终身化妆品行业禁入处罚。“新条例”细化了违法行为的法律后果，加大了处罚力度，极大地加重了化妆品经营违法成本，净化了行业竞争环境，将有利于规模企业、合规企业做大做强。

《化妆品监督管理条例》共 6 章 80 条，包括总则、原料与产品、生产经营、监督管理、法律责任和附则。后续，还会有一系列配套政策陆续出台及对老政策进行调整。“新条例”的出台，以确保产品安全为底线，以促进行业发展为目的，为化妆品企业打造了公平竞争的市场环境，将极大地引导、促进我国化妆品行业的高质量发展。站在中国化妆品行业发展 30 年的关键时期，“新条例”系统性地重塑化妆品行业规则，从化妆品范畴、化妆品原料、产品宣称、产品生产、经营责任等全视角设计了化妆品行业发展规则，层层责任明确到人，是立法的进步，也是化妆品行业未来发展的方向，对我国化妆品行业发展影响深远。

第二节　化妆品概念与分类

爱美之心，人皆有之。对美的追求，对化妆品的追求，自古有之。原始社会，古人在祭祀时把动物油脂涂抹在皮肤上，使自己的肤色看起来健康而有光泽，这就是最早的化妆行为之一。但就化妆品概念、范围、分类等问题至今无统一的定义，各国标准不同。化妆品概念和分类看似无关紧要，实则意义重大，因为它是化妆品经营、监管的基础性问题。属于化妆品范畴是适用化妆品监管制度的前提。同属化妆品，但不同种类的化妆品适用不同的监管制度；不同种类的化妆品需要不同的生产资质，甚至化妆品的分类边界在一定程度上影响代言人等合同的权益。化妆品概念和分类对化妆品经营者而言，意义重大。本节将探讨化妆品的概念和分类。

一、国外化妆品概念与分类

美国、欧盟、日本等化妆品市场对化妆品并没有统一的定义和分类。日本将化妆品同药品同等对待，日本化妆品主要受《药事法》管制。《药事法》对化妆品的定义为：化妆品是为了清洁、美化人体、增加魅力、改变容貌、保持皮肤及头发健美而涂擦、散布于身体或用类似方法使用的产品，是对人体作用缓和的物质。化妆品在日本被分为两类，一类叫“化妆品”，类似于我国所称的普通化妆品，包括香皂、洗发香波、护发素、雪花膏、化妆水、彩妆化妆品、牙膏等；另一类被称为“医药部外品”，类似于我国所称的特殊用途化妆品，包括药皂、去屑洗发香波、药用牙膏、染发剂、烫发剂、生发剂等。

美国食品药品管理局对化妆品的定义为：用涂擦、洒布、喷雾或其他方法适用于人体的物品，能起到清洁、美化，促使有魅力或改变外观的作用。化妆品在美国也被分为两类，一类叫“化妆品”，类似于我国所称的普通化妆品；另一类被称为“非处方药（OTC）”，类似于我国所称的特殊用途化妆品，包括止汗、育发、美白、防老化、防紫外线、去粉刺等。

二、中国化妆品概念

我国化妆品监管法规立法起步于改革开放后。经过四十余年的发展，目前化妆品监管法规体系已经形成，但对化妆品定义并不统一。随着《化妆品监督管理条例》的颁布，我们相信化妆品定义将逐步统一。《化妆品监督管理条例》对化妆品的定义是：“化妆品是指以涂擦、喷洒或者其他类似方法，施用于皮肤、毛发、指甲、口唇等人体表面，以清洁、保护、美化、修饰为目的的日用化学工业产品。”

通过对上述化妆品定义的分析，可以归纳出我国法律法规对化妆品的定义有以下 4 个特征：（1）产品定性上，化妆品属于日用化学工业产品。有些产品虽然具有清洁、美容修饰作用，但不是日用化学产品，则不属于化妆品，如美容仪。（2）使用部位上，化妆品直接接触人体皮肤表面。不直接接触人体皮肤的工业产品，如香薰产品、空气清新剂、洗洁精、洗衣粉、洗衣液、衣物柔顺剂、玻璃清洁剂等，虽然名称与化妆品产品相近，但其并不属于化妆品的范畴。正是因为化妆品是直接接触人体皮肤的工业产品，直接关系到消费者的人体健康和安全，各国都把化妆品划入特殊工业产品范畴，对其进行特殊监管。（3）使用方法上，化妆品是通过涂抹、喷洒或者其他类似方法散布于人体表面。通过口服、注射等其他方式进入人体皮肤的产品，如药片、肉毒杆菌、填充式丰乳水凝胶等产品，因使用方法不同则不属于化妆品范畴。因为化妆品的使用方法是通过涂抹、喷洒或者其他类似方法散布于人体表面，并不直接进入人体皮肤，所以国家对化妆品和直接进入人体皮肤的药品类注射剂实施不同的监管制度。（4）作用上，化妆品具有清洁、消除不良气味、护肤、美容和修饰作用。化妆品具有清除不良气味、护肤、美容和修饰作用是比较容易理解的，如香水等芳香类化妆品具有清除不良气味的作用；护肤霜等护肤类产品具有护肤功能；口红等修饰美容类化妆品具有修饰美容功能。化妆品具有清洁功能问题，因化妆品的清洁功能与洗涤用品的清洁功能具有相似性，通常容易混淆清洁类化妆品和洗涤用品的区别。清洁类化妆品和洗涤剂虽然都具有清洁的功能，但其使用部位不同，化妆品是直接接触人体皮肤表面的工业产品，而洗涤剂类产品是直接接触于物的工业产品；化妆品是用于人体的清洁，而洗涤剂类化妆品是用于物的清洁。因洗涤剂类产品是用于物的清洁而不是人体的清洁，所以对其适用的是与化妆品不同的监管模式。同时，还要注意是化妆品不具有医疗功效，这是化妆品与药品的重要区别之一。根据我国《药品管理法》的相关规定，药品是指用于预防、治疗、诊断人的疾病，有目的地调节人的生理机能并规定有适应症或者功能主治、用法和用量的物质，包括中药、化学药和生物制品等。药品是具有预防、治疗、诊断人的疾病之功能的产品，而化妆品则不具有上述医疗功效。我国《化妆品监督管理条例》规定，化妆品不得宣传医疗作用。因此，是否具有上述4个特点是判断是否属于化妆品的重要标准。

三、中国化妆品分类

化妆品产业是一个活跃度很高、创新性很强的行业。化妆品种类繁多，并没有统一的分类标准。比如，根据化妆品功能不同，可将化妆品分为清洁类化妆品、护理类化妆品和美容类化妆品；根据化妆品使用部位不同，可将化妆品分为发用类化妆品、肤用类化妆品和指（趾）甲类化妆品和口唇（齿）类化妆品。上述分类多是行业分类。我国相关化妆品法律法规基于对化妆品监管的需要对化妆品有特定的分类，具体为根据产品功能分为特殊用途化妆品和非特殊用途化妆品；根据产地分为国产化妆品和进口化妆品；根据生产工艺分为一般液态单元、膏霜乳液单元、粉单元、气雾剂及有机溶剂单元、蜡基单元和其他单元。上述3种分类具有法律意义，化妆品经营者必须关注。具体如下：

（一）特殊化妆品和普通化妆品分类

根据风险程度不同，《化妆品监督管理条例》对化妆品实行分类管理，将化妆品分为特殊化妆品和普通化妆品两类。国家对特殊化妆品实行注册管理，对普通化妆品实行备案管理。特殊化妆品是指因添加了特殊成分而具有特殊功效，且风险较高的化妆品。用于染发、烫发、祛斑美白、防晒、防脱发的化妆品以及宣称新功效的化妆品为特殊化妆品；特殊化妆品以外的化妆品为普通化妆品。我国对特殊化妆品和普通化妆品实施不同的监管制度。生产、进口特殊化妆品必须经监管部门批准取得注册证后方可生产、进口、销售；生产、进口普通化妆品则要在产品上市销售前进行产品备案，取得备案凭证。我国化妆品经营者需重视该分类。

（二）国产化妆品和进口化妆品分类

根据化妆品产地不同，我国《化妆品监督管理条例》将化妆品分为国产化妆品和进口化妆品两类。我国对首次进口的特殊用途化妆品施行注册制度，对首次进口普通化妆品施行备案制度。同为注册或备案管理，但进口化妆品注册或备案制度与国产化妆品注册或备案制度在具体要求、办理周期等方面均不相同。此外，进口化妆品标签标示与国产化妆品要求也不同，比如进口普通化妆品标签需要标注备案号，而国产普通化妆品并不需要标注备案号。

（三）一般液态单元、膏霜乳液单元、粉单元、气雾剂及有机溶剂单元、蜡基单元和其他单元分类

凡在中华人民共和国境内从事化妆品产品生产的所有企业和单位，不论其性质和隶属关系如何，都必须取得生产许可证才具有生产该产品的资格。任何企业不得生产和销售无生产许可证的化妆品。我国《化妆品产品生产许可证换（发）证实施细则》将化妆品按生产工艺不同分为一般液态类、膏霜乳液类、粉类、气雾剂及有机溶剂类、蜡基类和其他类 6 个申证单元；根据产品特性，又将前四个申证单元分为若干申证小类，其作用是用于化妆品换（发）生产许可证。我国化妆品生产企业在办理化妆品生产许可证时需要按照该分类进行相应生产条件的准备和申请文件的准备。因此，化妆品生产企业需关注该分类。具体分类如下：

申证单元	产品类型	产品举例
一般液态单元	护发清洁类	洗发液、洗发膏、发露、发油（不含推进剂）、摩丝（不含推进剂）、梳理剂、洗面奶、液体面膜等。
	护肤水类	护肤水、紧肤水、化妆水、收敛水、卸妆水、眼部清洁液、按摩液、护唇液、生发液、护肤精油、无纺布面膜等。
	染烫发类	染发剂、烫发剂等。
	啫喱类	啫喱水、啫喱膏、美目胶等。
膏霜乳液单元	护肤清洁类	膏、霜、蜜、香脂、奶液、洗面奶、无纺布面膜等。
	发用类	发乳、焗油膏、染发膏、护发素等。

续表

申证单元	产品类型	产品举例
粉单元	散粉类	香粉、爽身粉、痱子粉、定妆粉、面膜（粉）、浴盐、洗发粉、染发粉等。
	块状粉类	胭脂、眼影、粉饼等。
气雾剂及有机溶剂单元	气雾剂类	摩丝、发胶、彩喷等。
	有机溶剂类	香水、花露水、指甲油等。
蜡基单元	—	唇膏、眉笔、唇线笔、发蜡、睫毛膏、唇彩、液体唇膏等。
其他单元	—	不能归属于以上五类的产品。

需要指出的是，为贯彻落实即将实施的《化妆品监督管理条例》，国家药品监督管理局于 2019 年 7 月 29 日公布了《化妆品分类规则和分类目录》（征求意见稿），正式向社会公开征求意见。该意见稿按产品功效宣称、使用部位、产品剂型、使用人群，同时考虑使用方法，对化妆品进行细化分类。化妆品经营者要及时关注相关立法动态。

第三节　国产化妆品监管制度

化妆品直接与消费者皮肤接触，直接影响消费者身体健康，其安全性和功效性受到消费者、生产企业和政府监管部门的高度重视。从消费者角度，合格的化妆品能够起到清洁、保护、美容和修饰作用，给消费者带来愉悦感；不合格的化妆品则会引起化妆品接触皮炎、皮肤色素异常、毛发损害等一系列严重皮肤健康问题，对化妆品进行监管成为保障消费者身体健康重要而不可或缺的环节。从经营角度，化妆品生产企业违反化妆品监管法规，会导致极大的经营损失。若发生在产品上市环节，会导致产品无法准时上市，延误市场销售时机；若发生在产品销售环节，不仅会给品牌商誉造成难以弥补的重大损失，还会导致产品下架、产品召回、渠道进场费浪费、渠道罚款、包材报废、消费者投诉纠纷、行政处罚等经济损失。特别是在目前监管日益到位、职业“打假人”活跃的大环境下，品牌化妆品企业更要重视化妆品经营合规问题。本节将探讨国产化妆品监管制度。

一、国产化妆品监管机构

我国的化妆品监管机构有一个前后调整的过程。2008 年国务院机构调整前，我国化妆品监管工作主要由卫生部及相关卫生行政部门负责。2008 年国务院机构调整后，我国化妆品监管职责调整为国家食品药品监管管理部门负责，具体负责化妆品政策制定、化妆品生产许可审批、卫生监管管理、化妆品许可审批、化妆品备案等监管职责。2018 年，国务院机构改革，将国家工商行政管理总局的职责、国家质量监督检验检疫总局的职责、国家食品药品监督管理总局的职责、国家发展和改革委员会的价格监督检查与反垄断执法职责、商务部的经营者集中反垄断执法以及国务院反垄断委员会办公室等职责整合，组建国家市场监督管理总局，作为国务院直属机构。同时，组建国家药品监督管理局，由国家市场监督管理总局管理，但药品监管机构只设到省一级。此次机构改革完成后，国家药品监督管理局负责制定化妆品监管制度，负责化妆品研制环节的许可、检查和处罚。省级药品监督管理部门负责化妆品生产环节的许可、检查和处罚。市、县两级市场监督管理部门负责化妆品经营和使用环节质量的检查和处罚。新公布的《化妆品监督管理条例》明确规定，国务院药品监督管理部门负责全国化妆品监督管理工作；国务院有关部门在各自职责范围内负责与化妆品有关的监督管理工作。因此，目前我国化妆品的主要监管部门为市场监督管理部门，具体为药监局和市、县两级市场监督管理部门。

二、国产化妆品监管方式

根据《化妆品监督管理条例》规定，国家市场监督管理部门依法对化妆品进行监督管理。监管方式主要有事前监管和事后监管两种方式。事前监管主要是指在化妆品企业生产化妆品前，化妆品监管部门通过产品上市前的化妆品许可（备案）制度监督化妆品生产，主要包括化妆品生产行政许可、新原料注册、新原料备案、国产特殊化妆品注册、进口特殊化妆品注册、国产普通化妆品备案和进口普通化妆品备案等。事后监管是指化妆品监管部门对已取得《化妆品生产许可证》的企业和上市销售阶段的化妆品，组织定期和不定期检查，具体形式为：化妆品监管职能部门定期或不定期到化妆品生产企业或化妆品市场抽取一定比例的化妆品进行监管检测、化妆品不良反应检测、化妆品召回、化妆品安全再评估等。抽查的内容主要包括产品微生物、化妆品禁用物质、化妆品限用物质等是否违反我国化妆品监管法规等。

三、化妆品生产许可证制度

化妆品生产许可制度，是指国内化妆品生产企业在国内生产化妆品前，需在符合化妆品生产企业技术规范等条件下，向省级药品监督管理局提出生产许可申请，获得省级药品监督管理局颁发的化妆品生产许可证后方可生产相关化妆品。化妆品生产许可证制度是我国化妆品监管部门对化妆品生产企业进行卫生监管的重要方式之一。《化妆品监督管理条例》规定，从事化妆品生产活动，应当向所在地省、自治区、直辖市人民政府药品监督管理部门提出申请；省、自治区、直辖市人民政府药品监督管理部门应当对申请资料进行审核，对申请人的生产场所进行现场核查，并自受理化妆品生产许可申请之日起 30 个工作日内作出决定。对符合规定条件的，准予许可并发给化妆品生产许可证；对不符合规定条件的，不予许可并书面说明理由。但化妆品生产许可证制度前后有变化，具体为由全国工业产品生产许可证和化妆品生产企业卫生许可证，变更为化妆品生产许可证。原国家食品药品监督管理局于 2015 年发布的第 265 号《关于生产化妆品生产许可有关事项的公告》规定，自 2017 年 1 月 1 日起统一启用《化妆品生产许可证》；化妆品生产企业持有的原《全国工业产品生产许可证》和《化妆品生产企业卫生许可证》自动作废。《化妆品监督管理条例》对化妆品生产许可证制度给予了正式明确。目前，凡新开办化妆品生产企业，均需向所在地省级药品监督管理局提出申请办理化妆品生产许可证；省级药品监督管理局按照《化妆品生产许可工作规范》的要求，组织对企业进行审核，达到要求的核发《化妆品生产许可证》。化妆品生产许可证有效期为 5 年，其式样由国家药品监督管理局统一制定。同时，化妆品包装标识必须标注化妆品生产许可证批准文号。化妆品生产许可证制度是一项事前预防制度，通过设置化妆品生产企业生产化妆品的前置程序，在一定程度上起到了较好的化妆品安全预防效果。

四、国产普通化妆品备案制度

我国对国产普通化妆品监管实行备案制度，但在技术上前后有变化。初期，国产普通化妆品实行上市后备案，即我国化妆品生产企业在取得化妆生产许可证后即可生产国产普通化妆品；化妆品生产企业在完成企业内部质量控制程序，且检验合格后即可将相关产品上市销售；化妆品生产企业在产品上市销售后的法定期限内将相关产品资料报送省级化妆品监督管理部门进行书面备案，备案通过后获取书面非特殊用途化妆品备案凭证。在化妆品经营实践中，基于各种原因事后备案执行率极低，监管效果很差。为了加强国产非特殊用途化妆品管理，同时考虑到提高化妆品生产企业大量非特殊用途化妆品备案工作效率，国家食品药品监管部门于 2014 年将非特殊用途化妆品事后线下备案调整为产品上市前线上备案。自 2014 年 6 月 1 日起，国产非特殊用途化妆品上市前应按照《国产非特殊用途化妆品信息备案规定》的要求，进行产品信息网上备案，备案信息经省级药品监督管理局确认，由国家药品监督管理局政务网统一公布，供公众查询，省级药品监督管理局不再发放书面《国产非特殊用途化妆品备案凭证》。《化妆品监督管理条例》规定，国产普通化妆品应当在上市销售前向备案人所在地省、自治区、直辖市人民政府药品监督管理部门备案。目前，化妆品生产企业应在产品上市销售前将产品配方（不包括含量，限用物质除外）及销售包装（含产品标签、产品说明书）的信息按要求通过统一的网络平台报送至所在行政区域内的省级药品监督管理局进行产品备案；产品安全性评估资料、产品生产工艺简述、产品生产设备清单、产品技术要求及产品检验报告等资料由生产企业妥善保存、备查。委托生产的产品，委托双方应分别向所在行政区域内的省级药品监督管理局报送备案信息。仅供出口的，由实际生产企业向所在行政区域内的省级药品监督管理局报送备案信息。通过线上普通化妆品信息备案，开通公众查询通道，即保障了消费者知情权的实现，又满足了企业经营效率需求。

五、国产特殊化妆品注册制度

特殊化妆品是指用于染发、烫发、祛斑美白、防晒、防脱发的化妆品以及宣称新功效的化妆品。我国对特殊化妆品监管实行注册制度。《化妆品监督管理条例》规定，特殊化妆品经国务院药品监督管理部门注册后方可生产、进口。我国化妆品生产企业若要生产特殊化妆品，在取得化妆生产许可证后，还需通过申请获得特殊化妆品注册证，方可生产注册证载明的特殊化妆品。此外，国内化妆品生产企业在生产染发、烫发、祛斑美白、防晒、防脱发的化妆品以及宣称新功效的特殊化妆品时，还需要将准确的注册证文号标注在化妆品包装标识上。目前，特殊化妆品注册证集中在国家药品监督管理局统一办理。因不同产品检测项目不同，注册证办理周期差异性较大，办理周期一般在12－18个月左右。国家药品监督管理局通过特殊化妆品注册监管制度，事前对风险较大的特殊化妆品进行技术评审，有效地控制了特殊用途化妆品的安全性，避免企业片面追求产品功效，忽略产品安全。化妆品企业在进行特殊化妆品开发时，应充分考虑产品许可证办证周期，以免影响产品上市计划。化妆品属于快消品，市场变化瞬息万变，产品更新迭代特别快，目前12－18个月的办证周期极大地延误了特殊用途化妆品新品开发、上市周期，不能满足化妆品经营企业的需求，尚需进一步改革完善。

六、生产销售不合格化妆品被判刑 7 年

根据公开资料，2017 年 11 月，江苏泰州智女士在他人的推荐下，来到兴化市一家中医美容店，购买了包括净白无瑕焕颜霜、洗面奶、面膜等在内的一套中医堂系列美容化妆品。使用后不久智女士就感觉到身体不适，出现全身浮肿等情况。2018 年 2 月 4 日，智女士在江苏省中医院检查诊断为：汞中毒而导致肾病。2018 年 3 月 3 日，泰州市药监局接到智女士举报后会同兴化市公安局，对涉事美容店进行检查并查获系列问题化妆品。经查明该系列问题化妆品由广州甲生物科技有限公司生产销售，另一公司重庆乙化妆品有限公司参与销售。泰州市食品药品检验所对系列问题化妆品进行了检验，并出具检验报告，结论为：该系列化妆品汞含量严重超标。

2019 年 1 月 1 日，检察院指控广州甲生物科技有限公司、重庆乙化妆品有限公司和段某、李某等 14 人生产、销售伪劣产品罪，向兴化市人民法院提起公诉。2019 年 3 月 26 日，兴化市人民法院对该案作出一审判决：以生产、销售伪劣产品罪分别判处段某、李某有期徒刑 7 年、并处罚金 25 万元；对其他从犯或具有法定从轻处罚情节的人员分别判处缓刑、并处罚金；广州甲生物科技有限公司被判处罚金 50 万元、重庆乙化妆品有限公司被判处罚金 25 万元。后段某、李某不服一审判决，提起上诉。2019 年 7 月 12 日，泰州市中级人民法院二审维持原判。

第四节　化妆品进出口监管制度

目前，中国化妆品市场为全球第二大化妆品市场，仍处在快速增长期。为了分享我国高速增长的化妆品市场，国外化妆品企业纷纷加入这场盛宴。伴随着中国经济的高速发展和全球信息的加速流动，消费者的消费能力和消费意识日益增强，进口化妆品受到越来越多消费者的青睐。中国进一步下调

进口关税，特别是部分中高档商品的关税，为国外化妆品进驻中国市场铺垫了良好的基础。随之而来的是我国进口化妆品贸易额及检验检疫业务量呈急剧增长之势。同时，我国进口化妆品市场也存在很多挑战，如假冒伪劣进口化妆品无处不在、化妆品进出口监管过程中审批周期过长、特殊类进口化妆品审批通过率低、监管制度调整频繁等。上述问题使很多外资品牌进入中国市场面临很多挑战。本节探讨我国化妆品进出口监管制度。

一、化妆品进出口监管制度

化妆品进出口监管是指化妆品监管机构依法对化妆品经营企业进口和出口化妆品行为进行监督，保障行业有序发展，并依法追究化妆品经营企业及相关责任人违法进口或出口化妆品行为之法律责任。化妆品进出口监管是我国化妆品监管的重要组成部分。根据《化妆品监督管理条例》等相关法律法规的规定，我国对首次进口的特殊用途化妆品施行行政许可制度，对首次进口非特殊用途化妆品施行备案制度。此外，我国还对进出口化妆品实施强制检验检疫监管制度。化妆品监管机构对化妆品进出口环节的监管，保障了我国化妆品行业有序发展，保护了消费者合法权益；同时，也为化妆品经营企业进出口化妆品提供了制度保障，保障了化妆品企业进出口业务的顺利开展，促进了进出口化妆品市场健康有序发展。

二、化妆品进出口监管机构

早期，我国进出口化妆品监管机构主要为食品药品监管部门和国家质量监督检验检疫部门。2018 年国务院机构改革后，我国进出口化妆品监管机构主要为市场监督管理部门和海关。其中，药品监管部门承担着对首次进口特殊化妆品注册的工作职责，具体负责对首次进口的特殊化妆品进行技术评审，发给批准文号和证书；承担对首次进口普通化妆品备案的工作职责，对首次进口普通化妆品进行备案管理；同时，还对进口化妆品产品质量进行经常性卫生监督。2018 年国务院机构改革，将国家质量监督检验检疫总局的出入境检验检疫管理职责和队伍划入海关总署，海关部门主要主管全国进出口环节化妆品检验检疫监督管理工作。出入境检验检疫管理职责划入海关后，避免了对进出口化妆品进行重复检验、重复收费、重复处罚，减轻了企业负担。

三、首次进口特殊化妆品注册制度

化妆品监督管理部门为了规范化妆品进口行为，对从境外进口到我国销售的化妆品进行监督，进而实现保障消费者人身健康和安全的目的。目前，我国对进口的化妆品成品施行审批监管；对化妆品半成品和化妆品中间品不施行审批监管。其中，对首次进口的特殊化妆品成品施行注册监管制度，具体由国家药品监督管理局审批。首次进口特殊用途化妆品行政许可批件有效期为 4 年。需要指出的是，《国家药监局关于实施特殊用途化妆品行政许可延续承诺制审批有关事宜的公告》规定，自 2019 年 6 月 30 日起实行特殊用途化妆品行政许可延续承诺制审批制度，即特殊用途化妆品批准证件有效期届满需要续延的，经申请人自查并承诺符合法规和标准要求的，国家药品监督管理局准予其批件延续申请，事后再组织技术审查，并结合日常监督工作加强监督检查。超过有效期未申请者，按无批件处理。进口特殊化妆品注册批件和注册文号不得涂改、转让，严禁伪造、倒卖。进口特殊化妆品注册批件只对该批件载明的品种和生产国家、厂商有效。国外厂商或其代理商凭进口化妆品许可批件按国家有关规定办理进口手续。现阶段，进口特殊化妆品批文延期承诺制审批制度极大地提高了进口化妆品经营者的业务效率，就行政监管而言是一大进步。然而，作为快消品范畴的化妆品，市场变化瞬息万变，产品更新迭代特别快，目前进口化妆品卫生许可证约 12 – 18 个月的办证周期极大地延误了进口化妆品的市场机会，显然还不能满足进口化妆品经营企业的经营需求，尚需进一步完善。就化妆品的出口，除了在生产阶段进行卫生监管外，不在出口环节实施特殊的卫生监管制度。

四、首次进口普通化妆品备案制度

对首次进口的普通化妆品成品的监管，早期实行行政许可监管制度，现调整为备案监管制度。就首次进口普通化妆品监管而言，2018 年以前实行国家化妆品监管部门卫生许可和 11 个自贸区备案并行的监管制度；根据《国家药监局关于在全国范围实施进口非特殊用途化妆品备案管理有关事宜的公告》规定，自 2018 年 11 月 10 日起，首次进口普通化妆品由现行审批管理和自贸试验区试点实施备案管理并行的制度，调整为全国统一备案管理，国家药品监督管理部门不再受理进口普通化妆品行政许可申请。进口化妆品生产企业应当在产品进口前，委托境内责任人登录国家药品监管局政务网站（www. nmpa. gov. cn）“网上办事”栏目，通过“进口非特殊用途化妆品备案管理系统”网络平台，办理备案手续，取得电子版备案凭证后方可进口。备案产品按照“国妆网备进字（境内责任人所在省份简称）+四位年份数字+六位顺序编号”的规则进行编号。境内责任人注册地在天津、辽宁、上海、浙江、福建、河南、湖北、广东、重庆、四川、陕西等前期已经开展自贸试验区试点实施进口非特殊用途化妆品备案管理的省（市）行政区域范围内的，在备案系统填报上传完成电子版资料后，向所在地省级食品药品监督管理部门办理备案。境内责任人注册地在其他省（区、市）行政区域范围内的，在网上备案系统填报上传完成电子版资料后，向国家药品监督管理部门办理备案。首次进口非特殊用途化妆品备案凭证有效期均为 4 年。

五、化妆品进出口检验检疫制度

目前，海关部门为了规范进出口化妆品质量，维护社会公共利益和进出口贸易有关各方的合法权益，对进口到我国销售的进口化妆品和我国化妆品企业出口到国外市场销售的化妆品依法进行检验检疫。通过对化妆品检验检疫，保护了消费者的健康和安全，防止欺诈行为的发生。目前，我国对进出口的化妆品成品、化妆品半成品和化妆品中间品均实行强制检验检疫制度。

进口到我国境内市场销售的进口化妆品需检验合格后方可进口销售；化妆品企业出口的化妆品需要检验合格后方可出口到境外。化妆品进出口环节的检验检疫主要包括标签检验和产品检验两个内容。化妆品标签检验，是指国家质量监督检验检疫部门对进出口化妆品标签中标示的反映化妆品卫生质量状况、功效成分等内容的真实性、准确性进行符合性检验，并根据有关规定对标签格式、版面、文字说明、图形、符号等合规性进行检验。化妆品标签审核的内容包括：（1）标签所标注的化妆品卫生质量状况、功效成分等内容是否真实、准确；（2）标签的格式、版面、文字说明、图形、符号等是否符合有关规定；（3）进口化妆品是否使用正确的中文标签；（4）标签是否符合进口国使用要求。化妆品产品检验检疫，是指海关按照《化妆品安全技术规范》等国家技术规范的强制性要求对报检的进出口化妆品产品进行检验。检验检疫机构对进出口化妆品实施检验的项目包括：化妆品的标签、数量、重量、规格、包装、标记、品质、卫生等。上海口岸首次进口化妆品成品、化妆品半成品和化妆品中间品的检验检疫程序为收货人备案、产品备案、报检、检验检疫和发证等环节；上海口岸非首次进口化妆品成品、化妆品半成品和化妆品中间品的检验检疫程序为收货人备案、报检、检验检疫和发证等环节。需要指出的是，就化妆品进口检验检疫程序，不同口岸、不同时期会有一定的区别。

需要关注的是，在首次进口特殊化妆品注册程序中，化妆品样品检验检测后还要经过国家药品监督管理局专家评审，然后方可批准注册，故特殊化妆品注册办理时间较长，从产品送检开始到取得批件通常在 12 – 18 个月左右。首次进口普通化妆品备案程序中，化妆品样品检验检测后不参加评审会议，所以备案时间较短，从产品送检开始到取得备案凭证通常在 4 – 5 个月左右。此外，就首次进口的化妆品，化妆品经营者应在产品进口前完成向我国化妆品监管部门申请首次进口特殊化妆品注册或普通化妆品备案工作，并将相应注册文号或备案文号标注在产品标签上，然后方可将产品进口到境内销售。否则，轻则影响正常的化妆品进出口业务进度，重则造成经济损失，甚至导致化妆品经营者需承担行政处罚等相应法律责任。

第五节　化妆品成分合规

在影响化妆品质量的上述众多因素中，化妆品原料对化妆品质量的影响最大。成分合规是化妆品产品合规的重中之重。化妆品成分不合规轻则导致经济损失，重则会导致产品安全质量事故，情节严重会涉嫌刑事犯罪。本节将探讨我国化妆品成分合规问题。

一、化妆品新成分经注册或备案后方可使用

我国《化妆品监督管理条例》将化妆品原料分为化妆品已使用原料和化妆品新原料两种。化妆品新原料是在我国境内首次用于化妆品的天然或者人工原料。其中，具有防腐、防晒、着色、染发、祛斑美白功能的化妆品新原料，经国务院药品监督管理部门注册后方可使用；其他化妆品新原料应当在使用前向国务院药品监督管理部门备案。化妆品经营者不得片面追求产品效果，擅自使用未经许可或备案的新原料。《已使用化妆品原料名称目录》明确了目前我国在化妆品生产领域已使用的化妆品原料成分有 8783 种，化妆品生产企业在化妆品生产过程中均可使用上述原料，但若使用超出该名单的新原料，应办理相关注册或备案手续后方可使用，否则即为不合规。化妆品经营者应认真学习《已使用化妆品原料名称目录》，熟练掌握已使用的化妆品成分。如果确有新原料需要使用，必须在使用前办理新原料注册或备案手续。需要强调的是，某些在国外化妆品中可以使用的原料，在我国并不当然是已使用原料，化妆品经营者在进口上述产品时需要重点关注。

二、化妆品禁用和限用成分不得违规使用

化妆品禁用成分是指我国化妆品法律法规明确规定不得在化妆品生产中使用的成分。化妆品限用成分是指在化妆品生产过程中虽可使用，但限制使

用浓度、限制使用范围、限制使用条件或标签上必须标印使用条件和注意事项。例如，使用硼酸、氢氧化钙等成分，应标注“防止儿童抓拿或3岁以下儿童勿用”的注意事项。具体而言，《化妆品安全技术规范》明确了汞、汞化合物、铅、铅化合物等禁用物质；规定了苯甲醛、硫化硒等限用物质，建立了我国化妆品特定原料禁限用制度。化妆品生产企业应当加强原料使用管理，严把原料进货关，严禁采购和使用来源不明、假冒伪劣的原料，不应为了产品特定功效使用化妆品禁用物质，也不得超量超范围使用限用物质。化妆品生产企业在追求产品效果的同时，要从化妆品安全的高度重视对原料的控制，掌握禁用物质的范围，严格按照《化妆品安全技术规范》要求坚决杜绝使用禁止使用的原料，严格控制限用原料的使用，按照限定的使用浓度、使用范围和使用条件使用限用原料，保证所生产的产品符合国家安全标准。需要指出的是，化妆品限用成分不规范使用是目前化妆品成分合规中比较突出的问题。

三、化妆品成分表应标注全部化妆品成分

为了保护消费者知情权，方便消费者选择产品，避开过敏原料，世界各国都制定了严格的法规来管理化妆品的成分。化妆品成分表是化妆品标签的重要构成部分。我国2010年6月17日以后生产或进口的化妆品原则上必须标注化妆品全成分，但供消费者免费使用并标有相应标识（如赠品、非卖品等）化妆品除外。所谓的化妆品成分是指化妆品生产者按照产品配方，有目的地添加到产品配方中，并在最终产品中起到一定作用的成分，如水、甘油、防腐剂、防晒剂、保湿剂、着色剂等。化妆品成分表应标注在化妆品销售包装的可视面上，并以“成分:”的引导语引出。化妆品成分表的标注必须真实，将配方中加入的全部成分真实地加以标注，不得隐瞒任何有目的添加的成分，也不得标注实际没有添加的成分。除了化妆品经营者有目的地加入的成分外，化妆品原料还可能会带进其他的物质，主要有两类：一类是原料厂家生产原料时为了保证原料的质量而添加进去的稳定剂、抗氧化剂、防腐剂等；另一

类是原料本身所带有或残留的技术工艺上不可避免的微量杂质。上述带入物质并不是有目的地添加进入化妆品的，故不用标注。同时，虽然在生产工艺中添加，但不与加入的其他成分发生化学反应，在最终产品中不存在的加工辅助剂等原料也不必标注。例如，在湿法制造固体粉底过程中添加的乙醇，在产品成型后将挥发，该成分不用标注。实践中，化妆品经营者需要特别注意以下 3 种特殊成分的标注问题：（1）复配成分。化妆品成分表对于化妆品原料中的混合物要分别标注混合前的各成分；提取液要分别标注提取物、留在提取液中的提取溶剂和稀释溶剂。（2）香精。香精中的香料、辅助成分、载体可以作为一个成分用“香精”一个词进行标注，香精中的辅助成分和载体不必作为单独成分列出。（3）着色剂。着色剂的名称采用着色剂索引号的英文缩写“CI”加上着色剂索引号，如“CI 12012”“CI 15633”等。如果着色剂没有索引号，则可采用着色剂中文名称。对于在产品中同时具有其他功效的着色剂，可以根据使用目的不同分别标注，也可以合并后标注。例如，二氧化钛既可以作防晒剂，也可以作着色剂，可以根据配方设计目的的具体标注，区别是作为着色剂以外的目的使用时需要用中文名称标注，作为着色剂使用时要用“CI”号标注。总之，在化妆品销售包装可视面上真实标注全部成分是原则，不标注成分表或在说明书等资料上标注成分表是例外。

四、化妆品成分表必须使用标准译名

根据规定，化妆品成分表需要按照《化妆品成分国际命名（INCI）中文译名》统一命名。对于没有收录在《化妆品成分国际命名（INCI）中文译名》的原料，企业可依次按照药典的名称、化学名称或植物学名称进行命名。目录中，有些成分除了有标准中文译名外，还在其后括号内有其他名称，化妆品经营者在进行化妆品成分表标注时可以按上述完整形式标注，也可以选择一种名称标注。例如，“tocopherol”成分的中文译名为“生育酚（维生素E)”，化妆品经营者可以标注“生育酚（维生素 E)”，也可以标注“生育酚”或“维生素 E”。此外，化妆品成分表标注成分标准译名时，经营者也可以在该成分正式名称的后面标注消费者易于理解的别名或俗名。例如，“忍冬”俗名是“金银花”，经营者在成分表中可标注为“忍冬（金银花）提取物”，但不得在产品成分表中单独标注该成分俗名“金银花”。这里需要强调的是，化妆品成分表虽不能单独标注化妆品成分俗名，但在化妆品产品名称或宣称中可以单独使用成分俗名，如“金银花祛痘乳液”。需要注意的是，根据《化妆品命名规定》要求，产品名称中使用具体原料名称或表明原料类别词汇的，应当与产品配方成分相符。产品名称中使用具体原料名称的，产品配方成分中应当含有该原料；产品名称中使用原料类别词汇的，产品配方成分中应当含有该类别能够包括的具体原料。产品名称中使用的原料名称为通俗名称的，该通俗名称应当与产品配方中该原料的标准中文名称具有一致性的对应关系。

五、化妆品成分表排列顺序应规范

根据规定，化妆品成分原则上应按照含量大小从高到低依次降序排列。其中，对于加入量大于1%的各成分，在产品成分表中按照产品配方中成分加入量递减的依次排列；如果成分的加入量小于或等于1%时，可以在加入量大于1%的成分后面任意排列。如果成分表中同一行标注两种或两种以上的成分名称时，在各个成分名称之间用“、”予以分开。需要特别注意以下3种化妆品成分的排序问题：（1）复配成分，应按照其混合前的物质含量排序。例如，某原料添加量为10%，而这个原料是由10% A和90% B两个成分组成的混合物，则在全成分标注时要将“A”和“B”进行标注；在对成分加入量排序时，需要将该原料在产品配方中的加入量与该原料中各成分所占的比例相乘后再排序。具体为：A的含量10%×10%=1%；B的含量为10%×90%=9%。最后再与配方中其他原料进行排序。需要强调的是，产品备案时仍应按照复配成分进行备案。（2）提取液，对提取液应分别按照提取物、留在提取液中的提取溶剂和稀释溶剂含量排序。例如，配方中添加量为2%的“玫瑰提取液”制造方法为：新鲜玫瑰花100g→玫瑰提取物0.1kg→加100%乙醇19.9kg稀释→得到玫瑰提取液20kg。因此，在此玫瑰提取液中玫瑰提取物占

0.5%；乙醇占99.5%。在对成分加入量排序时需要将该原料在产品配方中的加入量与该原料中各成分所占的相乘比例计算后再排序。具体为：玫瑰提取物的含量为2%×0.5%=0.01%；乙醇的含量为2%×99.5%=1.99%。最后再与配方中其他原料进行排序。（3）着色剂，对于产品中添加的着色剂不论其加入量是否大于或小于、等于1%，都可以在加入量大于1%的后面按任意顺序排列。另外，多色号的化妆品在标注着色剂时，成分表的结尾插入“可能含有的着色剂：”作为引导语，然后可以按任意顺序排列所有颜色范围的着色剂。

第六节 从大麻成分看化妆品原料新趋势

近年来，多个品牌推出了含有“大麻成分”的化妆品。大麻化妆品，就是添加了大麻成分的化妆品，主要指添加了工业大麻中的大麻二酚（CBD）、大麻籽油、大麻叶提取物等成分的护肤品。英国品牌Revolution、雅诗兰黛旗下品牌Origins和丝芙兰合作推出新面膜“Hello Calm”、The Body Shop都曾推出含大麻的护肤品；国内很多品牌也推出了含有大麻成分的化妆品。本文将探讨大麻成分与化妆品原料创新问题。

一、毒品大麻与工业大麻

很多人第一反应是“大麻”属于毒品，“大麻”化妆品合法吗？其实，大麻中致幻的成分是四氢大麻酚（THC）。根据四氢大麻酚（THC）含量，可以将大麻分为工业大麻和毒品大麻两种。工业大麻是指获准合法种植、四氢大麻酚含量低于0.3%的大麻属原植物及其提取物。我国将工业大麻称为汉麻，是大麻科大麻属1年生草本植物。我国云南省公安厅依据联合国公约和我国禁毒法律法规于2003年1月出台了《云南省工业用大麻管理暂行规定》，在国内首次明文提出了工业大麻的概念。2010年1月1日，云南省施行了

《云南省工业大麻种植加工许可规定》，成为全国至今唯一一个以法规形式允许并监管工业大麻种植的省份。根据《中国农业统计年鉴》和联合国粮农组织的统计数字显示，中国工业大麻种植面积占全世界一半左右。实践中，工业大麻（THC＜0.3%）不具备毒品利用价值，广泛应用于食品、医药、卫生、日化等领域。

二、化妆品原料目录管理制度

欧美等发达国家对化妆品原料的使用均建立了严格的管理制度；我国也对化妆品初步建立起了严格的管理制度。我国根据化妆品原料在国内是否为首次使用，将化妆品原料分为化妆品已使用原料和化妆品新原料两种。化妆品已使用成分是指《已使用化妆品原料名称目录》规定的成分，该目录明确了目前我国在化妆品生产领域已使用的化妆品原料成分 8783 种，化妆品企业可以自行决定使用上述 8783 种化妆品原料成分。化妆品新成分是指在国内首次使用于化妆品生产的天然或人工原料。大麻成分比较复杂，主要包括类脂物、黄酮类化合物、萜烯、碳氢化合物、非环形大苯酚、生物碱、柠檬酸银和环形大麻酚等，其含量视种类，以及萃取自大麻植物不同部分，区别很大。其中，大麻二酚（CBD）是最常用的大麻提取物，属于大麻中的非成瘾性成分，具有抗炎功效，可用于改善痤疮、湿疹和牛皮癣等皮肤炎性症状，此外它还具有非常有效的抗衰老、抗氧化功效，配合其他有机纯净化合物，能为肌肤提供天然的护理。据相关资料证实，使用大麻护肤品并没有任何风险，在欧美国家都是正常上市销售的。美国社会与临床研究机构在 2014 年发布的一份调查显示，从大麻植物中提取的大麻二酚（CBD）是一种极为有效的护肤成分，其富含脂肪酸，能填充皮肤细胞内的裂缝，用于护肤品中，具有美白、抗氧化、除皱、抗衰老、抗炎、除粉刺、修复深层基底细胞、深度清洁皮肤等作用。2015 年，国家食药总局发布的《已使用化妆品原料名称目录》中收录了“大麻叶提取物”“大麻仁果”和“大麻籽油”成分。因此，目前“大麻叶提取物”“大麻仁果”和“大麻籽油”为我国化妆品合法成分，但大麻二酚（CBD）等其他大麻成分则不可使用。根据《化妆品监督管理条例》规定，我国化妆品若使用“大麻叶提取物”“大麻仁果”和“大麻籽油”以外的大麻成分，则需要向国家食品药品安全监督管理局备案后方可使用。

三、化妆品新原料管理与原料创新

《化妆品监督管理条例》确立了目录管理与新原料注册备案相结合的原料管理制度，为化妆品新原料使用松绑。前期，《化妆品卫生监督条例》规定所有化妆品新原料均应当经过批准后方可使用。在化妆品经营实践中，因新原料许可条件苛刻，程序繁琐，化妆品企业申报化妆品新原料的积极性不高，通过许可的化妆品新原料数量更是有限。《化妆品监督管理条例》参考国际经验，对新原料实行注册与备案管理相结合，对风险程度较高的防腐剂、防晒剂、着色剂、染发剂、祛斑美白剂实行注册管理，其他新原料报总局备案即可。风险程度不高的化妆品原料由许可制调整为备案制，不仅有利于化妆品原料行业的创新，而且会在很大程度上为化妆品行业的科技升级创设有利条件。因此，虽然目前“大麻添加物”化妆品在化妆品应用中有限，但随着《化妆品监督管理条例》的实施，类似“大麻添加物”之类的化妆品新、奇、特原料使用会越来越普遍。

《化妆品监督管理条例》实施后，随着化妆品新原料备案制度的实施，必将有更多化妆品企业对化妆品新原料进行创新。无论是从产品功效角度，还是从品牌营销的角度，化妆品新原料创新必将大有作为，化妆品经营者应提早布局。

第七节　化妆品包装标签合规

改革开放以来，我国化妆品产品合规性有了很大的提高，部分产品质量已达到或接近国际先进水平。然而，与国际先进水平相比，目前我国仍存在部分化妆品档次低、质量差、优难胜、劣难汰的现象，对行业发展和人民生活质量的提高影响甚大。同时，上述现象也制约了我国民族化妆品品牌的整体竞争力的提高。就化妆品企业经营而言，化妆品包装、标签标示的合规与产品成分、内容物合规同等重要。若化妆品标识标签出现不合规现象，同样会导致产品无法准时上市、品牌商誉损失、产品下架、产品召回等重大经济损失。因此，化妆品企业应高度重视产品包装、标签标示合规问题。本节将探讨化妆品企业产品包装和标签合规问题。

一、化妆品包装不得过度

企业对产品进行包装是产品运输、仓储和销售所必需的，只有经过包装才能防止产品在流通过程中损坏或变质，才会更好实现销售。然而，近年来我国商品过度包装问题日益突出，不仅浪费资源，加剧环境污染，也损害了消费者的利益。随着消费者理性消费意识的增强，产品过度包装问题日益引起社会的关注。过度包装是指超出适度的包装功能需求，其包装空隙率、包装层数、包装成本等超过必要程度的包装。不同产品过度包装的标准也不同。在商品过度包装之风越演越烈的大环境下，化妆品一度是过度包装的重灾区。针对我国化妆品过度包装的现状，为推动我国化妆品生产企业减少商品中的消耗，推进资源节约型和环境友好型社会建设，由原国家质检总局与国家标准委共同发布的国家强制性标准《限制商品过度包装要求——食品和化妆品》(GB 23350－2009)。该标准对化妆品的包装空隙率、成本及层数都分别作出了明确的限制说明，对化妆品限制过度包装问题提出了要求，具体如下：(1) 化妆品包装空隙率限制。包装空隙率是指商品销售包装内不必要的空间体积与商品销售包装体积的比率。化妆品包装空隙率不得超过50%。(2) 化妆品包装成本限制。成本除初始包装之外的所有包装成本的总和不应超过商品销售价格的20%，其中商品销售价格的核定以商品制造商与销售商签订的合同销售价格或以该商品的市场正常销售价格计算。(3) 化妆品包装层数限制。包装层数是指完全包裹产品的包装的层数。化妆品包装层数不可超过3

层。因此，化妆品经营者在开发化妆品时，化妆品花盒等外包装要符合上述3个要求，否则则为不合格产品。

二、化妆品名称要规范

化妆品名称是消费者了解化妆品信息最直接、最重要的信息，必须科学、规范，便于消费者准确进行消费判断。为了保证化妆品名称的科学、规范，化妆品生产企业在给化妆品命名时必须遵循化妆品命名相关规定，谨慎选择化妆品命名用语。化妆品名称一般应当由商标名、通用名、属性名组成；名称顺序一般为商标名、通用名、属性名。其中，化妆品的商标名分为注册商标和未经注册商标；化妆品的通用名应当准确、客观，可以是表明产品主要原料或描述产品用途、使用部位等的文字；化妆品的属性名应当表明产品真实的物理性状或外观形态。如韩束防晒霜产品中“韩束”为注册商标名，“防晒”为通用名，“霜”为属性名。商标名、通用名、属性名相同时，其他需要标注的内容可在属性名后加以注明，包括颜色或色号，防晒指数，气味，适用发质、肤质或特定人群等内容。另外，化妆品命名必须符合下列原则：（1）符合国家有关法律、法规、规章、规范性文件的规定；（2）简明、易懂，符合中文语言习惯；（3）不得误导、欺骗消费者。进口化妆品的中文名称应当尽量与外文名称对应；可采用意译、音译或意、音合译，一般以意译为主。需要强调的是，化妆品命名禁止使用下列内容：（1）虚假、夸大和绝对化的词语；（2）医疗术语、明示或暗示医疗作用和效果的词语；（3）医学名人的姓名；（4）消费者不易理解的词语及地方方言；（5）庸俗或带有封建迷信色彩的词语；（6）已经批准的药品名；（7）外文字母、汉语拼音、数字、符号等；但表示防晒指数、色号、系列号的，或注册商标以及必须使用外文字母、符号表示的除外；注册商标以及必须使用外文字母、符号的需在说明书中用中文说明，但约定俗成、习惯使用的除外，如维生素C；（8）其他误导消费者的词语。

三、化妆品标签信息要完备

我国化妆品标签是指粘贴、连接或印在化妆品销售包装上的文字、数字、符号、图案和置于销售包装内的说明书。化妆品标签标识意义重大。化妆品标签是化妆品重要构成元素，其记载了大量的化妆品信息，是化妆品企业与消费者沟通的重要信息载体。消费者通过阅读化妆品标签中记载的内容，能够了解化妆品的功效、成分、保质期及使用化妆品注意事项等重要化妆品信息，为消费行为提供判断依据；消费者通过阅读化妆品标签记载的内容，还可以知悉化妆品的生产者和联系地址，可以在发生消费纠纷时直接与其取得联系，以维护消费者自身的权益。同时，化妆品标签也是政府质量监管部门获取产品信息的重要渠道之一，化妆品质量监管部门可以通过化妆品标签所记载的生产者、产地、成分、标准、许可证号等信息及时掌握化妆品具体情况。基于化妆品标签的重要性，化妆品企业必须保证规范。为了更好地保护消费者知情权，根据我国《产品质量法》等法律法规相关规定，化妆品标签必须标注如下内容：产品名称、生产者名称和地址、实际生产加工地、净含量、化妆品全部成分表、保质期、执行标准、质量检验合格证明、许可证信息和注意事项等内容。但有 3 种情况例外：（1）尚未进入流通领域的化妆品，可以免除标注上述内容。（2）供消费者免费使用并有相应标识（如赠品、非卖品等）的化妆品，可以仅标注化妆品名称、生产者名称和地址、保质期信息，其他内容可以免除标注。（3）净含量不大于 15g 或 15ml 的产品，只需标注化妆品名称、生产者名称、净含量、保质期和化妆品全成分表，其他内容可以免除标注；同时，化妆品成分表还可以标注在其他说明性材料中。因此，就化妆品标签信息完备性而言，法定强制性标注的信息必须标注完备、准确，不得遗漏，否则产品则为不合格化妆品。其他非法定强制性标注的信息，化妆品企业可以根据经营需要决定是否标示。

四、化妆品标签信息要合法

除了信息完备外，化妆品标签标示的信息还必须合法。化妆品标签标示的合法有广义和狭义两种理解。狭义的化妆品标签标示信息合法是指标注信息符合《化妆品监督管理条例》等化妆品行业监管法规的要求，如真实、不使用医疗术语、化妆品名称不使用拼音等。广义的化妆品标签标示信息合法是指标注信息既要符合化妆品行业法规要求，还要符合商标法、广告法、专利法、反不正当竞争法等法律法规的要求。本节探讨的化妆品标签信息合法主要是指广义上的合法范畴，这也是化妆品企业产品文案审核人员在对产品文案进行审核时最容易忽视的内容，也是大多数化妆品企业产品标识信息普遍面临的重大法律风险。比如，产品外包装是否与他人外观设计专利相同或近似？产品名称或产品系列名称使用的标识是否是他人注册商标？标签标示信息是否存在贬低竞品的不正当竞争信息？化妆品一旦触发上述风险，不仅会导致产品下架等损失，还会引起侵权、不正当竞争等法律纠纷，给公司经营带来极大的经营困境。目前很多化妆品企业将化妆品标签审核职责放在研发等技术部门，很多技术人员可以基于对化妆品技术规范的要求从狭义合法的角度审核化妆品标签，但他们很难从商标法、专利法、反不正当竞争法、广告法的角度对化妆品标签进行广义的合法性审核，因为多数技术人员法律素养相对有限。标签审核职责归入技术部门，而不经过法务部门的做法值得探讨。合理的制度设计应该是标签合规性审核工作由市场部、法务部和研发中心 3 个部门分工进行。国内化妆品企业要重视该问题。

化妆品作为时尚消费品，适当的包装不仅在运输环节或仓储环节对产品实施最佳保护，更能在销售环节上提高商品美感和商品市场价值，进而直接促成产品的市场销售。作为化妆品重要的构成元素的外包装，化妆品企业要从成本、工艺、功能、审美、合规等多角度审核考量，特别是化妆品包装的法定构成元素必须确保符合法律法规要求。

第八节　药妆品牌发展的规则性挑战

“药妆”是化妆品市场一个细分领域。根据公开资料，“药妆”这一概念最早在20世纪70年代首次提出，是指含有药物成分，介于药物和化妆品之间的制品。我国消费者对“药妆”具有独特的偏爱，但我国市场上并没有严格意义上的药妆产品，更没有严格意义上的药妆品牌。目前，我国市场上所谓的“药妆”主要以以下两种形式存在：一种是国外知名药妆品牌，利用其药妆品牌国际知名度在国内销售其旗下化妆品，但国内销售的产品并不宣称或标注产品具有特定的医疗作用；另一种是通过产品包装风格、产品成分、产品销售渠道、产品销售环境、药厂出品等医药风格的打造间接向消费者传达药妆或医药概念，但产品同样没有宣称或标注具有特定医疗作用。中国消费者酷爱药妆，为什么目前中国化妆品市场上并没有严格意义上的药妆产品，也没有成长出来严格意义上的药妆品牌呢？本节将探讨药妆品牌发展的规则性挑战问题。

一、产品医疗功效的宣传对药妆品牌至关重要

从经营的角度，产品、渠道和品牌是消费品发展3个核心要素。化妆品属于快消品，产品生命周期更短，产品更迭换代更快，产品功能性宣传的重要性尤其重要。产品功效宣称的独特性、针对性、创新性直接决定了品牌的形象，决定了产品的销量，进而决定了品牌建设的成败。什么是化妆品宣称呢？目前我国化妆品法律法规并没有明确。欧盟的《化妆品宣称合理性通用准则》界定了化妆品宣称的概念，即：通过标签、商业供给过程和广告，以文字、名字、商标、图案、数字或其他形式，明示或暗示地传递化妆品的产品特点或功能。通过欧盟上述定义可以看出，明示或暗示地传递化妆品的产品特点或功能的化妆品标签、包装、说明书、广告、代言人形象、宣传海报

等都属于化妆品宣称的范畴。就化妆品经营而言，无论是品牌推广、产品销售，还是渠道建设，均离不开通过包装标签、说明书、广告、代言人形象、宣传海报等形式宣传产品特点或功能。消费者往往也是通过化妆品宣称选择自己喜欢的品牌，从海量商品中筛选出适合自身需求的产品。正因如此，我们会发现无论是传统媒体，还是新兴媒体，化妆品广告曝光率极高。就药妆而言，其最大的卖点就是消炎、杀菌等医疗功效，因此无论是推广药妆产品，还是打造药妆品牌，均在很大程度上依赖产品特定医疗功效的宣传，药妆的医疗功效需要通过多样化的产品宣称进行传递。成熟药妆品牌发展离不开产品医疗功效推广；新兴药妆品牌的塑造更离不开产品医疗功效宣称。

二、我国禁止化妆品宣称医疗功效

世界各国（地区）化妆品监管部门普遍认为，化妆品和药品是两个不同的概念，应避免化妆品和药品概念的混淆。除了药品和化妆品外，世界大多数的国家在法规层面均不存在“药妆品”概念。部分国家的药品或医药部外品类别中，有些产品同时具有化妆品的使用目的，但这类产品首先要符合药品或医药部外品的监管法规要求，并不存在单纯依照化妆品管理的独立产品类别“药妆”，如日本。我国采用化妆品和药品分类管理的制度。《化妆品监督管理条例》规定，化妆品是指以涂擦、喷洒或者其他类似方法，施用于皮肤、毛发、指甲、口唇等人体表面，以清洁、保护、美化、修饰为目的的日用化学工业产品。解析上述化妆品概念可知，我国化妆品不以医疗功效为目的，也不得宣传化妆品具有医疗功效。此外，《广告法》也规定，除医疗、药品、医疗器械广告外，禁止其他任何广告涉及疾病治疗功能，并不得使用医疗用语或者易使推销的商品与药品、医疗器械相混淆的用语。2019 年 1 月 1 日，针对我国化妆品市场药妆泛滥的现状，国家药监局再次以《化妆品监督管理常见问题解答（一）》进一步明确了该问题：即对于以化妆品名义注册或备案的产品，宣称“药妆”“医学护肤品”等“药妆品”概念，属于违法行为。因此，在法律层面上，我国化妆品宣称中不得涉及疾病治疗功能，不得使用医疗用语，不得使用易与药品、医疗器械相混淆的用语。2021 年 1 月 1 日即将实施的《化妆品监督管理条例》也同样延续了药品、化妆品分类监管的方向，明确规定：化妆品标签禁止标注明示或者暗示具有医疗作用的内容。因此，医药分类监管的方向一脉相承、自始未变、仍将延续。上述规则决定了我国的化妆品不得宣称具有医疗功效，这对药妆产品推广或药妆品牌打造的影响是一个无法逾越的红线。

三、药妆品牌的“左和右”

行业发展，规则是关键。鉴于化妆品医疗功效宣称在药妆经营中的重要性和我国严格意义上药品、化妆品分类监管的制度，化妆品经营者想通过产品医疗功效宣称等方式打造严格意义上的国产药妆品牌，挑战巨大。这也是我国消费者虽然很偏爱药妆，但至今未诞生真正的药妆品牌的重要原因之一。在化妆品经营实践中，有些化妆品品牌会通过其药用成分、产品药品销售渠道、产品医药风格、药厂出品等方式间接传递药妆概念，但这并不代表化妆品具有医疗功效，并不意味着相应产品为药妆。面对无法逾越的规则红线，目前中国药妆市场更适合国外知名药妆品牌或药企利用已形成的品牌认知收割茫然的市场，而不太适合创立新兴药妆品牌。

第九节　美容仪经营规则

随着我国化妆品行业的蓬勃发展和消费者对美的追求不断升级，与美丽健康相关的美容仪如雨后春笋般出现。因其品类众多、功能多样、使用便利、富有科技感等特点，再加上商家大量广告宣传及网红、明星的推崇，美容仪销量近几年保持高速增长的趋势。据天猫国际数据显示，在 2019 年“618”期间美容仪销售额增长了 8 倍，“双 11”期间美容仪首小时成交同比增长 257%。新思界产业研究中心发布的《2018－2023 年中国美容仪行业市场现状及投资分析报告》显示："2017年我国美容仪产品市场零售额达到45.2亿元，同比增长达到886%，美容仪市场呈现爆发式增长。其中，抗衰老和去皱类美容仪占据总市场50%左右的份额，清洁类美容仪占据30%左右的市场份额。"鉴于美容仪的蓝海发展前景，传统的家电企业如奔腾、松下纷纷推出不同功能的美容仪，与此同时，一些化妆品企业如宝洁、倩碧也开始涉足此领域，开发出与护肤相关的美容仪，搭配其化妆品销售。面对蓬勃发展的美容仪市场，本节将探讨美容仪合规问题。

一、美容仪概念与分类

美容仪是一个新兴品类，目前国家法律法规和标准还没有专门针对美容仪的定义、分类作出明确规定。目前市场上对美容仪普遍的定义为：美容仪是一种利用物理、电子技术、光学等方法，作用于人体身体、面部，达到美容效果的仪器。从美容仪的使用部位来看，一般分为皮肤护理美容仪和毛发护理美容仪。其中皮肤护理美容仪包括面部皮肤护理美容仪（如蒸脸器）和身体皮肤护理美容仪（如瘦身仪）等；毛发护理美容仪包括脱毛类美容仪（如脱毛仪）、生发类美容仪（如电激光生发仪）和美发类美容仪（如卷发器、毛发定型器）等。从美容仪的作用原理来看，分为微电流类、离子导入类、射频类、光疗类、激光类、超声波类、熏蒸类等。从美容仪的功能来看，分为清洁类、美白类、抗皱类、祛痘类、吸黑头类、生发类、脱毛类、美发类等。目前，对美容仪尚没有法定的概念和分类。

二、美容仪与化妆品

针对消费者不同护肤、保养的需求，美容仪的产品功能也在不断细化，从清洁、补水、美白到抗皱、瘦脸、祛黑头、祛痘等层出不穷，其功能宣传与化妆品高度近似。从产品范畴上看，化妆品是日用化学工化产品，而美容仪是仪器或工具，尽管其功能与化妆品近似，但它不属于化妆品。

三、美容仪与医疗器械

美容仪的功能多样，既有清洁、紧致等基础功能，也有祛痘、祛皱、抗老、生发等特殊功能，那么这些具有特殊功能的美容仪，特别是在医院使用的、有具体特定治疗功效的美容仪，如生发仪、水光针、微针、强脉冲光脱毛仪等美容仪，是否属于医疗器械产品呢？《医疗器械监督管理条例》第 76 条第 2 款对医疗器械定义和目的作了明确规定："医疗器械指直接或者间接用于人体的仪器、设备、器具、体外诊断试剂及校准物、材料以及其他类似或者相关的物品，包括所需要的计算机软件；其效用主要通过物理等方式获得，不是通过药理学、免疫学或者代谢的方式获得，或者虽然有这些方式参与但是只起辅助作用；其目的是：（一）疾病的诊断、预防、监护、治疗或者缓解；（二）损伤的诊断、监护、治疗、缓解或者功能补偿；（三）生理结构或者生理过程的检验、替代、调节或者支持；（四）生命的支持或者维持；（五）妊娠控制；（六）通过对来自人体的样本进行检查，为医疗或者诊断目的提供信息。"目前我国对医疗器械实行目录管理。因此，符合医疗器械的定义和目的的美容仪属于医疗器械产品，如电激光生发仪、水光针、微针、射频微针治疗仪、强脉冲光脱毛仪等；不符合医疗器械的定义和目的的美容仪则不属于医疗器械产品，如高频皮肤美容仪、洁面仪、嫩肤仪等。不属于医疗器械产品的美容仪属于哪类产品呢？根据 GB5296. 2 －2008《消费品使用说明第 2 部分：家用和类似用途电器》中 3. 1 条规定，在家庭、寓所及类似用途场合，由非专业人员使用的电器装置属于家用和类似用途电器。根据该规定，不属于医疗器械产品的美容仪属于家用和类似用途电器类产品，即小家电范畴。

四、美容仪与 3C 强制认证

强制认证，是国家为保护消费者健康或者安全、保护动植物生命或者健康、保护环境等规定要求相关产品必须经过认证，经过强制认证的产品俗称 3C 产品。美容仪因作用于人体面部、身体，与消费者健康、安全相关，是否属于3C强制认证产品呢?《强制性产品认证管理规定》第10条第1款规定，列入目录产品的生产者或者销售者、进口商（以下统称认证委托人）应当委托经国家认监委指定的认证机构（以下简称认证机构）对其生产、销售或者进口的产品进行认证。而国家市场监督管理总局公告2020年第18号《市场监管总局关于优化强制性产品认证目录的公告》中与美容仪相关的产品只有第7类中第9种“皮肤和毛发护理器具”产品。根据（以下简称“目录公告”）中，对“皮肤和毛发护理器具”产品种类的描述是指“额定电压不超过250V，且用于对头发或皮肤护理的带电加热元件的个人护理器具”，但备注中强调“不包括医用皮肤、毛发护理器具、电动剃须刀等”。由此可见，美容仪若满足产品种类描述两个条件，则属于3C强制认证产品；反之有任意一项不符合（例如内置电池直流供电，或者没有电加热元件）则不属于3C产品。当然有些商家为了市场推广的需要，会将不在《强制产品认证目录》中的美容仪送去作自愿认证，取得《产品认证证书》，以证明产品的安全性，但这种《产品认证证书》与《中国国家强制性产品认证证书》是两种不同的证书。

五、美容仪标签标示

不同性质的美容仪，标签标注内容也不同。首先，属于医疗器械产品的美容仪标签，根据《医疗器械说明书和标签管理规定》的相应规定，标签一般应当包括以下内容：

1. 产品名称、型号、规格；

2. 注册人或者备案人的名称、住所、联系方式，进口医疗器械还应当载明代理人的名称、住所及联系方式；

3. 医疗器械注册证编号或者备案凭证编号；

4. 生产企业的名称、住所、生产地址、联系方式及生产许可证编号或者生产备案凭证编号，委托生产的还应当标注受托企业的名称、住所、生产地址、生产许可证编号或者生产备案凭证编号；

5. 生产日期、使用期限或者失效日期；

6. 电源连接条件、输入功率；

7. 根据产品特性应当标注的图形、符号以及其他相关内容；

8. 必要的警示、注意事项；

9. 特殊储存、操作条件或者说明；

10. 使用中对环境有破坏或者负面影响的医疗器械，其标签应当包含警示标志或者中文警示说明；

11. 带放射或者辐射的医疗器械，其标签应当包含警示标志或者中文警示说明。

若医疗器械标签因位置或者大小受限而无法全部标明上述内容的，至少应当标注产品名称、型号、规格、生产日期和使用期限或者失效日期，并在标签中明确“其他内容详见说明书”。同时，根据《医疗器械说明书和标签管理规定》相应规定，标签不得有下列内容：（1）含有“疗效最佳”“保证治愈”“包治”“根治”“即刻见效”“完全无毒副作用”等表示功效的断言或者保证的；（2）含有“最高技术”“最科学”“最先进”“最佳”等绝对化语言和表示的；（3）说明治愈率或者有效率的；（4）与其他企业产品的功效和安全性相比较的；（5）含有“保险公司保险”“无效退款”等承诺性语言的；（6）利用任何单位或者个人的名义、形象作证明或者推荐的；（7）含有误导性说明，使人感到已经患某种疾病，或者使人误解不使用该医疗器械会患某种疾病或者加重病情的表述，以及其他虚假、夸大、误导性的内容；（8）法律、法规规定禁止的其他内容。不属于医疗器械产品的美容仪标签，根据GB5296.2－2008《消费品使用说明第2部分：家用和类似用途电器》中5.2条规定，产品销售包装上应标注：产品名称、产品型号、色别指示、制造商名称和地址、产品标准编号。根据GB5296.2－2008《消费品使用说明第2部分：家用和类似用途电器》中5.3条规定使用说明书上应标注：产品名称、产品型号、产品性能特点、产品部件介绍、使用方法、注意事项、保养和维护、制造商名称和地址、执行标准编号和其他说明。

伴随着消费升级和生活水平提高，“90后”及“00后”年轻消费者尤其是女性消费者对于美的追求日趋升级，对于美容仪的认可度越来越高，美容仪的品类也越来越多。但目前我国美容仪市场才刚起步，还没有针对美容仪的相关定义、分类及技术等标准，消费者包括一些监管部门对美容仪的产品归类和资质要求还存在疑惑，美容仪生产、销售、宣传等经营上还是存在一些不规范的行为。我国美容仪器市场空间巨大，相信随着美容仪行业不断发展，以及未来美容仪市场监管体系的不断健全，我国化妆品市场将会涌现出一批优秀的美容仪品牌和高品质的美容仪产品。

第十节　跨境电商零售进口业务合规

近年来跨境电商规模快速扩大，成为外贸增长突出亮点。据海关统计，2018 年我国跨境电商零售进出口总额达到 1347 亿元，同比增长 50%。2019 年海淘订单销售额同比增长近六成、订单量同比增长逾八成，跨境网购市场日趋繁荣。与一般贸易方式相比，跨境电商零售进口业务有很多优势，如产品无需按照国内要求落地合规、货款直接跨境结算、一定额度内关税减免等，该贸易模式受到很多经营者青睐。例如，进口的特殊化妆品不需要办理注册批件，进口普通化妆品不需要办理备案，相比于一般贸易方式中首次进口的特殊化妆品需要漫长的许可审批而言，跨境电商简化了要求，加速了国外化妆品在国内的销售。在跨境电商蓬勃发展的时期，国家相关部门出台了一系列利好政策，但同时监管政策也由“松”到“紧”，对跨境电商的合规提出了新的要求，对不合规跨境电商业务提出了新的挑战。本节结合跨境电商最新监管政策探讨跨境电商零售进口主体、商品、税收和广告 4 个关键交易因素的合规问题。

一、跨境电商零售界定

根据《商务部、发展改革委、财政部关于完善跨境电子商务零售进口监管有关工作的通知》（商财发〔2018〕486 号）中规定，跨境电商零售进口，是指中国境内消费者通过跨境电商第三方平台经营者自境外购买商品，并通过“网购保税进口”或“直购进口”运递进境的消费行为。跨境电商零售进口（B2C）本质上是境外跨境电商经营者通过跨境电商平台向境内消费者出售境外产品，主要包括以下参与主体：（1）境外跨境电商企业，即跨境电商零售进口经营者，是指自境外向境内消费者销售跨境电商零售进口商品的境外注册企业，为商品的所有人，法律关系上为卖方角色。（2）境内消费者，指跨境电商零售进口商品的境内购买人，法律关系上为买方角色。（3）跨境电商平台，即跨境电商第三方平台经营者，是指在境内办理工商登记，为交易双方（境内消费者和跨境电商企业）提供网页空间、虚拟经营场所、交易规则、交易撮合、信息发布等服务，设立供交易双方独立开展交易活动的信息网络系统的经营者，如天猫国际、京东全球购、苏宁全球购、洋码头、蜜芽等。（4）境内服务商，指在境内办理工商登记，接受跨境电商企业委托为其提供申报、支付、物流、仓储等服务，具有相应运营资质，直接向海关提供有关支付、物流和仓储信息，接受海关、市场监管等部门后续监管，承担相应责任的主体，如支付宝、银联、邮政快递等。

二、跨境电商零售进口主体合规

就跨境电商零售进口主体而言，最关键是境外跨境电商企业和跨境电商平台。

（一）境外跨境电商企业

1. 承担商品质量安全的主体责任，并按规定履行相关义务。应委托一家在境内办理工商登记的企业，由其在海关办理注册登记，承担如实申报责任，依法接受相关部门监管，并承担民事连带责任。

2. 承担消费者权益保障责任，包括但不限于商品信息披露、提供商品退换货服务、建立不合格或缺陷商品召回制度、对商品质量侵害消费者权益的赔付责任等。当发现相关商品存在质量安全风险或发生质量安全问题时，应立即停止销售，召回已销售商品并妥善处理，防止其再次流入市场，并及时将召回和处理情况向海关等监管部门报告。

3. 履行对消费者的提醒告知义务，会同跨境电商平台在商品订购网页或其他醒目位置向消费者提供风险告知书，消费者确认同意后方可下单购买。告知书应至少包含以下内容：相关商品符合原产地有关质量、安全、卫生、环保、标识等标准或技术规范要求，但可能与我国标准存在差异。消费者自行承担相关风险；相关商品直接购自境外，可能无中文标签，消费者可通过网站查看商品中文电子标签；消费者购买的商品仅限个人自用，不得再次销售。

4. 建立商品质量安全风险防控机制，包括收发货质量管理、库内质量管控、供应商管理等。

5. 建立健全网购保税进口商品质量追溯体系，追溯信息应至少涵盖国外启运地至国内消费者的完整物流轨迹，鼓励向海外发货人、商品生产商等上游溯源。

6. 向海关实时传输施加电子签名的跨境电商零售进口交易电子数据，可自行或委托代理人向海关申报清单，并承担相应责任。

（二）跨境电商平台

1. 平台运营主体应在境内办理工商登记，并按相关规定在海关办理注册登记，接受相关部门监管，配合开展后续管理和执法工作。

2. 向海关实时传输施加电子签名的跨境电商零售进口交易电子数据，并对交易真实性、消费者身份真实性进行审核，承担相应责任。

3. 建立平台内交易规则、交易安全保障、消费者权益保护、不良信息处理等管理制度。对申请入驻平台的跨境电商企业进行主体身份真实性审核，在网站公示主体身份信息和消费者评价、投诉信息，并向监管部门提供平台入驻商家等信息。与申请入驻平台的跨境电商企业签署协议，就商品质量安全主体责任、消费者权益保障以及其他相关要求等方面明确双方责任、权利和义务。

4. 对平台入驻企业既有跨境电商企业，也有国内电商企业的，应建立相互独立的区块或频道为跨境电商企业和国内电商企业提供平台服务，或以明显标识对跨境电商零售进口商品和非跨境商品予以区分，避免误导消费者。

5. 建立消费纠纷处理和消费维权自律制度，消费者在平台内购买商品，其合法权益受到损害时，平台须积极协助消费者维护自身合法权益，并履行先行赔付责任。

6. 建立商品质量安全风险防控机制，在网站醒目位置及时发布商品风险监测信息、监管部门发布的预警信息等。督促跨境电商企业加强质量安全风险防控，当商品发生质量安全问题时，敦促跨境电商企业做好商品召回、处理，并做好报告工作。对不采取主动召回处理措施的跨境电商企业，可采取暂停其跨境电商业务的处罚措施。

7. 建立防止跨境电商零售进口商品虚假交易及二次销售的风险控制体系，加强对短时间内同一购买人、同一支付账户、同一收货地址、同一收件电话反复大量订购，以及盗用他人身份进行订购等非正常交易行为的监控，采取相应措施予以控制。

8. 根据监管部门要求，对平台内在售商品进行有效管理，及时关闭平台内禁止以跨境电商零售进口形式入境商品的展示及交易页面，并将有关情况报送相关部门。

三、跨境电商零售进口商品合规

根据相关规定，并不是全部商品均可通过跨境电商零售进口。通过跨境电商零售方式进口的商品应符合以下条件：（1）属于《跨境电子商务零售进口商品清单》内、限于个人自用并满足跨境电商零售进口税收政策规定的条件。（2）通过与海关联网的电子商务交易平台交易，能够实现交易、支付、物流电子信息“三单”比对。（3）未通过与海关联网的电子商务交易平台交易，但进出境快件运营人、邮政企业能够接受相关电商企业、支付企业的委托，承诺承担相应法律责任，向海关传输交易、支付等电子信息。目前跨境电商零售进口的商品执行的是2019年1月1日起施行的《跨境电子商务零售进口商品清单》，经营者在关注该商品清单中商品品类的同时，还应重点关注清单的"备注"项目，有不少产品是仅限网购保税进口，也有不少产品要同时符合其他文件的限制要求。另外，还有些类目只限特定的商品，例如税目号为38249999的"其他税目未列明的化学工业及其相关工业的化学产品及配置品"，在备注中明确说明"仅限蒸汽眼罩、暖宝宝贴、暖宫贴、肩颈及配置品"。对于跨境电子商务零售进口商品清单以外的商品，如处方药等，则不可通过跨境电商零售进口方式销售。同时，目前对跨境电商零售进口商品按个人自用进境物品监管，不执行有关境外商品首次进口许可批件、注册或备案等要求。例如，销售的境外医疗器械，无需按照我国规定办理注册或备案手续，极大地提高了交易的便利性和效率。

四、跨境电商零售进口税收合规

与一般贸易方式相比，跨境电商零售进口实行特殊的税收征管政策。跨境电子商务零售进口商品按照货物征收关税和进口环节增值税、消费税，购买跨境电子商务零售进口商品的个人作为纳税义务人，实际交易价格（包括货物零售价格、运费和保险费）作为完税价格，跨境电商平台、物流企业或报关企业为税款代扣代缴义务人，向海关提供税款担保，并承担相应的补税义务及相关法律责任。跨境电子商务零售进口商品的单次交易限值为5000元，年度交易限值为26000元；单笔限额的提升，意味着更多高价产品能进入跨境电商通道了，包括轻奢服装类、美容仪器类、高端箱包类、高端保健品等。在限值以内进口的跨境电子商务零售进口商品，关税税率暂设为0%；进口环节增值税、消费税取消免征税额，暂按法定应纳税额的70%征收。完税价格超过5000元单次交易限值但低于26000元年度交易限值，且订单下仅有一件商品时，可以自跨境电商零售渠道进口，按照货物税率全额征收关税和进口环节增值税、消费税，交易额计入年度交易总额，但年度交易总额超过年度交易限值的，应按一般贸易管理。跨境电子商务零售进口商品自海关放行之日起30日内退货的，可申请退税，并相应调整个人年度交易总额。如果不属于跨境电商零售进口模式，经营者则应该执行一般贸易税收政策。

五、跨境电商零售进口店铺广告合规

虽然跨境电商监管政策对跨境商品是否有中文标签不作限制要求，但要求在商品网页中有中文标签内容。网页中广告宣称是按原产地标准翻译发布，还是应符合我国相关法律法规呢？根据《中华人民共和国广告法》第2条第1款规定："在中华人民共和国境内，商品经营者或者服务提供者通过一定媒介和形式直接或者间接地介绍自己所推销的商品或者服务的商业广告活动，适用本法。"由此可见，跨境电商企业在平台上发布的广告内容，应符合《中华人民共和国广告法》《互联网广告管理暂行办法》的规定，如果属于保健食品还应符合《药品、医疗器械、保健食品、特殊医学用途配方食品广告审查管理暂行办法》的规定。

近几年，相关部门不断出台一些跨境电商政策法规文件，充分体现了国家对促进跨境电商零售进口规范发展的重视与决心。面对广阔商机，化妆品经营者在充分利用跨境电商的优惠政策的同时，也要注重主体、商品、税收、广告等方面的合规要求，唯有如此，才能达到跨境电商业务的可持续发展。化妆品经营者通过不合规的跨境购方式销售境外商品，轻则构成行政违法，重则涉嫌走私等刑事犯罪，经营者务必要重视上述业务合规问题。

第十一节　垄断行为识别与防范

竞争是社会发展最核心的机制。社会的发展离不开对效率和进步的不断追求。竞争能够最大限度地提升效率，推动创新，实现社会进步。从国内市场到全球市场，竞争程日益激烈；从产品、渠道、推广等前台业务领域到企业用工、员工考核等后台管理领域，竞争日益广泛。面对激烈的竞争，经营

者致力于提高效率，通过竞争求得生存和发展。众多因素会影响竞争，垄断为其中之一。垄断会阻碍竞争，导致市场竞争机制失灵。为促进市场经济健康发展，保护经营者和消费者的合法权益，我国先后颁布了《反垄断法》等法律法规。同时，在《反垄断法》框架下还制定有《关于经营者集中申报标准的规定》《禁止垄断协议暂行规定》《禁止滥用市场支配地位行为暂行规定》等配套规定。《反垄断法》目的在于反对排除、限制竞争，解决市场中没有竞争的问题，确保市场经济有序运行。我国化妆品市场经济进入了发展新阶段，现阶段垄断风险离化妆品企业越来越近，特别是规模化妆品企业。化妆品企业竞争应在法定边界范围内进行，否则将导致商业经营成果大打折扣。本节探讨企业经营实践中常见垄断行为识别、防范、反垄断执法应对等问题。

一、垄断法律责任

垄断法律责任是指行为人违反法定垄断义务，而承担的不利后果。经营实践中，经营者没有履行《反垄断法》等相关法律法规所设定的反垄断义务，实施了《反垄断法》禁止的垄断行为，除有豁免情形外，将会被反垄断执法部门认定为违法，要承担不利法律后果，具体法定不利后果有行政责任、民事赔偿责任或刑事责任。就行政责任而言，主要有：（1）经营者实施垄断协议或滥用市场地位的行为，将被责令停止违法行为，没收违法所得，并处上一年度销售额（指企业的总销售额而不是涉案销售额）1% 以上 10% 以下的罚款；（2）经营者违法实施经营者集中的行为，不仅可能被处 50 万元以下罚款，还可能被要求限期处分股份或者资产、限期转让营业以及采取其他必要措施恢复到集中前的状态；（3）经营者拒绝反垄断执法调查，相应个人和单位分别可能被处 2 万元、20 万元以下的罚款；情节严重的，个人和单位分别可能被处 2 万元以上 10 万元以下、20 万元以上 100 万元以下的罚款。就民事责任而言，经营者实施垄断行为，给他人造成损失的，依法承担赔偿损失、消除影响等民事责任。就刑事责任而言，拒绝、阻碍反垄断调查，构成犯罪的，依法承担刑事责任。中国经济发展进入新阶段，现阶段垄断风险离企业很近，我们建议经营者根据自身的业务性质、业务规模、财务状况、经营管理模式等识别和防范垄断风险，制定并实施适合自身的反垄断合规策略。

2019年长安福特汽车实施价格垄断被处罚1.628亿。福特汽车为知名汽车品牌。根据市场监督总局公开资料，2013年以来长安福特汽车有限公司（以下简称长安福特公司）在重庆区域内通过制定《价格表》、签订《价格自律协议》以及限定下游经销商在车展期间最低价格和网络最低报价等方式，限定下游经销商整车最低转售价格。长安福特公司违反《反垄断法》关于禁止经营者与交易相对人达成限定向第三人转售商品最低价格的垄断协议的规定。调查过程中，长安福特公司也没有提供证据证明相关行为符合《反垄断法》规定的豁免情形。市场监督总局认为，长安福特上述行为剥夺了下游经销商的定价自主权，排除、限制了品牌内的竞争，并实际削弱了品牌间的竞争，损害了相关市场的公平竞争和消费者的合法利益。2019年6月5日，市场监管总局作出国市监处【2019】18字行政处罚决定书，对长安福特公司实施纵向垄断协议依法作出处罚决定，对长安福特处以罚款1.628亿元。

二、垄断行为识别与防范

“垄断”一词源于《孟子》“必求垄断而登之，以左右望而网市利”，原指站在市集的高地上操纵贸易，后来泛指把持和独占。我国《反垄断法》所指的垄断是指排除、限制竞争或可能排除、限制竞争的行为，具体垄断行为有：经营者达成垄断协议；经营者滥用市场支配地位；具有或者可能具有排除、限制竞争效果的经营者集中；滥用行政权力排除、限制竞争。就上述4种垄断行为的识别与防范，具体如下：

（一）垄断协议

垄断协议，是指排除、限制竞争的协议、决定或者其他协同行为。从行为形式看，垄断协议主要表现为以下两类：

1. 横向垄断，即与具有竞争关系的经营者达成或实施垄断协议，也就是通常所说的合谋或者串谋，又被称为“核心卡特尔”。经营者应当独立地实施销售、采购及作出相关市场行为决策，避免与竞争性同行达成以限制竞争为目的的协议或行为。实践中，横向垄断形式有：（1）固定或者变更商品价格；（2）限制商品的生产数量或者销售数量；（3）分割销售市场或者原材料采购市场；（4）限制购买新技术、新设备或者限制开发新技术、新产品；（5）联合抵制交易；（6）串通投标等。经营者在经营中要避免与竞争性同行达成或实施上述垄断协议。同时，经营者也应当避免参与或者支持行业协会组织的经营者之间达成或者实施的以限制竞争为目的的垄断协议，包括以行业自律、章程等方式制定的排除、限制竞争的规则、规定、建议，以决议的形式统一定价、限制数量、划分市场，共同抵制、拒绝交易等。横向垄断是世界各国都严格禁止并处以最严厉处罚的行为，也是经营者面临的最主要的反垄断风险。

2. 纵向垄断，是指经营者与交易相对人缔结协议或者决定约束对方自主经营权行为，如品牌方与代理商之间达成的价格或区域独家销售协议等。纵向垄断协议的形式主要有：（1）固定转售价格；（2）限制转售最低价格；（3）区域独家销售；（4）区域独家采购等。特别是限制转售价格之价格维持行为在世界各国的竞争法中都是被禁止或者是受到限制的。如果经营者不能证明其转售价格维持行为未造成竞争损害且能为消费者带来福利，那么反垄断执法部门将认定经营者从事了垄断行为。在上述纵向垄断行为中，固定转售价格和区域独家销售是目前经营实践中经营者最现实的反垄断风险。

（二）滥用市场支配地位

市场支配地位是我们对于经营者市场力量的一种概括描述，具体是指经营者在相关市场内具有能够控制商品价格、数量或者其他交易条件，或者能够阻碍、影响其他经营者进入相关市场的市场地位。经营者拥有市场支配地位本身并不违法，法律并不反对经营者通过合法经营获得市场支配地位，也不反对拥有一定市场力量的经营者凭借更好的技术和更高的效率取得更大的成功。但经营者获取市场支配地位后不得滥用其市场支配地位限制或排除竞争，扰乱正常的竞争秩序。对经营者市场支配地位的认定，需要通过相关市场界定和相关因素的考量来综合评估。从操作性角度，除有相反证据证明以外，符合下列情形之一的可以推定经营者具有市场支配地位：（1）独自在相关市场的市场份额达到1/2；（2）与另一个经营者在相关市场的市场份额合计达到2/3，且均不低于1/10；（3）与另两个经营者在相关市场的市场份额合计达到3/4，且均不低于1/10。符合上述情形之一的，则为获取市场支配地位。就滥用市场支配地位的行为形式，主要有：以不公平的高价销售产品、以不合理的低价采购产品、没有正当理由以低于成本的价格销售产品、没有正当理由拒绝与特定相对人进行交易、没有正当理由限定当事人只能与其交易、没有正当的理由附不正当的交易条件、没有正当理由对条件相同的交易相对人区别对待等。经营者应当依法经营，诚实守信，严格自律，接受社会公众的监督，要特别注意避免实施限定交易、附加不合理交易条件、差别待遇等滥用市场支配地位的行为。如果经营者实施了上述行为，同时又拥有相关市场内的支配地位，那么就需要特别注意该等行为的反垄断合规问题。经营实践中，行业龙头企业，供水、供电、供气、电信、有线电视等关系国民经济命脉和国家安全的公用企业以及依法实行专营专卖的行业，在相关市场易被推定具有市场支配地位，反垄断法律风险较高。

（三）违法经营者集中

经营者集中，是指经营者合并，或者经营者通过取得股权或者资产的方式取得对其他经营者的控制权，又或者是经营者通过合同等方式取得对其他经营者的控制权或者能够对其他经营者施加决定性影响的情形。经营者集中本身并不违法，但不当的经营者集中行为可能会使得相关市场中出现经济力量过于集中的情况，从而对市场竞争造成阻碍或损害。按照反垄断法规定，经营者集中达到国务院规定的申报标准的，经营者应当事先向国务院反垄断执法机构申报，未申报的不得实施集中，否则即为垄断违法行为。根据《关于经营者集中申报标准的规定》相关规定，下列情形需要申报：（1）参与集中的所有经营者上一会计年度在全球范围内的营业额合计超过100亿元人民币，并且其中至少两个经营者上一会计年度在中国境内的营业额均超过4亿元人民币；（2）参与集中经营的所有经营者上一会计年度在中国境内的营业额合计超过20亿元人民币，并且其中至少两个经营者上一会计年度在中国境内的营业额均超过4亿元人民币。但经营者集中有下列情形之一的，可以不向国务院反垄断执法机构申报：（1）参与集中的一个经营者拥有其他每个经营者50%以上有表决权的股份或者资产的；（2）参与集中的每个经营者50%以上有表决权的股份或者资产被同一个未参与集中的经营者拥有的。国务院反垄断执法机构自收到经营者提交的符合规定的文件、资料之日起30日内，对申报的经营者集中进行初步审查，作出是否实施进一步审查的决定，并书面通知经营者。国务院反垄断执法机构作出决定前，经营者不得实施集中。国务院反垄断执法机构作出不实施进一步审查的决定或者逾期未作出决定的，经营者可以实施集中。国务院反垄断执法机构决定实施进一步审查的，原则上在决定之日起90日内审查完毕，作出是否禁止经营者集中的决定，并书面通知经营者。作出禁止经营者集中的决定，经营者不得实施集中。对外资并购境内企业或者以其他方式参与经营者集中，涉及国家安全的，除依照《反垄断法》规定进行经营者集中审查外，还应当按照国家有关规定进行国家安全审查。

（四）行政权力排除、限制竞争

行政权力排除、限制竞争，是指行政机关和法律、法规授权的具有管理公共事务职能的组织滥用行政权力，限定或者变相限制单位或者个人经营、购买、使用其指定的经营者提供的商品或服务的行为。我国《反垄断法》规定，行政机关和法律、法规授权的具有管理公共事务职能的组织不得滥用行政权力排除或限制竞争。在经营实践中，常见的行为方式有：（1）对外地商品设定歧视性收费项目，实行歧视性收费标准，或者规定歧视性价格；（2）对外地商品规定与本地同类商品不同的技术要求、检验标准，或者对外地商品采取重复检验、重复认证等歧视性技术措施，限制外地商品进入本地市场；（3）采取专门针对外地商品的行政许可，限制外地商品进入本地市场；（4）设置关卡或者采取其他手段，阻碍外地商品进入或者本地商品运出；（5）设定歧视性资质要求、评审标准或者不依法发布信息等方式，排斥或者限制外地经营者参加本地的招标投标活动；（6）采取与本地经营者不平等待遇等方式，排斥或者限制外地经营者在本地投资或者设立分支机构等。经营者在自身最大限度地识别和防范反垄断法律风险的同时，也应知晓《反垄断法》制止的行政机关和法律、法规授权的具有管理公共事务职能的组织滥用行政权力实施排除、限制竞争的行为方式。一旦遇到此类情况，经营者应当予以明确拒绝，并向反垄断执法部门投诉和举报。

三、反垄断执法与应对

我国《反垄断法》规定国务院设立反垄断委员会，负责组织、协调、指导反垄断工作，履行下列职责：（1）研究拟订有关竞争政策；（2）组织调查、评估市场总体竞争状况，发布评估报告；（3）制定、发布反垄断指南；（4）协调反垄断行政执法工作。目前，由市场监督管理部门具体承担反垄断执法职责，负责反垄断执法工作。若在经营中出现了涉嫌垄断的问题，面对反垄断执法调查，经营者应正确地予以配合，依法应对，维护自身合法权益。具体建议如下：

（一）主动配合

根据规定，若经营者参与了垄断协议行为，在该行为尚未被发现之前主动向执法机关报告该行为的，可获部分或全部免除相关处罚。如垄断行为已经造成损害后果的，应当主动、积极地消除、减轻相关后果和影响，就上述行为经营者可以根据《行政处罚法》的相关规定获得从轻或者减轻处罚。实施了垄断行为的经营者，在执法机构反垄断调查期间，被调查的经营者、利害关系人或者其他有关单位或者个人应当配合反垄断执法机构依法履行职责，不得拒绝、阻碍反垄断执法机构的调查。对反垄断执法机构依法实施的审查和调查，拒绝提供有关材料、信息，或者提供虚假材料、信息，或者隐匿、销毁、转移证据，或者有其他拒绝、阻碍调查行为的，将承担罚款等法定不利后果。

（二）积极应对

除了主动配合外，涉嫌垄断行为的经营者还可以积极采取以下有益的应对方式，力争减免罚款等。具体为：（1）申请宽大处理。就垄断协议的反垄断执法案件，经营者可以申请宽大处理。经营者对涉嫌违反《反垄断法》的行为，可通过主动报告反垄断执法部门未掌握的、对启动调查或者对认定垄断协议起到关键性作用的证据，如参与垄断协议的经营者、涉及商品范围、达成协议的内容和方式、协议的具体实施等情况，并持续配合反垄断执法部门直至调查终结的方式，以此申请适用宽大政策。反垄断执法机构将根据经营者主动报告的时间顺序、提供证据的重要程度以及达成、实施垄断协议的有关情况，决定是否减轻或者免除处罚。但该政策目前只适用于垄断协议案件。（2）申请中止调查。就垄断协议以外的反垄断执法案件，对涉嫌违反《反垄断法》的行为，经营者可在被反垄断执法机构调查的过程中，在反垄断执法部门掌握足够认定违法行为的证据之前，通过书面承诺在反垄断执法部门认可的期限内采取具体措施消除行为影响的方式，提出中止调查书面申请。反垄断执法机构会在考虑行为的性质、持续时间、后果、社会影响、承诺的措施及预期效果等具体情况后，决定是否中止调查。但中止调查制度不适用于固定或者变更商品价格、限制商品生产或者销售数量、分割销售市场或者原材料采购市场的涉嫌垄断协议案件。

（三）权利救济

在反垄断执法过程中，经营者合法权益受法律保护。根据《反垄断法》《行政处罚法》等相关规定，反垄断政执法人员在调查取证过程中，若不出示执法证件或执法人员少于2人，被调查经营者可以不予配合。就反垄断执法人员要求经营者签署的法律文书，经营者在签字前应认真阅读其记载的内容，若与事实不符，可以拒绝签字。经营者在收到《行政处罚预先告知书》后，若对告知书所告知的处罚事实、理由和处罚依据有异议的，应积极进行申辩，并提供相应的证据，以维护企业的合法权益。经营者对行政处罚的申辩应在法定期限内作出；否则，期限届满后视为放弃申辩的权利。若经营者对行政处罚有异议，还可以在法定期限内通过行政复议或行政诉讼的方式维护经营者自身合法权益。但行政复议与行政诉讼二者有很大的区别。例如，行政复议对行政行为是否合法与适当进行审查；行政诉讼原则上只对行政行为是否合法进行审查，对是否适当不予审查。又如，行政复议一般没有最终的法律效力，相对人对复议不服，还可以提起行政诉讼。因此，经营者在选择救济途径时，要针对行政处罚决定的具体情况选择合适的救济途径。

第十二节　不正当竞争行为识别与防范

竞争是社会发展最核心的市场机制。竞争有边界，正当的竞争提升效率，推动创新，实现优胜劣汰。恶性竞争，扰乱市场秩序，导致劣币驱逐良币。为更好地促进市场经济健康发展，保护经营者和消费者的合法权益，我国先后颁布了《反垄断法》《反不正当竞争法》等竞争性法律法规。二者共同的目的都是确保市场经济有序运行，但各自侧重点有所不同。《反垄断法》重在保护竞争自由，反对排除、限制竞争，解决市场中没有竞争的问题；《反不正当竞争法》重在保护竞争公平，反对不正当竞争，解决的是市场中的竞争是否公平有序的问题。目前在化妆品市场竞争中，仿冒混淆、商业贿赂、虚假宣传、损害商誉、侵犯商业秘密等不正当竞争行为时有发生，化妆品经营者不正当竞争的风险巨大。本节将探讨企业经营实践中不正当竞争行为识别、防范、救济等问题。

一、不正当竞争法律责任

不正当竞争法律责任，是指行为人违反正当竞争的法定义务，而承担的不利后果。经营实践中，若经营者没有履行《反不正当竞争法》等相关法律法规所设定的正当竞争义务，实施了《反不正当竞争法》所禁止的不正当竞争行为，将承担法定不利后果。《反不正当竞争法》规定，经营者违反本法规定，应当承担民事责任、行政责任和刑事责任，其财产不足以支付的，优先用于承担民事责任。就行政责任而言，经营者实施不正当竞争行为将承担停止违法行为、没收违法所得、罚款等法定不利后果。就民事责任而言，《反不正当竞争法》规定经营者实施不正当竞争行为，给他人造成损害的，应当依法承担赔偿等民事责任。因不正当竞争行为受到损害的经营者的赔偿数额，按照其因被侵权所受到的实际损失确定；实际损失难以计算的，按照侵权人因侵权所获得的利益确定。赔偿数额还应当包括经营者为制止侵权行为所支付的合理开支。若经营者实施混淆仿冒行为或侵犯商业秘密行为，权利人因被侵权所受到的实际损失、侵权人因侵权所获得的利益难以确定的，由人民法院根据侵权行为的情节判决给予权利人500万元以下的赔偿。就刑事责任而言，我国《刑法》则规定了损害商业信誉商品声誉罪、非国家工作人员受贿罪、侵犯商业秘密罪等罪名。目前的竞争环境中，恶性竞争风险与经营者形影相随，我们建议经营者根据自身的业务性质、业务规模、财务状况、经营管理模式等识别和防范不正当竞争风险，制定并实施适合自身的反不正当竞争合规策略。

加多宝公司与广药集团因产品红色易拉罐包装装潢问题引发不正当纠纷。加多宝公司与广药集团发生“王老吉”商标合同纠纷后，加多宝公司从2011年12月开始生产、销售一面标注有“王老吉”，另一面标注有“加多宝”的红罐包装装潢的凉茶产品。嗣后，广药集团在商标合同纠纷中胜诉，收回了“王老吉”商标的使用权。商标纠纷裁决后，加多宝公司从2012年5月10日开始生产、销售两面均标注有“加多宝”红罐包装装潢的凉茶产品。2012年6月，广药集团授权其旗下广州王老吉大健康产业有限公司（以下简称广州大健康产业有限公司）开始生产、销售“红罐包装装潢”王老吉凉茶。2012年7月，就“红色易拉罐包装装潢”归属及使用问题，加多宝公司把广州大健康产业有限公司告上法庭，要求大健康公司停止不正当竞争行为，并索赔3096万元。接着，就“红色易拉罐包装装潢”的使用问题，广药集团又把鸿道（集团）有限公司和加多宝告上法庭，后撤回对鸿道集团的起诉，要求加多宝公司停止不正当竞争行为，并索赔 1.5 亿元，遂引发对于“红色易拉罐包装装潢”归属不正当竞争之争。一审广东高院判决加多宝公司败诉，判令加多宝公司停止使用红色包装，并赔偿广药集团损失人民币 1.5 亿元。嗣后，加多宝公司上诉。2017 年 7 月 27 日，最高人民法院作出终审判决[①]：涉案知名商品特有包装装潢权益，在遵循诚实信用原则和尊重消费者认知并在不损害他人合法权益的前提下，可由广药集团与加多宝公司共同享有；广药集团所称加多宝公司构成不正当竞争，侵害其知名商品特有包装装潢权益的主张不能成立，撤销（2013）粤高法民三初字第 2 号民事判决，驳回广药集团全部诉讼请求。

二、不正当竞争行为识别与防范

不正当竞争行为，是指经营者在生产经营活动中违反《反不正当竞争法》的规定，扰乱市场竞争秩序，损害其他经营者或者消费者的合法权益的行为，如仿冒、商业诋毁、侵犯商业秘密、发布虚假广告等。通常，不正当竞争行为具有下列特征：（1）不正当竞争行为的主体是经营者，非经营者不构成不正当竞争。所谓经营者，是指从事商品生产、经营或者提供服务（以下所称商品包括服务）的自然人、法人和非法人组织。（2）不正当竞争行为是违法行为，主要表现在违反了反不正当竞争法的规定，既包括违反了反不正当竞争法关于禁止各种不正当竞争行为的具体规定，也包括违反了反不正当竞争法规定的自愿、平等、公平、诚实信用等原则规定。（3）不正当竞争行为是侵权行为，具体是指不正当竞争行为损害了或者可能损害经营者的合法权益。（4）不正当竞争行为具有多种社会危害性。不正当竞争行为不仅直接或者间接地损害了竞争者和消费者的利益，更重要的是还危害了市场竞争机制的正常秩序。就不正当竞争行为的形式，经营实践中比较典型的、突出的不正当竞争行为具体如下：

---

① 最高人民法院（2015）民三终字第 3 号。

（一）混淆仿冒

混淆仿冒行为，是指经营者在市场经营活动中，以种种不实手法仿冒他人产品推销自己产品，使用户或者消费者产生误解或错误认识，扰乱市场秩序、损害竞品利益和消费者利益的行为。经营实践中，具体表现形式有：（1）擅自使用与他人有一定影响的商品名称、包装、装潢等相同或者近似的标识；（2）擅自使用他人有一定影响的企业名称（包括简称、字号等）、社会组织名称（包括简称等）、姓名（包括笔名、艺名、译名等）；（3）擅自使用与他人有一定影响的域名主体部分、网站名称、网页等；（4）其他足以引人误认为是他人商品或者与他人存在特定联系的混淆行为。混淆仿冒行为是目前市场竞争中比较突出的不正当竞争行为，“傍名牌”或“搭便车”现象较为普遍，经营者应关注。可以借鉴，但不可抄袭。商标、商号、产品名称、产品系列名、特有“ICON”、产品独创性的瓶型、产品独创性的花盒、产品特有的色调、域名等商业标识均为经营者重要品牌构成要素，属于经营者重要的知识产权，受法律保护。在产品创新中，经营者要清晰认知他人品牌的边界，避免越界，引起不必要的不正当竞争法律风险。

（二）虚假宣传

虚假宣传，是指经营者利用广告和其他方法，对产品的性能、功能、质量、销售状况、用户评价、曾获荣誉等作虚假或者引人误解的商业宣传，欺骗、误导消费者，或通过组织虚假交易等方式，帮助其他经营者进行虚假或者引人误解的商业宣传。各类虚假广告和其他虚假宣传不仅误导用户及消费者作出错误的消费决策，引发了大量社会问题，还侵犯了其他经营者的合法利益，造成行业竞争秩序的混乱。不正当竞争范畴内的虚假宣传类型有狭义虚假宣传和引人误解宣传两种，具体形式有虚构用户评价、虚构交易量、网络刷单等。目前，虚假宣传行为在电商和新零售领域尤为突出，很多网红或达人在带货过程中随意对商品的质量、制作成分、性能、用途、生产者、成交量、用户评价、荣誉、有效期限、产地等作引人误解的虚假宣传，不仅损害了消费者利益，更严重损害了竞品利益，甚至存在劣币驱逐良币的市场风险。经营实践中，首先，经营者商业宣传行为要合法，如食品、化妆品等产品的商业宣传不得宣称产品有医疗功效；其次，经营者商业宣传行为要真实，比如不得宣称产品包治百病等不具有的功能、功效等；再次，经营者商业宣传行为要准确、清楚，不得引起误解，如用实验室等特定环境下空调功效测试数据作为常规产品功效数据宣传。商业宣传行为做到了合法、真实、准确，才能有效避免不正当竞争的法律风险。

（三）商业诋毁

商业诋毁，是指经营者捏造、散布虚假信息或误导信息，损害竞争对手的商业信誉、商品声誉，从而削弱其竞争力的行为。商誉是社会公众对市场经营主体名誉的综合性积极评价，它是经营者长期努力追求，刻意创造，并投入一定的金钱、时间及精力才取得的，良好的商誉本身就是企业一笔巨大的无形财富。在经济活动中，良好的品牌商誉会通过促进销售，提高销售额、利润等形式回报它的主人。法律对通过积极劳动获得的商誉给予尊重和保护，对以不正当手段侵犯竞争者商誉的行为予以严厉制裁。商业诋毁类型有捏造散布虚假信息和捏造散布误导性信息两类，具体行为形式主要有：捏造散布虚假事实贬低他人企业商誉、捏造散布虚假事实损害竞品商誉、捏造散布虚假事实贬低他人商品声誉、捏造传播误导性信息损害他人企业信誉等。经营者违法损害竞争对手商业信誉、商品声誉的，由监督检查部门责令停止违法行为、消除影响，处10万元以上50万元以下的罚款；情节严重的，处50万元以上300万元以下的罚款。其中，捏造散布虚假信息，情节严重的会涉嫌犯罪。我国《刑法》第221条规定，捏造并散布虚伪事实，损害他人的商业信誉、商品声誉，给他人造成重大损失或者有其他严重情节的，处2年以下有期徒刑或者拘役，并处或者单处罚金。经营者在经营实践中，应谨慎传播竞品信息，特别是未经核实的信息。

（四）违法有奖销售

违法有奖销售，是指经营者在销售商品或提供服务时，以提供奖励（包括金钱、实物、附加服务等）为名，实际上采取欺骗或者其他不当手段损害用户、消费者的利益，或者损害其他经营者合法权益的行为。有奖销售是一种有效的促销手段，其方式大致可分为两种：一种是奖励给所有购买者的附赠式有奖销售，另一种是奖励部分购买者的抽奖式有奖销售。法律并不禁止有奖销售行为，但禁止可能造成不良后果、破坏公平竞争规则的有奖销售。违法有奖销售的形式主要有：（1）所设奖的种类、兑奖条件、奖金金额或者奖品等有奖销售信息不明确，影响兑奖；（2）采用谎称有奖或者故意让内定人员中奖的欺骗方式进行有奖销售；（3）抽奖式的有奖销售，最高奖的金额超过 5 万元。上述情形是经营者在有奖销售时的红线，特别是高额抽奖式有奖销售，经营者要高度关注。

（五）侵犯商业秘密

商业秘密，是指不为公众所知悉、能为权利人带来经济利益、具有实用性并经权利人采取保密措施的技术信息、经营信息等商业信息。商业秘密权是权利人劳动成果的结晶，商业秘密权是权利人拥有的一种无形财产权。商业秘密不同于专利和注册商标，它可以为多个权利主体同时拥有和使用，只要获得及使用手段合法，如自主研究开发或者通过反向工程破译他人商业秘密等。产品配方、科研技术、客户信息、企业运营信息、财务数据都会涉及商业秘密保护问题。经营实践中，常见的侵犯商业秘密的行为有：（1）以盗窃、贿赂、欺诈、胁迫、电子侵入或者其他不正当手段获取权利人的商业秘密；（2）披露、使用或者允许他人使用以前项手段获取的权利人的商业秘密；（3）违反保密义务或者违反权利人有关保守商业秘密的要求，披露、使用或者允许他人使用其所掌握的商业秘密；（4）教唆、引诱、帮助他人违反保密义务或者违反权利人有关保守商业秘密的要求，获取、披露、使用或者允许他人使用权利人的商业秘密；（5）第三人明知或者应知商业秘密权利人的员工、前员工或者其他单位、个人实施上述侵犯商业秘密的违法行为，仍获取、披露、使用或者允许他人使用该商业秘密的。经营者既要保护好自身的商业秘密，又要避免商业秘密侵权。特别要指出的是，经营者应避免通过挖角竞品员工的方式获取他人企业的商业秘密，或以利益引诱方式获取他人商业秘密，情节严重的构成犯罪。

（六）商业贿赂

商业贿赂，是指在商品交易或服务活动中，经营者为争取交易机会，特别是争取获得相对于竞争对手的竞争优势或交易机会，通过不正当的手段收买客户的雇员、代理人或政府有关部门工作人员的行为。商业贿赂是商品经济发展的负面产物。广义范畴的商业贿赂有商业行贿、商业受贿等，但《反不正当竞争法》范畴内的商业贿赂主要是指经营者商业行贿行为。经营实践中，常见的商业贿赂形式为采用财物或者其他手段贿赂下列单位或者个人，以谋取交易机会或者竞争优势：（1）交易相对方的工作人员；（2）受交易相对方委托办理相关事务的单位或者个人；（3）利用职权或者影响力影响交易的单位或者个人。治理商业贿赂既是完善社会主义市场经济体制、维护市场经济运行秩序的必然要求，也是预防和惩治腐败的重要内容。这里需要强调的是，无论是基于正当商业利益，还是基于不正当商业利益，只要实施了上述行为均构成商业贿赂。其中，经营者为谋取不正当利益实施商业贿赂，金额较大的构成犯罪。我国刑法规定，为谋取不正当利益，给予公司、企业或者其他单位的工作人员以财物，数额较大的，处 3 年以下有期徒刑或者拘役，并处罚金；数额巨大的，处 3 年以上 10 年以下有期徒刑，并处罚金。单位犯前款罪的，对单位判处罚金，并对其直接负责的主管人员和其他直接责任人员，依照第 1 款的规定处罚。司法实践中，经营者对非国家工作人员行贿 6 万元以上为“数额较大”的起点，构成犯罪。经营实践中，商业让利和特定的行业潜规则，需要经营者关注。商业让利本身并不违法，该营销手段被广泛运用于营销和定价策略之中。经营者销售或者购买商品，可以以明示方式给对方折扣、给中间人佣金或给代理商员工贴花奖励，但经营者给对方折扣、给中间人佣金或对代理商员工的贴花奖励必须如实入账；反之，则有商业贿赂的风险。同时，在目前的大环境下特定行业还存在“行业潜规则”“行业惯例”“商业安排”等行为，如医疗行业支付医生回扣、旅游行业支付导游销售提成等。上述行为商业贿赂风险极大，相关经营者要高度关注，以免深陷囹圄。

（七）不正当网络竞争

不正当网络竞争，是指经营者利用技术手段，通过影响用户选择或者其他方式，实施妨碍、破坏其他经营者合法提供的网络产品或者服务正常运行的行为。通常，不正当网络竞争行为的形式有：（1）未经其他经营者同意，在其合法提供的网络产品或者服务中，插入链接、强制进行目标跳转；（2）误导、欺骗、强迫用户修改、关闭、卸载其他经营者合法提供的网络产品或者服务；（3）恶意对其他经营者合法提供的网络产品或者服务实施不兼容等。不正当网络竞争行为是电商兴起后出现的新现象，化妆品电商业务经营者需要关注。

第十三节 传销识别与防范

传销产生于“二战”后期的美国，成型于战后的日本，爆发于中国。国外传销的主要概念是以顾客使用产品产生的口碑作为动力，让顾客来帮助经销商宣传产品，销售产品，并分享一部分销售利润，是一种客户传播式销售。我国传销的概念是组织者发展人员，通过发展人员或者要求被发展人员以交纳一定费用为条件取得加入资格，并从上述人头费中非法牟利，本质是“庞氏骗局”，即先参与人员分享后参与人员的人头费，本身并未创造或实现价值。我国传销具有诈骗的属性，侵犯了参与人员的财产所有权，同时还扰乱社会管理秩序与经济秩序，社会危害极大。在我国市场经营发展过程中，传销曾给我国市场经济发展造成极大的混乱，特别是20世纪末期，导致很多家庭支离破碎，引发了严重的社会问题。鉴于传销的严重危害性，我国对传销行为一直持高压打击态度，具体由工商行政管理部门和公安机关在各自的职责范围内查处传销行为。现阶段，化妆品企业经营产品销售渠道和销售方式呈现多元化趋势，微商、新零售、网红带货等方式层出不穷。同时，化妆品经营者被处罚的案例频繁爆出，给经营者带来了极大的困惑或疑问。在销售渠道创新过程中，化妆品经营者一定要清晰地认知传销的边界，进行商业模式合法化评估，避免引起传销法律风险。本节将探讨传销行为的识别、防范等问题。

一、传销法律责任

传销法律责任，是指行为人实施了传销行为而承担的不利后果。就传销行为的法律责任，主要有民事责任、行政责任和刑事责任。就民事责任而言，经营者实施传销行为给他人造成损害的，应当依法承担赔偿等民事责任。就行政责任而言，具体为：（1）参加传销的，由工商行政管理部门责令停止违法行为，可以处 2000 元以下的罚款；（2）介绍、诱骗、胁迫他人参加传销的，由工商行政管理部门责令停止违法行为，没收非法财物，没收违法所得，处 10 万元以上 50 万元以下的罚款；（3）组织、领导、策划传销的，由工商行政管理部门没收非法财物，没收违法所得，处 50 万元以上 200 万元以下的罚款。就刑事责任而言，我国《刑法》第 224 条之一规定，组织、领导以推销商品、提供服务等经营活动为名，要求参加者以缴纳费用或者购买商品、服务等方式获得加入资格，并按照一定顺序组成层级，直接或者间接以发展人员的数量作为计酬或者返利依据，引诱、胁迫参加者继续发展他人参加，骗取财物，扰乱经济社会秩序的传销活动的，处 5 年以下有期徒刑或者拘役，并处罚金；情节严重的，处 5 年以上有期徒刑，并处罚金。

天津权健公司被判构成传销犯罪。根据天津市武清区人民法院判决信息，2007 年以来权健自然医学科技发展有限公司（以下简称权健公司）以高额奖励为诱饵，引诱他人购买成本与售价严重背离的产品成为权健公司会员，再以发展会员的人数为依据进行返利，诱使会员继续发展他人参加，形成金字塔式层级关系，获取巨额经济利益。束某辉作为权健公司实际控制人，对公司组织、领导传销活动起决定作用，其他人分别按照束某辉的授意参与组织、领导传销活动，或作为权健公司经销商，发展会员参与传销活动。2020 年 1 月 8 日，天津市武清区人民法院对权健公司及权健公司实际控制人束某辉等 12 人组织、领导传销活动一案依法公开宣判，认定被告单位权健公司及被告人束某辉等 12 人均构成组织、领导传销活动罪，依法判处被告单位权健公司罚金人民币 1 亿元，判处被告人束某辉有期徒刑 9 年，并处罚金人民币 5000 万元；对其他 11 名被告人分别判处 3－6 年不等的有期徒刑，并处罚金；对违法所得予以追缴，上缴国库。权健公司实际控制人束某辉当庭表示认罪。该事件对行业影响很大，经营者应关注。

二、传销识别

传销是在直销基础上发展起来的一种商品销售形式，又称为“多层次传销”。根据《禁止传销条例》第 2 条规定，传销是指组织者或者经营者发展人员，通过对被发展人员以其直接或者间接发展的人员数量或者销售业绩为依据计算和给付报酬，或者要求被发展人员以交纳一定费用为条件取得加入资格等方式牟取非法利益，扰乱经济秩序，影响社会稳定的行为。传销严重扰乱社会秩序，影响社会稳定。我国《刑法》《禁止传销条例》等法律法规均明令禁止传销。经营实践中，比较典型的传销行为有以下 4 种行为方式：（1）入门费方式，即组织者或者经营者通过发展人员，要求被发展人员交纳费用或者以认购商品等方式变相交纳费用，取得加入或者发展其他人员加入的资格，牟取非法利益。（2）拉人头方式，即组织者或者经营者通过发展人员，要求被发展人员发展其他人员加入，对发展的人员以其直接或者间接滚动发展的人员数量为依据计算和给付报酬（包括物质奖励和其他经济利益），牟取非法利益。（3）团队计酬方式，即组织者或者经营者通过发展人员，要求被发展人员发展其他人员加入，形成上下线关系，并以下线的销售业绩为依据计算和给付上线报酬（包括物质奖励和其他经济利益），牟取非法利益。（4）入会费并拉人头方式，即组织者或经营者以推销商品、提供服务等经营活动为名，要求参加者以缴纳费用或者购买商品、服务等方式获得加入资格，并按照一定顺序组成层级，引诱、胁迫参加者继续发展他人参加，直接或者间接以发展人员的数量作为计酬或者返利依据，牟取非法利益的。在目前的监管政策下，上述行为均为典型传销行为，为我国法律所禁止，经营者应予以关注，以免越界。上述4种方式均为广义上的违法传销，只有第4种方式“入会费并拉人头相结合方式”才会涉嫌构成犯罪。

三、传销犯罪

很长一段时间，我国对严重传销行为的打击多是通过以诈骗入罪的方式进行。2009年2月28日，《刑法修正案（七）》正式将“组织、领导传销活动罪”独立入罪，具体规定在我国《刑法》破坏市场经济秩序罪部分之合同诈骗罪之后。至此，对传销活动的打击正式上升到法律层面。根据《刑法》第224条之一规定，组织、领导以推销商品、提供服务等经营活动为名，要求参加者以缴纳费用或者购买商品、服务等方式获得加入资格，并按照一定顺序组成层级，直接或者间接以发展人员的数量作为计酬或者返利依据，引诱、胁迫参加者继续发展他人参加，骗取财物，扰乱经济社会秩序的传销活动的，处5年以下有期徒刑或者拘役，并处罚金；情节严重的，处5年以上有期徒刑，并处罚金。单位实施上述行为，对单位判处罚金，并对其直接负责的主管人员和其他直接责任人员，依照上述规定处罚。传销活动的组织者、领导者，是指在传销活动中起组织、领导作用的发起人、决策人、操纵人，以及在传销活动中担负策划、指挥、布置、协调等重要职责，或者在传销活动实施中起到关键作用的人员。需要强调的是，组织、领导传销活动罪所打击的传销仅指收取“入门费并拉人头”形式的金字塔欺诈销售，并不包括单一“团队计酬”方式。同时，相关司法解释进一步明确规定，以销售商品为目的、以销售业绩为计酬依据的单纯的“团队计酬”式传销活动，不作为犯罪处理。当然，就“入门费并拉人头”的传销行为，只有达到一定社会危害才会构成犯罪。就该问题，2013年《最高人民法院、最高人民检察院、公安部关于办理组织领导传销活动刑事案件适用法律若干问题的意见》第1条中规定，组织内部参与传销活动人员在30人以上且层级在3级以上的，应当对组织者、领导者追究刑事责任。“30人以上且层级3级以上”是对传销组织内部人数和层级数的计算；对组织者、领导者直接或者间接发展参与传销活动人员人数和层级数的计算包括组织者、领导者本人及其本层级在内；3 级以上包括 3 级。具体“层级”和“级”是指组织者、领导者与参与传销活动人员之间的上下线关系层次，而非组织者、领导者在传销组织中的身份等级。主观上具有诈骗牟利的主观故意，在客观上实施了收取会员费、拉人头的传销行为为经营高压线，经营者要远离。

四、传销防范

传销具有极大的社会危害性和复杂性，经营者应清晰认知其边界和法律后果。我们建议经营者根据自身的业务性质、业务规模、财务状况、经营管理模式等识别和防范传销风险，制定并实施适合自身企业的分销合规策略。尤其要关注以下内容：

1. 正确认知分销与传销，远离传销。所谓分销是指商品流通方式的一种，即生产者将产品通过一定渠道销售给消费者，是产品由生产者向销售者运动的过程。经营者通过分销将产品销售给终端消费者，实现企业的经济效益。分销渠道主要由分销渠道的起点品牌商、中间代理商和终点消费者构成，但均为互为独立的单层交易，不存在入门费、拉人头或团队计酬问题。我国地域广阔，地域差异性大，经营挑战多，在自营模式下对品牌方资金实力、人力资源配置、业务管理能力及供应链管理水平等要求较高，不便于快速开拓市场。在分销模式下，品牌方借助中间代理商落地，投入较少、效率较高、快速灵活，可以快速实现销售，是一种普遍的销售方式。分销与传销有着本质的区别：传销属于诈骗活动，通过收取会员费、拉人头或团队计酬方式实现非法获利，牟取非法利益，本身并未实现产品销售，其获利也不是来自产品销售；分销属于商业活动范畴，通过销售产品实现商业目的，追求正常的商业利益。经营者在经营中，要坚守分销边界，远离传销。

2. 规范业务模型，避免团队计酬。团队计酬不同于销售提成。销售提成是经营实践中一种常见的激励方式，在销售提成模式下员工或销售人员基丁自身销售业绩享受分红或奖励。团队计酬是指组织者或者领导者要求参与人员发展其他人员加入，形成上下线关系，并以下线的销售业绩为依据计算和给付上线报酬或返利的计酬模式。无入门费，无拉人头，以销售商品为目的、以销售业绩为计酬依据的单纯的“团队计酬”式行为，虽不涉及犯罪，但仍属于《禁止传销条例》所禁止的传销行为。团队计酬行为是目前经营者最大的传销风险。特别是微商渠道，要规范销售模型，原则上禁止团队计酬，以免触雷，引起不必要的传销法律风险。

第十四节　商业贿赂识别与防范

公平、有序的竞争实现优胜劣汰，促进社会发展。无序、恶性竞争扰乱市场，破坏社会发展。商业贿赂是典型的不正当竞争行为之一。商业行贿也好，商业受贿也罢，无不侵蚀着公平的竞争秩序，不仅损害经营者的合法权益，而且损害了消费者及社会利益。目前，国家也在从上至下大力打击商业贿赂，净化竞争环境。化妆品行业经营中对渠道等资源具有一定的依赖性，商业贿赂离化妆品经营者很近，特别是化妆品企业工作人员商业受贿。本节将探讨商业贿赂识别、防范等问题。

一、商业贿赂的前世今生

商业贿赂是商品经济发展的负面产物，早而有之，为各国法律所禁止。治理商业贿赂既是完善社会主义市场经济体制、维护市场经济运行秩序的必然要求，也是预防和惩治腐败的重要内容。我国《反不正当竞争法》和《刑法》均有相应禁止性规定。但《反不正当竞争法》范畴内对商业贿赂的界定，前后不同。2017 年版《反不正当竞争法》实施前，1993 年版《反不正当竞争法》就已对商业贿赂行为作出禁止规定。同时，国家工商总局于 1996 年还发布实施了配套文件《关于禁止商业贿赂行为的暂行规定》。1993 年版《反不正当竞争法》规定，经营者不得采用财物或者其他手段进行贿赂以销售或者购买商品。《关于禁止商业贿赂行为的暂行规定》第2条第2款进一步规定，商业贿赂是指经营者为销售或者购买商品而采用财物或者其他手段贿赂对方单位或者个人的行为。根据上述规定，“交易相对方”并未被排除在受贿主体之外，这也是在反商业贿赂执法中被经营者诟病的最大问题。实践中，1993年版《反不正当竞争法》也导致诸多经营者正常开展的促销活动被划入商业贿赂进而遭到行政处罚。与90年代市场经济形势相比，现阶段市场经济形势发生了巨大变化，打击商业贿赂的形势也发生巨大变化。基于这一背景，2017年版新《反不正当竞争法》将反商业贿赂条款作为一项重点修订内容，对商业贿赂之对象、范围、目的等进行了补充完善。2017年版《反不正当竞争法》以列举形式详细规定了受贿主体：（1）交易相对方的工作人员；（2）受交易相对方委托办理相关事务的单位或者个人；（3）利用职权或者影响力影响交易的单位或者个人。该修订将交易相对方排除在了行贿对象之外，系对商业贿赂治理思路的重大调整，体现了新《反不正当竞争法》对于正常商业安排的尊重与保护，给予经营者正常商业安排的筹划空间。因此，对商业贿赂的界定，前后存在一定的差异性。2019年修订《反不正当竞争法》时，对商业贿赂条款未作变动。经营者应准确认知最新《反不正当竞争法》体系下的商业贿赂问题，并在商业贿赂的边界内灵活开展商业安排，在更好地实现商业目的的同时避免法律风险。

二、商业贿赂的法律责任

商业贿赂法律责任，是指行为人实施商业贿赂行为而承担的不利后果。商业贿赂的法律责任有民事责任、行政责任和刑事责任。就民事责任而言，经营者实施商业贿赂给他人造成损害的，应当依法承担赔偿等民事责任。就行政责任而言，经营者违法贿赂他人的，由监督检查部门没收违法所得，处10万元以上300万元以下的罚款；情节严重的，吊销营业执照。就刑事责任而言，商业贿赂犯罪行为具体涉及对非国家工作人员行贿罪、单位行贿罪、行贿罪、非国家工作人员受贿罪、受贿罪、单位受贿罪等多个罪名，其中典型的为对非国家工作人员行贿罪和单位行贿罪。具体如下：（1）对非国家工作人员行贿罪，我国刑法规定为谋取不正当利益，给予公司、企业或者其他单位的工作人员以财物，数额较大的，处 3 年以下有期徒刑或者拘役，并处罚金；数额巨大的，处 3 年以上 10 年以下有期徒刑，并处罚金。单位犯前款罪的，对单位判处罚金，并对其直接负责的主管人员和其他直接责任人员，依照前款的规定处罚。根据《最高人民法院、最高人民检察院关于办理贪污贿赂刑事案件适用法律若干问题的解释》的规定，数额较大标准为 6 万元以上；数额巨大标准为 100 万元以上。该罪名涉及的犯罪对象为非国家工作人员。（2）单位行贿罪，是指单位为谋取不正当利益而行贿，或者违反国家规定，给予国家工作人员以回扣、手续费，情节严重的行为。根据《最高人民检察院、公安部关于公安机关管辖的刑事案件立案追诉标准的规定（二）》的规定，单位行贿数额在 20 万元以上为情节严重行为，应立案追诉。该罪名涉及的犯罪对象为国家工作人员。在目前竞争环境中，商业贿赂风险与经营者形影相随，我们建议经营者根据自身的业务性质、业务规模、财务状况、经营管理模式等识别和防范商业贿赂风险，制定并实施适合自身的企业反商业贿赂策略。

医疗公司因商业贿赂被判刑。上海鑫德微医疗器械有限公司是一家医疗器械供应商，向上海地区医院销售美国 Elliquence 双极射频手术刀头。2014 年至 2016 年，公司在销售手术刀头过程中，由公司法定代表人指使公司主管、业务员分别给付时任上海市东方医院脊柱专科主诊组三组组长贿赂款共计 15 万元；给付时任上海市同仁医院骨科副主任贿赂款共计 17 万元；给予时任上海市宝山区中西医结合医院脊柱外科副主任、主任贿赂款共计 7.5 万元；给付时任上海交通大学医学院附属仁济医院副主任医师、脊柱外科副主任贿赂款共计 60 万元；给付时任上海市第十人民医院脊柱专科副主任医师贿赂款共计 16 万元；给付时任上海市第十人民医院骨科副主任医师贿赂款共计 13 万元。2018 年 8 月 2 日，上海市杨浦区人民检察院以上海鑫德微医疗器械有限公司、公司法定代表人指使公司主管、业务员犯单位行贿罪、对非国家工作人员行贿罪向上海市杨浦区人民法院提起公诉。2018 年 9 月 29 日，上海市杨浦区人民法院一审宣判，判决上海鑫德微医疗器械有限公司犯单位行贿罪、对非国家工作人员行贿罪，判处罚金人民币 25 万元；公司法定代表人犯单位行贿罪、对非国家工作人员行贿罪，判处执行有期徒刑 2 年，缓刑 2 年，罚金人民币 10 万元；公司主管犯单位行贿罪、对非国家工作人员行贿罪，判处有期徒刑 1 年 3 个月，缓刑 1 年 3 个月，罚金人民币 7 万元；业务员犯对非国家工作人员行贿罪，判处拘役 5 个月，缓刑 5 个月，罚金人民币 2 万元。①

三、商业贿赂识别

广义上的商业贿赂，既包括商业行贿，也包括商业受贿。我国《反不正当竞争法》范畴内的商业贿赂主要是商业行贿。商业贿赂中行贿者的动机是谋取商业利益，它是随着商品经济的发展而产生、蔓延开来的一种负面经济现象。商业受贿者的动机是损害经营者利益来获取个人利益或为了个人利益为交易对方提供便利。商业贿赂既是一种不正当竞争行为，又是一种腐败行为。经营实践中，典型商业贿赂行为有：

（一）商业行贿

商业行贿，是指经营者为争取获得相对于竞争对手的竞争优势或交易机会，通过财物等不正当的手段收买客户的雇员、代理人或政府有关部门工作人员的行为。商业行贿主体为经营者，具体包括自然人、法人和非法人组织。商业受贿的手段既包括财物等经济利益，也包括经济利益以外的手段，如留学、旅游等。商业贿赂是商品经济发展的负面产物，我国《反不正当竞争法》和《刑法》均给予了禁止，但二者有一定的区别。商业贿赂形式有以下 4 种：（1）经营者采用财物或者其他手段贿赂交易相对方的工作人员，以谋取交易机会或者竞争优势，如给予交易相对方工作人员回扣获取交易机会；（2）经营者采用财物或者其他手段贿赂受交易相对方委托办理相关事务的单位或者

① （2018）沪 0110 刑初 505 号判决书。

个人，以谋取交易机会或者竞争优势，如私下给予招投方委托的评标机构回扣以获取中标机会；（3）经营者采用财物或者其他手段贿赂利用职权或者影响力影响交易的单位或者个人，以谋取交易机会或者竞争优势，如在 OEM 贸易中给予有影响力的品牌方利益以获取代工工厂特定的零件采购订单；（4）经营者的工作人员实施的贿赂，但经营者有证据证明该工作人员的行为与为经营者谋取交易机会或者竞争优势无关的除外。经营者实施上述任一行为，则涉嫌构成商业行贿。需要强调的是，经营者通过商业行贿谋取不正当的交易机会或者竞争优势毫无疑问是商业贿赂；同时，经营者谋取的是正当权益也构成商业行贿，比如在正常条件下经营者已有把握获得交易机会，但是仍然进行商业贿赂。但就刑事犯罪而言，只有经营者为谋取不正当利益，且金额较大时才构成犯罪。就单位商业行贿行为而言，以犯罪对象是否为国家工作人员为标准，又可以分为对非国家工作人员行贿和单位行贿两种类型。对非国家工作人员商业贿赂是指单位或个人为谋取不正当利益对非国家工作人员实施的商业贿赂行为；单位行贿是指单位为谋取不正当利益对国家工作人员实施的商业贿赂行为。金额较大的，前者构成对非国家工作人员行贿罪，后者构成单位行贿罪。

（二）商业受贿

商业受贿，是指公司、企业或者其他单位的工作人员利用职务上的便利，索取他人财物或者非法收受他人财物，为他人谋取利益的行为。商业受贿是商业行贿的孪生兄弟。商业受贿行为的形式主要有：（1）公司、企业或者其他单位的工作人员利用职务上的便利，索取他人财物或者非法收受他人财物，为他人谋取利益的行为；（2）公司、企业或者其他单位的工作人员在经济往来中，利用职务上的便利，违反国家规定，收受各种名义的回扣、手续费，归个人所有的行为。商业受贿属于商业贿赂的范畴，但因商业受贿行为的主体通常为经营者员工，而不是经营者本身，故我国《反不正当竞争法》并未设置相关规定。但国家工商总局颁布的《关于禁止商业贿赂行为的暂行规定》规定，任何单位或者个人在销售或者购买商品时不得收受或者索取贿赂。我国《刑法》第163条第1款、第2款规定，公司、企业或者其他单位的工作人员利用职务上的便利，索取他人财物或者非法收受他人财物，为他人谋取利益，数额较大的，处5年以下有期徒刑或者拘役；数额巨大的，处5年以上有期徒刑，可以并处没收财产。公司、企业或者其他单位的工作人员在经济往来中，利用职务上的便利，违反国家规定，收受各种名义的回扣、手续费，归个人所有的，依照前款的规定处罚。根据《最高人民法院、最高人民检察院关于办理贪污贿赂刑事案件适用法律若干问题的解释》的规定，数额较大标准为6万元以上；数额巨大标准为100万元以上。经营者工作人员商业受贿不仅损害了其任职经营者利益，更损害了公平的市场竞争秩序，为我国反腐败治理的重点打击行为。

四、商业贿赂防范

商业行贿与商业受贿是一枚硬币的两面。无论是商业行贿，还是商业受贿，都是经营者在经营过程中必须关注的问题。经营实践中，经营者要重点关注以下3个方面，防范商业贿赂风险：

1. 远离行业潜规则。在目前的大环境下，特定行业存在“行业潜规则”“行业惯例”“商业安排”等行为，上述行为商业贿赂风险极大，相关经营者要远离，以免深陷囹圄。如旅游购物网点给予旅行社和导游的购物提成；医疗公司向医院医生支付的介绍费；通过赌博以及假借促销费、宣传费、广告费、培训费、顾问费、咨询费、技术服务费、科研费、临床费等名义给予交易相对方员工经济利益等。

2. 规范商业让利。商业让利本身并不违法，该营销手段被广泛运用于营销和定价策略之中。经营者销售或者购买商品，可以以明示方式给对方折扣、给中间人佣金，但经营者给对方折扣、给中间人佣金或对代理商奖励必须如实入账；反之，则有涉嫌商业贿赂的风险。因此，经营者要规范自己的销售奖励制度设计，商业让利或销售奖励应以明示、入账的形式支付给代理商，理清商业让利和商业贿赂的边界，原则上禁止给予交易相对方员工财物或利益，以免引起不必要的法律风险。

3. 打击商业受贿。经营者除了远离商业行贿行为的同时，还要关注企业员工商业受贿行为，并给予严厉打击。任何员工的商业受贿行为都会损害公司的利益。经营实践中，经营者一方面可以通过签署廉洁协议、廉洁承诺书、反商业贿赂培训等方式，事前预防商业受贿行为的发生；另一方面可以建立审计、反腐败等部门，接受交易相对方或员工的举报，抓典型，树标杆，为反商业贿赂树立反面教材。

第十五节　版权违法行为识别与应对

版权，又称著作权，是作者对自己创作的文学、学术、自然科学、社会科学、工程技术等作品享受的人身权和财产权，包括发表权、署名权、复制权、发行权、信息网络传播权、汇编权等。随着科学技术的发展和人类对精神生活追求的不断提升，有创意性的作品层出不穷，作品的表现形式不再拘泥于传统的纸质形式，作品的传播方式也快速推陈出新，作品的市场价值不断提高。品牌宣传在化妆品经营中的重要性不言而喻。在知识产权兴起的大背景下，社会版权意识日益增强，化妆品经营者版权违法风险日益剧增，特别是特殊艺术字体、广告音乐、宣传图片等。化妆品经营者准确识别版权违法行为，并加强作品版权保护，势在必行。本节将探讨版权违法行为的识别与版权保护问题。

一、版权违法行为法律责任

版权违法行为法律责任，是指行为人违反版权法定或约定义务承担的不利后果。版权违法行为的法律责任有民事责任、行政责任和刑事责任。具体如下：（1）民事责任，行为人实施版权违法行为，应当承担停止侵权、消除影响、赔礼道歉、赔偿损失等民事责任。其中，赔偿数额应当按照权利人的实际损失给予赔偿；实际损失难以计算的，可以按照侵权人的违法所得给予赔偿。赔偿数额还应当包括权利人为制止侵权行为所支付的合理开支。权利人的实际损失或者侵权人的违法所得不能确定的，由人民法院根据侵权行为的情节，判决给予50万元以下的赔偿。（2）行政责任，是指行为人实施相关版权违法行为损害公共利益的，可以由版权行政管理部门责令停止侵权行为，没收违法所得，没收、销毁侵权复制品，并可处以罚款；情节严重的，版权行政管理部门还可以没收主要用于制作侵权复制品的材料、工具、设备等。（3）刑事责任，是指版权违法行为人实施特定的版权侵权行为，且情节严重的，涉嫌构成犯罪，应承担罚金、拘役、有期徒刑等刑事责任。我国《刑法》规定了侵犯著作权罪和销售侵权复制品罪。单位犯前款罪的，对单位判处罚金，并对其直接负责的主管人员和其他直接责任人员，依照规定处罚。

2016年4月29日，上海永达英菲尼迪汽车销售服务有限公司及上海永达汽车集团有限公司，未经视觉中国集团旗下汉华易美（天津）图像技术有限公司许可，以宣传推广“永达汽车”品牌为目的，于“上海永达英菲尼迪浦东4S店”新浪官方认证微博中使用了2张汉华易美（天津）图像技术有限公司享有著作权的摄影作品，侵害了汉华易美（天津）图像技术有限公司摄影作品的信息网络传播权。2017年7月10日，天津市第一中级人民法院一审判决上海永达英菲尼迪汽车销售服务有限公司立即删除新浪微博“上海永达英菲尼迪浦东4S店”中涉案的两张图片，赔偿汉华易美（天津）图像技术有限公司10000元。①

二、版权违法行为识别

版权违法行为，是指违反著作权法，侵害著作权人享有的著作人身权和财产权的行为。经营实践中，版权违法行为形式主要有：（1）未经著作权人许可，发表其作品，如擅自发表他人论文作品；（2）未经合作作者许可，将

---

① （2017）津01民初64号判决书。

与他人合作创作的作品当作自己单独创作的作品发表；（3）没有参加创作，为谋取个人名利，在他人作品上署名，主要为擅自将自己登记为作者之一；（4）歪曲、篡改他人作品；（5）剽窃他人作品；（6）未经著作权人许可，以展览、摄制电影和以类似摄制电影的方法使用作品，或者以改编、翻译、注释等方式使用作品的；（7）使用他人作品，应当支付报酬而未支付的；（8）未经电影作品和以类似摄制电影的方法创作的作品、计算机软件、录音录像制品的著作权人或者与著作权有关的权利人许可，出租其作品或者录音录像制品；（9）未经出版者许可，使用其出版的图书、期刊的版式设计；（10）未经表演者许可，从现场直播或者公开传送其现场表演，或者录制其表演；（11）未经著作权人许可，复制、发行、表演、放映、广播、汇编、通过信息网络向公众传播其作品；（12）出版他人享有专有出版权的图书；（13）未经表演者许可，复制、发行录有其表演的录音录像制品，或者通过信息网络向公众传播其表演；（14）未经录音录像制作者许可，复制、发行、通过信息网络向公众传播其制作的录音录像制品；（15）未经许可，播放或者复制广播、电视；（16）未经著作权人或者与著作权有关的权利人许可，故意避开或者破坏权利人为其作品、录音录像制品等采取的保护著作权或者与著作权有关的权利的技术措施；（17）未经著作权人或者与著作权有关的权利人许可，故意删除或者改变作品、录音录像制品等的权利管理电子信息的；（18）制作、出售假冒他人署名的作品。上述行为均为版权违法行为，行为人需承担停止侵权行为、赔偿损失等民事责任。需要强调的是，以下 5 种行为，情节严重或造成严重后果的，涉嫌构成犯罪：（1）未经著作权人许可，复制发行其文字作品、音乐、电影、电视、录像作品、计算机软件及其他作品的；（2）出版他人享有专有出版权的图书的；（3）未经录音录像制作者许可，复制发行其制作的录音录像的；（4）制作、出售假冒他人署名的美术作品的；（5）明知是上述侵权产品而销售的。随着互联网技术的快速发展，信息获得更迅捷，且权利人版权意识越来越强，经营者要根据自身的行业情况，加强著作权违法行为的识别防范。未经授权，谨慎使用他人作品，特别是摄影作品。在目前经营实践中，经营者最大的版权违法风险是未经权利人许可使用他人享有版权的艺术字体、摄影作品和软件作品，如 Adobe Photoshop、Windows 等软件。经营者应重点关注。

三、版权违法行为应对

版权是企业品牌的重要构成要素，也是企业重要的知识产权，受法律保护。版权违法行为会给经营者经营带来极大的经营风险，造成严重的经济损失。经营者既要识别版权违法行为，防范版权违法，更要重视著作权保护，预防他人侵权。就经营者版权保护而言，要重点做好以下工作：

1. 摄影作品、设计图等作品，建议进行版权登记。根据规定，版权自作品创作完成之日起产生。作品版权实行自愿登记，作品不论是否登记，作者或其他著作权人依法取得的版权不受影响。但通过版权登记，中国版权保护中心颁发登记证书记载版权相关信息，维权时可为权利人提供有力证据；除非有其他足以推翻版权登记证书内容的证据，否则行政、司法机关可采用版权登记证书上记载的信息认定版权归属。同时，企业进行版权转让、许可使用或版权出质时，版权登记证书作为权利证明，有利于推进交易，维护交易安全。此外，经营者作为著作权人通过版权登记中心的版权信息公告，可以向社会宣传企业产品创新能力和企业竞争力，提高经营者商誉。因此，虽然版权登记不是作者取得版权的必要条件，但我们还是建议经营者在完成作品创作后，第一时间进行作品版权登记，为后期业务经营、版权保护或版权维权提供更好的支持。特别是产品设计方案、摄影作品等，在目前互联网条件下，被违法复制、发行、转播的风险极大，经营者更要重视版权登记管理，为版权维权提供便利条件。目前，各省、自治区、直辖市版权局负责本辖区的作者或其他著作权人的作品登记工作。国家版权局负责外国以及中国台湾地区、香港和澳门地区的作者和其他著作权人的作品登记工作。

2. 计算机软件作品，创作后务必要第一时间办理版权登记。计算机软件著作权在著作权中具有一定的特殊性。为促进我国软件产业发展，增强我国信息产业的创新能力和竞争能力，国家著作权行政管理部门鼓励软件登记，并对登记的软件予以重点保护。此外，软件著作权登记是税收减免的重要依据。根据《财政部、国家税务总局关于贯彻落实〈中共中央、国务院关于加强技术创新，发展高科技，实现产业化的决定〉有关税收问题的通知》规定，对经过国家版权局注册登记，在销售时一并转让著作权、所有权的计算机软件征收营业税，不征收增值税。另外，软件作品取得软件著作权登记后，才可以作为高新技术出资入股。因此，计算机软件作品创作完成后，务必要第一时间完成版权登记。申请软件著作权登记的，应当提交以下主要证明文件：（1）自然人、法人或者其他组织的身份证明；（2）有著作权归属书面合同或者项目任务书的，应当提交合同或者项目任务书；（3）经原软件著作权人许可，在原有软件上开发的软件，应当提交原著作权人的许可证明；（4）权利继承人、受让人或者承受人，提交权利继承、受让或者承受的证明。因此，经营者一定要重视软件作品的版权登记工作。

第十六节　违法广告识别与防范

经营活动中，宣传对实现商品销售意义重大，特别是化妆品等消费品行业。就经营者宣传行为的规范，我国颁布了《广告法》《反不正当竞争法》等法律法规。上述法律法规对经营者宣传行为均有调整，但各自侧重点又有所不同。《广告法》重在规范广告行为，保护消费者合法权益；《反不正当竞争法》重在规范广告以外的商业宣传行为，实现市场竞争公平有序。《广告法》范畴内的广告是指在中华人民共和国境内，商品经营者或者服务提供者通过一定媒介和形式直接或者间接地介绍自己所推销的商品或者服务的商业广告活动。新《广告法》实施后，一方面监管部门加强了对违法广告的查处力度，另一方面职业投诉人的恶意投诉、举报大幅增加，各方面因素导致经营者广告违法风险倍增。本节将探讨违法广告的识别、防范与执法应对等问题。

一、违法广告法律责任

违法广告法律责任，是指行为人实施广告违法行为而承担的不利后果。根据相应规定，违法广告行为的法律责任有民事责任、行政责任和刑事责任。违法广告民事责任，是指广告主体实施违法广告行为给他人造成损害的，应当依法承担赔偿损失、赔礼道歉等民事责任。违法广告行政责任主要有停止违法行为、没收违法所得和罚款等。例如：（1）广告对商品的性能、功能、产地等或者对服务的内容、质量、价格等的表示不准确、不清楚、不明白，由市场监督管理部门责令停止发布广告，对广告主处 10 万元以下的罚款。（2）广告使用“国家级”“最高级”“最佳”等绝对用语，由市场监督管理部门责令停止发布广告，对广告主处 20 万元以上 100 万元以下的罚款，情节严重的，可以吊销营业执照。（3）发布虚假广告的，由市场监督管理部门责令停止发布广告，责令广告主在相应范围内消除影响，处广告费用 3 倍以上 5 倍以下的罚款，广告费用无法计算或者明显偏低的，处 20 万元以上 100 万元以下的罚款；情节严重的，处广告费用 5 倍以上 10 倍以下的罚款，广告费用无法计算或者明显偏低的，处 100 万元以上 200 万元以下的罚款，可以吊销营业执照。触犯刑事责任，是指我国《刑法》规定，广告主、广告经营者、广告发布者违反国家规定，利用广告对商品或者服务作虚假宣传，情节严重的，处以两年以下有期徒刑或者拘役，并处或单处罚金。单位实施上述行为，对单位判处罚金，并对其直接负责的主管人员和其他直接责任人员，依照上述规定处罚。特别指出的是，虚假广告涉嫌构成犯罪，需经营者在主观上为故意。《最高人民检察院、公安部关于公安机关管辖的刑事案件立案追诉标准的规定（二）》对虚假广告罪的立案追诉标准作出了调整，应当追诉的情形包括：（1）违法所得数额在 10 万元以上的；（2）给单个消费者造成直接经济损失数额在 5 万元以上的，或者给多个消费者造成直接经济损失数额累计在 20 万元以上的；（3）假借预防、控制突发事件的名义，利用广告作虚假宣传，致使多人上当受骗，违法所得数额在 3 万元以上的；（4）虽未达到上述数额标准，但两年内因利用广告作虚假宣传，受过行政处罚 2 次以上，又利用广告作虚假宣传的；（5）造成人身伤残的；（6）其他情节严重的情形。

二、违法广告识别与防范

违法广告，是指商品经营者或者服务提供者通过一定媒介和形式直接或者间接地介绍自己所推销的商品或者服务的商业广告活动中违反我国《广告法》规定法定义务的行为。我国《广告法》规定了广告行为的基本准则，也采用列举式明确了部分具体广告违法行为。广告应当真实、合法，以健康的表现形式表达广告内容，符合社会主义精神文明建设和弘扬中华民族优秀传统文化的要求。广告不得含有虚假或者引人误解的内容，不得欺骗、误导消费者。广告主、广告经营者、广告发布者从事广告活动，应当遵守法律、法规，诚实信用，公平竞争。在目前广告监管环境中，我们建议经营者根据自身的产品特点、业务特点、技术特点、品牌推广需要等识别和防范广告风险，制定并实施适合自身的广告合规策略，避免广告违法。经营实践中，比较典型的广告违法行为主要有：

（一）违反法律禁止性规定的广告

经营者在广告行为中不得实施法律明确禁止的行为，这是广告合规的最基本要求。比如，广告不得有下列情形：（1）使用或者变相使用中华人民共和国的国旗、国歌、国徽，军旗、军歌、军徽；（2）使用或者变相使用国家机关、国家机关工作人员的名义或者形象；（3）使用“国家级”“最高级”“最佳”等用语；（4）损害国家的尊严或者利益，泄露国家秘密；（5）妨碍社会安定，损害社会公共利益；（6）危害人身、财产安全，泄露个人隐私；（7）妨碍社会公共秩序或者违背社会良好风尚；（8）含有淫秽、色情、赌博、迷信、恐怖、暴力的内容；（9）含有民族、种族、宗教、性别歧视的内容；（10）妨碍环境、自然资源或者文化遗产保护；（11）法律、行政法规规定禁止的其他情形。其中，经营者在广告中使用绝对用语是目前广告合规中比较突出的问题。如“国家级”“世界级”“独家”“第一”“唯一”“最先进”“最佳”“最便宜”“最大程度”“无任何副作用”“100%”“彻底”“完全”“特效”“全效”“高效”“纯天然”“换肤”“无副作用”等均为绝对化用词，化妆品经营者应避免使用。

（二）虚假广告

广告法范畴内的虚假广告是指以虚假或者引人误解的内容欺骗、误导消费者的广告，具体包括虚假内容和引人误解的内容两种。虚假内容是指对商品的性能、质量、用途、价格、有效期限、产地、生产者、售后服务、附带赠品的允诺等或对服务的内容形式、质量、价格、允诺等作不符合事实真相的宣传，以假充真，以无充有。引人误解的内容是指广告内容本身没有以假充真，没有以无充有，但内容会引起消费者误解，误导消费者。例如，在特定温度、湿度等实验室条件测得的空调制冷指数作为无论什么条件下均可达到的参数宣传，则会误导消费者，构成虚假广告。具体而言，常见的虚假广告有：（1）商品或者服务不存在的；（2）商品的性能、功能、产地、用途、质量、规格、成分、价格、生产者、有效期限、销售状况、曾获荣誉等信息，或者服务的内容、提供者、形式、质量、价格、销售状况、曾获荣誉等信息，以及与商品或者服务有关的允诺等信息与实际情况不符，对购买行为有实质性影响的；（3）使用虚构、伪造或者无法验证的科研成果、统计资料、调查结果、文摘、引用语等信息作证明材料的；（4）虚构使用商品或者接受服务的效果的；（5）以虚假或者引人误解的内容欺骗、误导消费者的其他情形。上述行为均属于虚假广告范畴，但内容引人误解的广告是目前经营者面临的最大广告违法风险。需要指出的是，虽然《广告法》范畴内虚假内容和引人误解的内容均为虚假广告，但《刑法》范畴内的虚假广告主要指虚假内容。我国《刑法》规定的虚假广告罪，是指经营者故意实施了利用广告中虚假不真实的内容，以假充真，以无充有，且情节严重的行为。就广告内容没有故意以假充真，只是引起消费者误解或误导消费者的广告，原则上不涉及刑事风险。经营实践中，经营者要对广告内容进行真实性审核，不仅要确保广告内容真实，还要确保广告内容不会引人误解，避免误导消费者。

（三）内容不准确、清楚、明白广告

经营者在产品或服务广告中，广告内容必须准确、清楚、明白。我国《广告法》规定，广告内容中对商品的性能、功能、产地、用途、质量、成分、价格、生产者、有效期限、允诺等或者对服务的内容、提供者、形式、质量、价格、允诺等有表示的，应当准确、清楚、明白。广告中表明推销的商品或者服务附带赠送的，应当明示所附带赠送商品或者服务的品种、规格、数量、期限和方式。广告内容不明确，系违法行为，需承担不利法律后果。需要指出的，如果广告内容不准确、清楚、明白，引起消费者误解或误导消费者，则会构成虚假广告。内容不准确、不清楚、不明白的广告与虚假广告不同，但二者又有一定的相似性，经营者应注意区分。经营实践中，经营者除了保证广告内容合法、真实无误解外，还应确保广告内容准确、清楚、明白。

三、广告执法与应对

我国《广告法》规定国务院市场监督管理部门主管全国的广告监督管理工作，国务院有关部门在各自的职责范围内负责广告管理相关工作。县级以上地方市场监督管理部门主管本行政区域的广告监督管理工作，县级以上地方人民政府有关部门在各自的职责范围内负责广告管理相关工作。若在经营中出现了广告涉嫌违法，面对广告执法调查，经营者应正确地予以配合和应对。再次强调的是，就广告执法人员要求经营者签署的法律文书，经营者在签字前应认真阅读其记载的内容，若与事实不符，有权拒绝签字。另外，若经营者在收到《行政处罚预先告知书》后对告知书所告知的处罚事实、理由和处罚依据有异议的，应积极进行申辩，并提供相应的证据，以维护经营者合法权益。但经营者申辩应在法定期限内作出，否则，期限届满后视为放弃申辩的权利。面对广告执法，经营者可以从以下几个角度进行申辩：

1. 主体申辩。根据《广告法》规定，广告主、广告经营者、广告发布者、广告代言人等各主体的法定义务和法律责任不同。经营者在广告执法中准确界定主体地位和法律责任，并据实申辩，以免承担不应承担的责任。

2. 广告内容申辩。若广告内容不存在违法、虚假、不准确等违法情形，经营者应根据广告内容据实申辩。比如，广告为了增加艺术感染力或艺术效果往往会进行一定的修饰，但对广告内容的修饰并不等于虚假广告，如“今年20明年18”广告虽有修饰但并不会导致消费者误解，并不构成虚假广告。

3. 执法程序申辩。例如，根据《广告法》《行政处罚法》等相关规定，执法人员在调查取证过程中，若不出示执法证件或执法人员少于2人，被调查经营者可以不予配合。若执法机关存在程序违法行为，经营者可以就执法程序正当性进行抗辩。

4. 处罚金额抗辩。若经营者存在违法广告行为，需要承担法律责任，经营者还可以根据行为后果、广告费计算等争取较轻的处罚，降低损失。

5. 司法救济。就已经确定的行政处罚决定，若经营者有异议，可以在法定期限内通过行政复议或行政诉讼的方式维护自身合法权益。但行政复议与行政诉讼二者有很大的区别。例如，二者的审查标准、法律效力等均不同，经营者在选择救济途径时，要针对行政处罚决定的具体情况选择合适的救济途径。

第十七节　化妆品消费与消费者纠纷处理

化妆品消费属于生活消费范畴，法律给予特殊调整。生产决定消费，消费影响生产。消费是社会再生产的一个重要环节，也是最后一个环节。按消费目的不同，可以将消费分为生产消费和生活消费两类。生产消费是指为了满足生产或营利需要购买、使用商品或接受服务的行为；生活消费是指为满足生活需要而购买、使用商品或接受服务的行为。在生产消费中，不仅买方和卖方的法律地位是平等的，而且生产消费中的买方通常具有一定的行业优势、专业经验和较强的议价能力，可以保证生产消费过程和结果的平等，因此法律对生产消费平等保护即可。然而，在生活消费中买方和卖方的法律地位虽然是平等的，但由于生活消费中的买方通常不具有信息优势、专业经验和议价能力，往往无法实现生活消费过程和结果平等，因此法律通常会对生活消费进行特殊调整，如生活消费中的加倍赔偿等制度设计。随着我国经济的发展和生活水平的提高，作为生活消费重要构成部分的化妆品消费已成为消费者日常生活消费中必不可少、日益重要的组成部分。一方面，化妆品消费者要求越来越高，另一方面，为满足化妆品消费者的不同需求，化妆品经营者不断推出各种功能化妆品，种类繁多的化妆品在给消费者提供多种选择机会的同时，也引起了很多消费纠纷。每一个化妆品消费纠纷的处理结果不仅关乎着消费者利益，关乎着行业公平竞争环境，更关乎着每个企业的品牌商誉。能否妥善地处理消费者纠纷，成为每一个化妆品经营者必须关注的挑战。本节将探讨化妆品消费与化妆品消费纠纷问题。

一、化妆品消费与化妆品消费纠纷

本文所探讨的化妆品消费属于生活消费的范畴。通常，化妆品消费是指化妆品消费者为满足生活需要而从化妆品经营者处购买或使用化妆品的行为。化妆品消费的认定有 4 个标准：（1）化妆品消费行为的主体为化妆品消费者和化妆品经营者；（2）化妆品消费的主观方面为满足生活所需；（3）化妆品消费行为的客体为特定商品——化妆品；（4）化妆品消费的客观方面为消费者从化妆品经营者处购买或使用化妆品的行为。化妆品消费纠纷，即化妆品消费争议，是指生活消费领域的化妆品消费者在购买或使用化妆品的过程中，因化妆品经营者义务或消费者权益问题引起的纠纷。我国《消费者权益保护法》第 2 条规定："消费者为生活消费需要购买、使用商品或者接受服务，其权益受本法保护；本法未作规定的，受其他法律、法规保护。"因此，符合上述 4 个标准的化妆品消费行为是我国《消费者权益保护法》调整的范畴；否则，不受《消费者权益保护法》调整，如生产消费属于《合同法》调整的范畴。我国化妆品消费的主要监管机构为各级人民政府及市场监督管理部门，主要是市场监督管理部门。市场监督管理部门在化妆品消费领域具体承担如下职责：监督管理流通领域化妆品质量；组织开展有关化妆品消费领域消费维权工作；按分工查处假冒伪劣化妆品等违法行为；指导化妆品消费者咨询、申诉、举报受理、调解等工作，保护化妆品经营者和化妆品消费者合法权益等。目前，我国化妆品消费纠纷中比较典型的有化妆品经营欺诈纠纷、缺陷化妆品与损害赔偿纠纷等，具体如下：

（一）化妆品经营欺诈纠纷

化妆品经营欺诈纠纷是指化妆品经营者在向化妆品消费者提供化妆品时，因实施了虚构或隐瞒事实的经营欺诈行为而产生的权利义务纠纷。化妆品经营欺诈纠纷是目前我国化妆品消费纠纷的多发类型之一，在化妆品消费纠纷中占据着很大的比重。应该如何认定化妆品经营欺诈行为呢？化妆品经营欺诈构成条件为：（1）化妆品经营者主观上具有欺诈的故意，即实施欺诈行为的化妆品经营者主观上明知虚假仍故意制造假象，企图使消费者陷入错误认识而促成双方交易。（2）化妆品经营者客观上实施了欺诈行为，即实施了虚构事实或隐瞒事实的行为。这种行为的形式既可以是积极的作为行为，如发布虚假消息，也可以是消极的不作为行为，如隐瞒真实情况不予告知。（3）化妆品消费者因化妆品经营者的欺诈行为而陷入错误认识，并因此实施了某种民事行为，即化妆品经营者的欺诈行为与受欺诈的化妆品消费者进行的民事行为之间有因果关系。符合上述3个条件的，则构成化妆品经营欺诈；否则，则不构成化妆品经营欺诈。比如，化妆品销售者向消费者销售标识虚假批准文号的祛斑化妆品，则构成化妆品经营欺诈；而化妆品销售者向消费者出售漏标批准文号的祛斑化妆品，则不构成经营欺诈。经营欺诈行为为各国法律所禁止，我国也不例外。化妆品经营者在化妆品经营过程中实施经营欺诈行为需承担民事、行政法定不利后果。就民事责任而言，经营者提供商品或者服务有欺诈行为的，应当按照消费者的要求增加赔偿其受到的损失，增加赔偿的金额为消费者购买商品的价款或者接受服务的费用的3倍；增加赔偿的金额不足500元的，为500元。除此之外，化妆品经营者经营欺诈还需承担行政责任，具体行政处罚的种类有：责令改正、警告、没收违法所得、罚款、停业整顿和吊销营业执照等。需要强调的是，化妆品产品本身一旦被认定为经营欺诈，化妆品企业会遭受无法承受之重大经营损失。因为化妆品产品本身一旦被认定为经营欺诈，会导致产品下架、产品召回、库存成品及包材报废、渠道罚款、商誉损失等后果，该影响为企业经营系统性风险。经营欺诈为化妆品经营者不可触及的红线，应予以高度关注。

2019 年 3 月，刘某在北京某商场购买了“某品牌净白洁面乳一支”，价款为人民币 329 元。该化妆品包装上标明：该产品具有“减淡皮肤色素、淡化色斑、防止色素沉着”等功效，并标注了产品批准文号和生产许可证号。事后，刘某在国家药品监督管理局网站上核实后得知：具有特殊用途的化妆品，必须经国务院行政部门批准，取得特种化妆品批准文号后方可销售，而在刘某购买的产品上应当标注的特殊用途产品批准文号和生产许可证号均不存在。刘某认为根据消费者权益保护法，认为该商场的行为已经构成欺诈，向法院起诉要求商场 3 倍赔偿其损失。法院经审理后认定：该产品所标识的产品批准文号和生产许可证号不真实，对消费者起到误导作用；商场在产品销售过程中对商品包装上的标识内容未尽审查职责，具有过错，构成欺诈。最终法院支持了刘某要求该商场退还货款 329 元，并赔偿 987 元的诉讼请求。

（二）缺陷化妆品消费纠纷

缺陷化妆品属于不合格化妆品，但不合格化妆品不等同于缺陷化妆品。我国产品质量法所称的缺陷，是指产品存在危及人身、他人财产安全的不合理危险；产品有保障人体健康和人身、财产安全的国家标准、行业标准的，则是指不符合该标准。因此，缺陷化妆品是指不符合保障人体健康和财产安全的化妆品国家标准，存在危及人身和财产安全之不合理危险的化妆品。比如，化妆品铅含量超标，消费者使用后会对皮肤造成损害，该化妆品即为缺陷化妆品。判断化妆品是否存在缺陷，关键看化妆品是否违反了《化妆品安全技术规范》等化妆品国家标准危害消费者人身健康。不符合《化妆品安全技术规范》，危害消费者人身健康的则为缺陷化妆品；否则，则不是。从成因来说，化妆品缺陷产生的原因主要为设计缺陷、制造缺陷、警示缺陷和经营缺陷4种。这里需要强调的是，缺陷化妆品属于广义上的不合格化妆品，但不等同于不合格化妆品。某些化妆品虽然违反了化妆品国家标准，但不会对他人的人身健康或财产造成威胁，那么这样的化妆品就仅为不合格化妆品，而不是缺陷化妆品。例如，化妆品产品名称不符合我国化妆品行业标准，则为不合格化妆品，但命名不合规并不会对他人的人身、财产造成威胁，因此该化妆品并非缺陷化妆品。区分缺陷化妆品和不合格化妆品意义在于经营者者承担的法律责任是不一样的。

我国对缺陷化妆品施行召回制度。化妆品生产企业发现化妆品卫生质量问题或缺陷，可能对人体造成健康危害时，化妆品生产企业应该迅速、及时采取召回行动。化妆品生产企业应制定化妆品退货和召回的书面程序，并有记录，包括品名、批号、规格、数量、退货和召回单位及地址、召回原因、处理意见和日期。召回的产品应被注明，内容包括品名、批号、规格、数量、召回单位及地址、召回原因及日期、处理意见，并单独保存在一个安全的场所，等待处理决定。

同时，我国对缺陷化妆品实行惩罚性赔偿的责任。根据最高院司法解释，生产不符合安全标准的化妆品或者销售明知是不符合安全标准的化妆品，消费者除要求赔偿损失外，还有权向生产者、销售者主张支付价款10倍赔偿金。如果缺陷化妆品导致消费者或第三人人身伤害或财产损失的，应承担惩罚性赔偿责任；情节严重的，构成犯罪。我国《消费者权益保护法》规定，经营者明知商品或者服务存在缺陷，仍然向消费者提供，造成消费者或者其他受害人死亡或者健康严重损害的，受害人有权要求经营者依照法律规定赔偿损失，并有权要求所受损失2倍以下的惩罚性赔偿。化妆品损害赔偿责任的承担者为化妆品的生产者和化妆品的销售者。根据我国《消费者权益保护法》相关规定，即使缺陷化妆品为消费者直接从化妆品销售者手中购得，化妆品消费者也可据此向化妆品生产者主张责任。如果化妆品缺陷是由化妆品销售者造成的，化妆品生产者承担了相应责任后，可以向化妆品销售者追偿；

如果化妆品缺陷是由化妆品生产者造成的，化妆品销售者承担了相应责任后，可以向化妆品生产者追偿。此外，缺陷化妆品导致消费者或第三人人身伤害或财产损失的，情节严重的构成犯罪。我国《刑法》规定，生产不符合卫生标准的化妆品，或者销售明知是不符合卫生标准的化妆品，造成严重后果的，处 3 年以下有期徒刑或者拘役，并处或者单处销售金额 50% 以上 2 倍以下罚金。

2018 年 10 月，罗某从施某开办的株洲市美容会所购买了广州市某化妆品有限公司生产出品的美白护肤产品一套。连续使用该护肤品至 2019 年 1 月时，罗某的双腿出现疼痛、震颤等病症。罗某到医院就诊时，专家怀疑可能是使用的化妆品问题，后诊断为慢性中度汞中毒。嗣后，又将所用化妆品做检测，鉴定结果为该化妆品汞的含量均超出国家强制标准 1 万倍。罗某于是将销售商施某起诉到法院，要求其赔偿医疗费、后续治疗费、精神抚慰金、误工费等经济损失共计 700908 元，并加倍赔偿 700908 元。法院受理此案后，委托司法鉴定中央对罗某的身体损害进行鉴定。司法鉴定中心鉴定认为，罗某病情符合使用某美白化妆品所致慢性中度汞中毒及四周神经病症状，伤后需全休半年。在审理中，施某申请将生产厂商及中间经销商追加为本案被告，获法院支持。法院审理认为，罗某因购买使用护肤品而造成身体损害的结果，系护肤品中汞的含量超过国家规定的安全范围所致，侵犯了罗某的生命健康权，故由生产厂商承担本案全部赔偿责任；销售商蒋某、施某亦应共同承担连带赔偿责任。嗣后，人民法院判令该美白护肤产品的厂家和销售商共同赔偿消费者罗某医疗费、后续治疗费、精神抚慰金、误工费等各项费用共计 701908 元，另加倍赔偿 701908 元。

二、化妆品消费纠纷解决途径

化妆品消费纠纷是化妆品消费者在化妆品消费过程中就化妆品消费者权益问题与化妆品经营者产生的争议。化妆品消费纠纷的主体为化妆品经营者和化妆品消费者，化妆品经营者又分为化妆品生产者和化妆品销售者。我国

《消费者权益保护法》规定，消费者和经营者发生消费者权益争议的，可以通过下列途径解决：（1）与经营者协商和解；（2）请求消费者协会或者依法成立的其他调解组织调解；（3）向有关行政部门投诉；（4）根据与经营者达成的仲裁协议提请仲裁机构仲裁；（5）向人民法院提起诉讼。其中，第（1）种自行和解和第（5）种向法院提起诉讼是化妆品经营实践中比较常见的纠纷解决途径。自行和解，是指纠纷当事人自行协商解决纠纷。在化妆品消费纠纷中，化妆品经营者和化妆品消费者是纠纷的主体，他们对争议的事项享有充分处分权能。是否行使处分权能、何时行使处分权能以及以何种方式行使处分权等均可由化妆品经营者和化妆品消费者自行决定。与其他纠纷解决途径相比，化妆品消费者和化妆品经营者通过自行和解的方式解决化妆品消费纠纷效率高，具有一定的私密性，是一种比较常见的化妆品纠纷解决途径。法院诉讼，是指人民法院在当事人和全体诉讼参与人的参加下，依法审理和解决民事纠纷的专门活动。诉讼意味着对国家意志及法律权威的接受与服从，是一种合法的、最有效的、有强制力的、最终的化妆品消费纠纷解决途径。民事诉讼的强制性既表现在案件的受理上，又反映在判决的执行上。自行和解、调解和仲裁委仲裁均建立在当事人自愿的基础上，只要有一方不愿意选择上述方式解决争议，就无从进行。法院诉讼则不同，只要原告起诉符合民事诉讼法规定的条件，无论被告是否愿意，诉讼均会发生。另外，诉讼外调解协议的履行依赖于当事人的自觉，不具有强制力；法院判决则不同，若当事人不自觉履行生效裁判所确定的义务，法院可以依法强制执行。化妆品消费纠纷产生后，若无法通过和解或调解的方式解决纠纷，化妆品经营者和化妆品消费者可以就纠纷事宜向人民法院提起诉讼，由法院依法作出最终裁决。自行和解属于“私力救济”的范畴；法院诉讼属于“公力救济”的范畴。前者具有私密性，后者具有公开性。化妆品消费纠纷发生后，化妆品经营者要通过适合的途径，妥善处理消费者纠纷，以免对品牌造成不必要的影响。通常，应优先考虑和解途径。

第十八节　化妆品行政处罚与救济

化妆品关乎消费者人身健康，属于特殊商品。化妆品经营者管理不善不仅会导致经营损失，更会影响消费者身体健康。在消费升级的大趋势下，消费者要求越来越高，越来越挑剔。化妆品经营者要不断提高经营管理水平，满足现阶段化妆品行业发展的需要。化妆品经营行为一旦违规，轻则会被消费者投诉，重则会被行政监管部门处罚，或影响企业品牌商誉和企业发展。当发生化妆品行政执法事件时，化妆品经营者如何通过合法的手段维护企业的合法权益，是每个化妆品经营者必须关注的问题。能否妥善处理好化妆品行政执法案，在很大程度上体现了化妆品经营者的管理水平。本节将探讨化妆品行政处罚与救济问题。

一、化妆品行政处罚

行政处罚是指具有行政处罚权的行政主体为维护公共利益和社会秩序，保护公民、法人或其他组织的合法权益，依法对行政相对人违反行政法律法规而尚未构成犯罪的行为所实施的法律制裁。化妆品行政处罚，是指化妆品行政执法主体对实施了化妆品违法行为的公民、法人或者其他组织依法实施的行政制裁行为。其中，化妆品行政处罚的主体是法律法规规定的、拥有行政处罚权的化妆品行政执法主体；被处罚的主体是已实施化妆品违法行为，且具有责任能力的公民、法人或其他组织；处罚的依据是化妆品监管法律法规，包括实体法和程序法。我国化妆品监管早期实行多部门共同监管的监管体系，目前主要监管机构为市场监督管理部门。根据我国《行政处罚法》的相关规定，行政处罚主要有警告、罚款、没收违法所得、没收非法财物、责令停产停业、暂扣或吊销许可证执照和拘留。其中，罚款、没收违法所得和没收非法财物属于财产罚；责令停产停业、暂扣或吊销许可证执照和拘留属于行为罚；警告和通报批评属于声誉罚。

二、化妆品行政处罚程序

行政处罚是对违法行为人的权利和利益的限制甚至剥夺，是一种较严厉的制裁行为，因此行政处罚必须遵守严格的程序。化妆品监管部门对化妆品违法主体实施行政处罚的程序分为简易程序和一般程序两种。简易程序，又称当场处罚程序，指行政处罚主体对于事实清楚、情节简单、后果轻微的行政违法行为，当场作出行政处罚决定的程序。一般程序，又称普通程序，是行政机关实施行政处罚的基本程序，适用于处罚较重案件、情节复杂的案件以及当事人对执法人员给予当场处罚的事实认定有分歧而无法作出行政处罚决定的案件。具体如下：

（一）简易程序

化妆品行政处罚简易程序是指化妆品监管机构对于事实清楚、情节简单、后果轻微的化妆品违法行为，当场作出行政处罚决定的程序。化妆品行政处罚简易程序可以提高化妆品监管部门的执法效率，但在化妆品执法实践中执法主体通常较少采用该简易程序。行政处罚程序的目的是规范行政权的行使，防止行政权力的滥用，减少行政处罚的随意性。但从另一个角度考虑，为了提高行政效率，节约资源，对案情简单、处罚较轻的案件，设定一个相对简单的程序，也是必要的。《行政处罚法》第 33 条规定，对公民处以 50 元以下、对法人或者其他组织处以 1000 元以下罚款或者警告的行政处罚，可以当场作出处罚决定。适用简易程序的化妆品行政处罚必须符合以下 3 个条件：（1）化妆品违法事实确凿；（2）对该化妆品违法行为处以行政处罚有明确、具体的法定依据；（3）处罚较为轻微，即对个人处以 50 元以下的罚款或者警告，对组织处以 1000 元以下的罚款或者警告。不符合上述条件的化妆品行政处罚不应采用简易程序，而应采用一般程序。化妆品企业在面对化妆品行政执法主体按照简易程序作出的行政处罚时，应注意以下事项：（1）就化妆品行政执法人员向化妆品企业出具的法律文书，化妆品企业负责人在签字前应认真阅读其记载的内容，避免签字确认内容与事实不符，且对自己不利的事实。（2）在化妆品执法人员告知行政处罚的事实、理由、依据和申辩的权利后，若化妆品企业对行政处罚的事实、理由和依据有异议，应积极进行申辩，以维护企业自身合法权益。化妆品行政处罚简易程序可以提高化妆品监管部门的执法效率，但在化妆品执法实践中执法主体较少采用简易程序。

（二）普通程序

普通程序，又称一般程序，是行政机关进行行政处罚的基本程序，适用于处罚较重案件、情节复杂的案件或当事人对执法人员给予当场处罚的事实认定有分歧而无法作出行政处罚决定的案件。与化妆品行政处罚简易程序相比，化妆品行政处罚一般程序虽没有简易程序的执法效率高，但在化妆品执法实践中绝大部分行政处罚均是通过一般程序作出的。因此，化妆品企业对化妆品行政处罚一般程序应给予重视和了解，以便在面对化妆品行政处罚时更好地维护自己的合法权益。通常，按照一般程序实施的化妆品行政处罚流程如下：

1. 审查立案。化妆品执法机构对化妆品监督检查过程中发现的化妆品违法行为、消费者举报的化妆品违法行为、上级交办的化妆品违法行为、下级报请的化妆品违法行为、有关部门移送的化妆品违法行为等案件线索，应指定经办人对基本情况进行初步审查，以确定是否立案。经初步审核，认为存在违法事实和处罚依据，符合案件受理条件的，会制作《立案报告》予以立案，并指定两名以上案件承办人启动案件处理程序；经审核认为不存在违法事实和处罚依据，决定不予立案。是否立案，是化妆品经营企业必须关注的一个重要节点。

2. 调查取证。化妆品行政处罚的前提是存在化妆品违法事实，而且化妆品行政处罚所认定的化妆品违法行为必须有客观、确凿、充分的证据予以证明，因此调查取证是化妆品行政处罚的重要环节。调查人员调查收集上述证据的形式有现场检查、抽样检查、询问当事人、检验检测等。需要强调的是，化妆品行政执法人员在对化妆品企业进行监督检查时，执法人员不得少于2

人。同时，执法人员还应向被调查或被监督的当事人出示证件，表明执法人员的身份；向被处罚人表明实施监督检查的依据。执法人员在收集证据时，若存在证据可能灭失或者以后难以取得的情况下，经行政机关负责人批准，可以先行登记保存，并应当在7日内及时作出处理决定，在此期间，当事人或者有关人员不得销毁或者转移证据。证明存在化妆品违法实施的证据主要有书证、物证、视听资料、证人证言、当事人的陈述、鉴定结论、勘验笔录、现场笔录等形式。就现场笔录而言，现场笔录所记录的内容是正在发生或刚刚发生的现场事实，既不能事先提前做好，也不能在事后予以补记，因此对于现场笔录的制作，应有严格的时间和人员限制，应当严格遵循有关程序的规定。化妆品行政执法人员对涉嫌违反化妆品监管法规的行为进行调查取证，收集了相关证据后，通常会制作《案件调查终结报告》。

3. 集体审议。因为化妆品行政处罚一般程序适用于处罚较重案件、情节复杂案件以及当事人对执法人员给予当场处罚的事实认定有异议而无法作出行政处罚决定的案件。承办人员调查结束后，通常会组织法制人员、承办人员等对案件违法事实、性质、情节、社会危害性等进行集体审议，并作出相应的处理意见。

4. 告知作出行政处罚决定的事实、理由和依据。化妆品行政执法人员经过对化妆品违法的调查取证，并经集体合议后确认需要进行行政处罚的，应当在作出行政处罚决定前制作《行政处罚事先告知书》，书面告知当事人行政处罚的事实、理由和依据，并告知当事人享有陈述和申辩的权利。其中，对拟作出吊销许可证、吊销执照、责令停产停业、较大数额的罚款处罚的，还应制作《行政处罚听证告知书》，告知化妆品企业有申请听证的权利。听证程序，是指行政机关为了查明案件事实、公正合理地实施行政处罚，在作出行政处罚决定前通过公开举行由有关利害关系人参加的听证会广泛听取意见的程序。听证程序并不是独立的行政处罚程序，而是一般程序中针对特定处罚案件设置的一个环节。

5. 听取当事人的陈述和申辩。当事人接到《行政处罚事先告知书》后，可以在法定期限内针对告知书所告知的事实、理由和处罚依据进行陈述和申辩。根据《行政处罚法》的相关规定，化妆品行政执法人员不得因当事人的申辩而加重对当事人的处罚。如果当事人提出申辩的，化妆品行政执法人员应当听取当事人的申辩。如果当事人提出的申辩理由成立的，应予以采纳，并对拟作出的行政处罚进行相应的调整。

6. 作出行政处罚决定。《市场监督管理行政处罚程序暂行规定》规定，对于当事人未在法定期限内申辩的或当事人申辩不成立的案件，承办人员对于事实清楚、证据确凿、处罚依据明确的化妆品违法行为应于立案之日起 90 日内作出相应的行政处罚决定，并制作《行政处罚决定书》。其中，确有应受行政处罚的违法行为的，根据情节轻重及具体情况，作出行政处罚决定；违法行为轻微，依法可以不予行政处罚的，不予行政处罚；违法事实不能成立的，不得给予行政处罚；违法行为已构成犯罪的，移送司法机关。《行政处罚决定书》记载了当事人的违法行为、行政处罚依据、行政处罚内容、救济途径、处罚的实施机关、日期等内容。

7. 送达。在简易程序中，《当场行政处罚决定书》是当场送达当事人。而在一般程序中，《行政处罚决定书》并不是当场作出的，所以要通过一定的方式向当事人送达。《行政处罚法》第 40 条规定，当事人不在场的，行政机关应当在 7 日内依照民事诉讼法的有关规定，将行政处罚决定书送达当事人。根据《民事诉讼法》相关规定，送达的方式主要有直接送达、留置送达、邮寄送达和公告送达。实践过程中，较多采用的方式是邮寄送达。

化妆品企业在面对化妆品行政执法主体按照一般程序作出的行政处罚时，应注意以下事项：（1）化妆品行政执法人员在调查取证过程中，若不出示执法证件或执法人员少于两人，被调查化妆品企业可以不予配合。（2）执法人员要求化妆品企业签署的法律文书，当事人在签字前应认真阅读其记载的内容，若与事实不符，应拒绝签字。（3）化妆品企业在收到《行政处罚预先告知书》后，若对告知书所告知的处罚事实、理由和处罚依据有异议的，应积极进行申辩，并提供相应的证据，以维护企业的合法权益。（4）化妆品企业对行政处罚的申辩应在法定期限内作出，否则，期限届满后视为化妆品企业放弃申辩的权利。

三、化妆品行政处罚救济

化妆品行政处罚是对化妆品企业实施的较严厉的制裁。若化妆品企业认为化妆品监管机关的行政处罚损害了自己的合法权益，其可以请求法定有权主体进行审查，并给予补救。我国对化妆品行政处罚进行救济的途径主要是行政救济和司法救济两种。行政救济，是指行政相对人认为行政机关的行政行为造成自己合法权益的损害，请求行政机关依法给予补救的法律制度；我国行政救济途径主要为行政复议。司法救济，是指行政相对人认为行政机关的行政行为造成自己合法权益的损害，请求司法机关依法给予补救的法律制度；我国司法救济途径主要为行政诉讼。具体如下：

（一）行政复议

行政复议是指公民、法人或者其他组织不服行政主体作出的行政行为，认为行政主体的行政行为侵犯了其合法权益，依法向法定的行政机关提出复议申请，行政复议机关依法对该行政行为进行合法性、适当性审查，并作出行政复议决定的行政行为。行政复议是行政机关通过行政系统内部监督纠正违法或不当行政行为，弥补行政相对人的损失，保护行政相对人合法权益的一种制度。行政复议中，行政机关审查的内容主要是程序和实体两个方面，对行政行为的合法性和合理性进行全面审查。行政复议是化妆品企业通过行政救济途径解决行政处罚争议的一个途径。与行政诉讼相比，化妆品行政复议不仅审查行政处罚的合法性，更审查行政处罚的合理性。在异议行政处罚中，化妆品企业要重视该救济途径。

（二）行政诉讼

行政诉讼，是指公民、法人或其他组织认为国家行政机关的行政行为侵犯其合法权益时，依法向人民法院提起诉讼，并由人民法院对行政行为是否合法进行审查，并作出裁判的活动和制度。行政诉讼是人民法院通过审判方式进行的一种司法活动；由人民法院通过公开审判的方式以事实为根据，以法律为准绳，对行政行为合法性进行审查。与行政复议相比，行政诉讼仅审查行政处罚的合法性，并不审查行政处罚的合理性。

化妆品企业通过行政复议或行政诉讼途径维护自身权益时，应注意以下事项：(1) 审慎选择救济途径。根据我国《行政诉讼法》规定，对化妆品行政处罚决定，化妆品企业可以先向上一级行政机关或者法律、法规规定的行政机关申请复议，对复议不服的，再向人民法院提起诉讼；也可以直接向人民法院提起诉讼。因此，行政复议与行政诉讼均是对化妆品行政处罚进行救济的途径，但二者有很大的区别。比如，两者审查标准不同。行政复议对行政行为是否合法与适当进行审查；行政诉讼原则上只对行政行为是否合法进行审查，对不适当的行政行为不予审查。又如，两者法律效力不同。行政复议一般没有最终的法律效力，相对人对复议不服，还可以提起行政诉讼。因此，化妆品企业在选择救济途径时，要针对化妆品行政处罚决定的具体情况选择合适的救济途径。(2) 在法定期限内申请。我国《行政复议法》第 9 条规定，公民、法人或者其他组织认为具体行政行为侵犯其合法权益的，可以自知道该具体行政行为之日起 60 日内提出行政复议申请；但是法律规定的申请期限超过 60 日的除外。我国《行政诉讼法》第 45 条、第 46 条规定，公民、法人或者其他组织不服复议决定的，可以在收到复议决定书之日起 15 日内向人民法院提起诉讼。公民、法人或者其他组织直接向人民法院提起诉讼的，应当在知道作出行政行为之日起 6 个月内提出。法律另有规定的除外。因此，化妆品企业在收到化妆品行政处罚决定后，若认为处罚决定损害了企业合法权益，应在法定期限内申请行政复议或行政诉讼；否则，期限届满后视为放弃申请救济的权利。(3) 聘请专业人员进行协助。行政复议和行政诉讼涉及材料准备、法律法规理解、举证、质证、辩论等多方面内容，是专业性较强的活动。化妆品企业在通过上述途径进行救济时应聘请律师等专业人员进行协助，以更好地维护企业权益。

第二章 公司股权

第一节 要开百年老店就必须有一个好的股权结构

股权结构是公司的四梁八柱，你可能看不到它的存在，但它决定了一个企业能走多远。公司治理实践中，阿里巴巴、京东、小米、美团、海底捞等公司之所以能够发展方向清晰，与其稳健的股权结构有很大的关系。公司稳健的股权结构为公司发展方向沿着创始人及管理人团队的经营理念高效推进提供了制度性基础。相反，真功夫、摩拜单车、饿了么等公司后期发展过程的动荡，与其略显单薄的股权结构不无关系，当创始人及管理层不能控制公司话语权时，公司的发展方向将处于风雨飘摇之中，甚至失控。化妆品经营者要开百年老店就必须有一个好的股权结构。鉴于多数化妆品企业类型为有限责任公司，本节就有限责任公司股权结构问题进行探讨。

一、股东会与股权结构

公司股权结构是指公司股东所占的持股比例及其相互关系。我国有限责任公司治理结构由股东会、董事会（执行董事）和监事会（监事）构成。其中，股东会为公司权力机构，决定公司经营方针，决定董事、监事等高管的人选，进而决定了公司发展方向。按照公司法规定，股东会行使下列职权：（1）决定公司的经营方针和投资计划；（2）选举和更换非由职工代表担任的董事、监事，决定有关董事、监事的报酬事项；（3）审议批准董事会的报告；（4）审议批准监事会或者监事的报告；（5）审议批准公司的年度财务预算方案、决算方案；（6）审议批准公司的利润分配方案和弥补亏损方案；（7）对公司增加或者减少注册资本作出决议；（8）对发行公司债券作出决议；（9）对公司合并、分立、解散、清算或者变更公司形式作出决议；（10）修改公司章程；（11）公司章程规定的其他职权。其中，第（7）、（9）、（10）项为公司经营重大事项；其他事项为公司一般经营事项。公司股东会作为公司权力机构，以股东会决议的形式决定公司经营事宜，进而控制着公司经营发展方向。参与公司治理权利是股东的一项重要权利，具体包括：股东在股东会的表决权、提案权、提议权、召集权等，以及对公司经营状况和财务状况的知情权和监督权。公司具有独立法人人格，公司股东必须按照公司法和公司章程规定的程序行使股东权利，通过行使股东表决权参与公司股东会相应事项的决议，参与公司经营管理，并从公司获取收益。股东会是公司股东行使股东经营参与公司治理权利的重要机构。公司股权结构是指公司股东所占的持股比例及其相互关系。股东会对公司经营事宜进行决议实行的是资本多数决原则，最终决定股东会决议的是股东的持股比例及相互关系。股东持股比例高则话语权大；股东一致行动人多则对股东会决议影响大。因此，公司权力机构之股东会的运作及对公司经营事宜的决定是公司股权结构的外在体现。稳定可控的股权结构可以形成高效、一贯的经营决策，如海底捞；动荡不稳的股权结构大概的结果是效率低、经营多变，最终导致创业团队的分裂和项目的失败，如真功夫。股权结构是公司治理的基础，其决定了股东会的运作，股东会的运作决定了公司发展方向，创业者要高度关注公司股权结构。只有股权结构稳健、合理才可以建造万丈高楼。

二、股权结构中的四个关键持股比例

如上所述，有限责任公司股东会是公司的权力机构，股东通过股东会行使股东权利参与公司经营。股东控制了股东会就意味着控制了公司的经营管理。在有限责任公司股权结构中，如下 4 个持股比例意义重大，需要关注：

1. 持股 67% 以上。原则上，持股 2/3 以上的股东拥有股东会绝对控制权。在公司章程没有特殊约定的情况下，持股2/3以上的股东可以就全部公司经营事项，包括但不限于修改公司章程，增加或者减少注册资本，公司合并、分立、解散或者变更公司形式重大事项，按照自己的意向形成相关决议，进而决定公司的发展方向。这就意味着，拥有公司 67% 以上股东不仅可以在股东会上否决其他股东的全部提议，而且还可以通过行使股东表决权表决通过自己提出的全部提议，不仅可以高效地形成有关决议，而且可以保证公司经营按照始终如一的方向推进，意义重大。

2. 持股 51% 以上。原则上，持股 50% 以上股东拥有了股东会相对控制权。公司治理中，公司股东会实行的是资本多数决原则，在公司章程没有特殊约定的情况下，一般事项经代表 1/2 以上表决权的股东通过即可以形成有效决议。除修改公司章程，增加或者减少注册资本，公司合并、分立、解散或者变更公司形式外的一般事项，持股 50% 以上股东可通过行使表决权控制股东会决议的形成。在公司股权结构中，持股 50% 以上则意味着该股东可以在很大程度上决定公司大部分的表决事宜，对公司施加强有力的影响，是股权结构中标志性持股比例之一。

3. 持股 34% 以上。原则上，持股 1/3 以上的股东拥有公司经营重大事项一票否决权。我国公司法规定修改公司章程，增加或者减少注册资本，公司合并、分立、解散或者变更公司形式的重大决议必须经 2/3 以上表决权通过。若持有 1/3 以上股权股东不同意，股东会无法就上述重大事项形成有效决议。因此，股东持有 1/3 股权虽不能控制公司一般事项的表决，但可以控制公司上述重大事项决议的通过，也是股权结构中标志性持股比例之一。

4. 持股 10% 以上。原则上，持股 10% 以上的股东拥有自行召集和主持股东会的权利。我国公司法规定，有限责任公司设立董事会的，股东会会议由董事会召集，董事长主持；有限责任公司不设董事会的，股东会会议由执行董事召集和主持。董事会或者执行董事不能履行或者不履行召集股东会会议职责的，由监事会或者不设监事会的公司的监事召集和主持；监事会或者监事不召集和主持的，代表1/10以上表决权的股东可以自行召集和主持。因此，在公司股东会运营处于僵局状态时，持股10%以上的股东在特定条件下可以自行召集和主持股东会，也是股权结构中标志性的持股比例之一。

三、真功夫股权之争

根据公开资料，真功夫为中式快餐连锁企业的代表品牌。其前身是潘宇海（蔡达标小舅子）1990年在东莞长安镇107国道旁边开的一家168甜品店，主营蒸饭、蒸汤和甜品。1994年，蔡达标及其配偶潘敏峰（潘宇海姐姐）投入4万元加入经营，168甜品店改名为168快餐店。此时股权结构是：潘宇海持股50%、蔡达标持股25%和潘敏峰持股25%。在经营初期，潘宇海担任法定代表人、执行董事、总经理，负责公司全面管理，掌握企业主导权。蔡达标主要负责开店等事务；潘敏峰负责收银等工作。

1997年，在潘宇海主导下真功夫通过“电脑程控蒸汽设备”攻克了中式快餐的“标准化”难题，开始在全国范围开店，企业发展进入快车道。2004年，正式更名为“真功夫”，并立志将其打造成为“中国的麦当劳”。2006年9月，蔡达标、潘敏峰夫妇离婚；潘敏峰所持有的25%股权转让给了蔡达标。此时股权结构变更为：潘宇海50%、蔡达标50%。在这个阶段，负责门店扩张的蔡达标对企业发挥的作用越来越大，企业发展主导权从潘宇海的手中转移到了蔡达标手中。

2007年7月新设真功夫餐饮管理有限公司，蔡达标担任公司董事长兼法定代表人。2007年10月，今日资本和中山联动两家私募股权投资基金投资真功夫，投后估值50亿元，各投1.5亿元人民币，各占3%股权。此时股权结构是：潘宇海47%（其中5.26%通过双种子公司持有）、蔡达标47%（其中5.26%通过双种子公司持有）、今日资本3%和中山联动3%。投资方进入后，力主公司快速做大规模，目标2010年上市。此时，蔡达标与潘宇海的经营思路出现了分歧。蔡达标追求企业快速发展，而潘宇海重视企业稳健经营。相比于经营风格比较稳健的潘宇海，蔡达标经营策略更符合投资人的利益。因此，无论在股东会还是董事会，私募股权投资基金都比较支持蔡达标，并力主确立蔡达标的核心地位。在这个阶段，蔡达标完全掌握了企业主导权，潘宇海被边缘化。

与此同时，蔡达标为了完全控制公司经营权，开始着手“去家族化”改革。从肯德基、麦当劳等餐饮连锁企业挖来众多职业经理人，辞退了真功夫多位与潘宇海关系密切的中高层，股东冲突由此引爆。2009 年 6 月，潘宇海向“真功夫”发出《审计通知书》，要求指定会计师事务所对“真功夫”账目进行审计。遭拒后，潘宇海于 2009 年 7 月起诉至法院，主张股东知情权。2010 年 2 月，广州市天河法院作出判决，支持了潘宇海的审计请求。“真功夫”公司不服，上诉至广州市中级人民法院。2010 年 8 月，广州中院终审判决维持知情权诉讼的原判，开始对真功夫进行司法审计。此时，公司经营陷于僵局。

2010 年 9 月，为打破公司僵局，在投资方的努力下，投资方、蔡达标和潘宇海达成协议，由投资方逐渐受让潘宇海的股份，从而降低潘宇海股权比例，最终使得蔡达标成为核心股东。虽然达成了协议，但此时潘宇海并不愿意退出公司经营。2011 年 3 月，公安部门对真功夫餐饮管理有限公司蔡达标等人涉嫌经济犯罪一案立案侦查，蔡达标被采取强制措施。2014 年 6 月，蔡达标以职务侵占罪、挪用资金罪被判有期徒刑 14 年。该期间，双方还进行了多起诉讼。此阶段，真功夫经营主导权重回潘宇海手中。

作为早期中式餐饮的代表品牌，真功夫不合理的股权结构和两位创始人互不相让的企业主导权争斗让企业发展陷入动荡，利润急挫，错失上市良机，公司估值缩水。大概率上，真功夫两大创始人蔡达标和潘宇海的股权争夺战还会继续缠斗。通过真功夫案例，我们看到了股权结构对企业发展的重要性。每一位化妆品经营者都要审视自己的股权结构，确立稳健、合理的股权结构，为公司构建牢固的四梁八柱，保证公司经营决策高效、一致运转，为公司长远发展提供制度保障。

第二节　企业要从经营的角度思考公司股权结构

公司股权结构是个法律问题，更是经营问题。每当有化妆品经营者来咨询公司股权结构或公司架构问题时，笔者都会先静下心听听企业的发展现状和发展规划。一个好的股权结构，首先必须能够满足和促进业务发展，然后才是法律、财务、税务问题。企业不同的发展阶段，挑战不同，任务也不一样。初创期化妆品公司的首要任务是活下来；成长期化妆品公司的首要任务是实现快速发展；规模期化妆品公司的主要任务是实现可持续发展。企业发展阶段性不同，任务不同，经营方需求也不同。在化妆品公司成长期，企业经营应该效率优先，快速决策，快速执行，抓住每一个瞬息万变的机会，做大做强。作为化妆品公司权力机构的股东会，在很大程度上决定着企业的发展方向，其运作及决策也必须高效快速，而股东会的运作决策效率又取决于公司的股权结构情况。因此，成长期化妆品公司股权结构要从企业快速发展的经营需求角度进行设计，而不是形而上的抄袭或模仿。本节将探讨成长期化妆品公司股权结构问题。

一、公司股东构成要简单

公司股东会是公司权力机构。股东会会议分为定期会议和临时会议。定期会议应当依照公司章程的规定按时召开。代表 1/10 以上表决权的股东，1/3以上的董事，监事会或者不设监事会的公司的监事提议召开临时会议的，应当召开临时会议。根据我国公司法规定，无论是股东会定期会议，还是股东会临时会议，公司股东会都必须按照严格的程序进行，包括但不限于通知程序、议事程序、表决程序等。如上所述，成长期公司的首要任务是实现快速发展。企业经营应该效率优先，快速决策，快速执行，抓住每一个机会，做大做强。公司股东构成简单，则可以在通知、议事、表决等程序方面保证股东会高效运作，也更容易就股东会议题高效达成有效决议。如果公司股权分散，股东构成复杂，大概率会导致公司运作低效。因为每个人都有自己的认知、经营习惯和经营特点，且无对错之分，当股东构成复杂时，股东会就需要进行长时间商议，则很难高效地作出决议。另外，股东构成复杂，也很难保证公司经营方针的前后一致性。因此，虽然法律层面上有限责任公司股东可以在50人以下，但从公司经营层面，特别是创业初期和成长期企业，股东构成要相对简单，不宜规模太大。否则，大概率会影响公司经营效率，不符合公司成长期的经营需求。

二、自然人股东不宜太多

我国公司法规定，企业法人、合伙组织、自然人等市场经营主体均可成为公司股东。有限责任公司可以由50名以下的股东出资设立，但就有限责任公司股东构成而言，自然人股东不宜太多。因为如果自然人过多，股东会通知、召开、议事表决等事宜繁琐，严重影响股东会的运作效率。同时，自然人股东会面临生老病死、婚姻变故、继承纠纷、与第三人债权债务纠纷等不可控事件；如果该自然人股东是员工，还会发生岗位变动、离职等大概率事件。自然人股东一旦发生上述情况，则会大概率地引起股东变更、股权争议或股权纠纷，给公司股权稳定性带来极大的挑战，甚至导致股东构成被动发生变化，破坏了有限责任公司人和性，严重影响公司稳定可持续发展。如果公司自然人股东过多，该如何解决呢？我们建议设立自然人股东持股平台，该持股平台可以根据经营需要采用公司、合伙企业等形式，除创始人以外的自然人股东通过该持股平台间接持有公司股权。如此设计，一方面隔离了自然人股东的个人因素带来的不确定风险，保证公司的股权结构相对稳定；另一方面又将公司的决策权集中起来，保证了公司股东会的高效运转，为公司快速发展提供了制度保证。

三、股权不宜平均分配

就平均分配的公司股权结构而言，其有优点，也有缺点。优点是，公司股权分散，控制权由几个股东分享，达到股东相互监督制衡的效果，保证了公司决策更加民主，不仅能在一定程度上抑制可能存在的大股东“以公谋私”的行为，也可以保证公司稳健、可持续发展。缺点是，公司股权平均分配，公司表决权分散，股东相互制衡，在很大程度上必然会导致决策效率的下降，使公司无法对瞬息万变的市场变化及时做出反应，错失发展机遇。显然，平均分配的股权结构可以适用于规模成熟企业，而不适用于初创期和成长期的企业。就初创期或成长期的企业而言，很多经营方针并无对错之分，关键是面对瞬息万变的市场环境，第一时间进行取舍决策，拥抱新风口，在发展中进行完善，在试错中实现成长。只有股权相对集中，才能第一时间高效决策，高效抓住瞬息万变的市场机会。同时，公司股权平均分配有可能导致企业经营陷入僵局，特别是在各股东就所议事宜意见无法达成一致，又相互不愿让步的情况下，则会导致股东会无法达成任何有效决议，进而导致公司运营陷入瘫痪或动荡，甚至最终导致创业团队的分裂和项目的失败。因此，公司应慎用平均分配的股权结构，特别是公司的初创期和成长期。

四、灵活配置股东表决权

公司发展需要不断地进行股权融资，A 轮、B 轮、C 轮，还有 IPO 上市发行新股，每一轮融资肯定会对创始人在公司的股权产生稀释，此时如何更好地控制公司股东会呢？在现行公司法下，单层股权结构是主流模式，基于“同股同权”的原则公司股东按照出资比例或持有股份数量行使表决权，表决权的数量与持股比例一致。在单层股股权结构中，融资必然意味着持股比例和股东表决权成正比例的稀释。根据我国公司法规定，无论是有限责任公司，还是股份公司，在经营中均可根据经营需要对股东表决权进行差异化安排，即实行双层股权结构。双层股权结构是基于“同股不同权”理念创设的一种公司治理制度，实行双层股权结构的公司通常会发行两种不同表决权的股权或股票，比如一种是普通表决权股票，一股享有一票表决权；另一种是超级表决权股票，一股享有 N 票表决权。其中，普通股票主要向广大的公众投资者或财务投资人发行，而超级股票主要向公司创始人或管理层发行，最终目的是通过股票之投票权的特殊设置实现创始人或管理层在持有较少股权或股票的情况下仍然控制公司股东会或股东大会。双层股权结构是一种制度创新，实行双层股权结构的公司进行股权融资，会导致股权被稀释，但并不必然导致公司表决权成正比例的稀释。公司股东可以运用双层股权结构在持有少数股权的情况下控制公司股东会。股东表决权的灵活配置，将极大地满足经营者在持股比例被稀释的情况下，仍保持对公司话语权的治理需求。比如，经营者在融资过程中，公司创始人可以释放 40% 的股权，但仅释放 20% 的表决权。如此既可以获得公司发展所需的资金，创始人又可以通过持有股东会 80% 表决权将公司股东会的绝对控制权掌握在自己手中。

五、海底捞股权结构的完美升级

海底捞是我国中式餐饮的代表品牌。其前身为张勇夫妇和施永宏夫妇在四川简阳开的一家只有 4 张桌子的小火锅店。1994 年，张勇召集女友舒萍、同学施永宏及其女友李海燕，凑了 8000 元启动资金，创办海底捞的第一家店；张勇未出资。因当时不知道怎么给火锅店起名字，就用了“海底捞”这个四川麻将的叫法。创业之初，海底捞股权结构为：4 人各持股 25%。在经营上，张勇主导项目发展，施永宏则作为辅助。

随着公司规模的扩大，企业管理和发展的问题越来越多，越来越复杂。张勇认为其他 3 位创始人已经跟不上项目发展的步伐，其最早让自己的配偶舒萍离开海底捞，不再参与公司经营。2004 年，张勇又让施永宏的太太李海燕离开了公司。2007 年，张勇又让施永宏不再参与公司经营，离开了海底捞。此时海底捞股权结构为：张勇夫妻持股 50%，施永宏夫妻持股 50%。海底捞的经营仍由张勇主导。

2007 年，张勇从施永宏夫妻手中以原始出资额的价格购买其 18% 的股权。该次股权转让完成后，张勇夫妻合计持股 68%，成为海底捞绝对控股股东。2009 年，海底捞进行股权重组。简阳市静远投资有限公司设立，张勇持股 52%，舒萍、施永宏和李海燕各持股 16%。重组后海底捞股权结构为：静远投资持股 50%，张勇持股 25.5%，舒萍、施永宏和李海燕各持股 8%，其他员工在股权激励后持股 0.5%。股权重组后，张勇个人通过直接持股和间接持股的方式共持有海底捞 51.5% 股权，但其个人通过重组控制了海底捞 75.5% 的表决权，为海底捞绝对控股股东。

嗣后，海底捞进入快速发展期。2017 年，海底捞营收 102 亿元，净利润 12 亿元，海底捞成为增长最快的中式餐饮品牌。2018 年 9 月 26 日海底捞在港交所上市。截至 2019 年 7 月 26 日，海底捞市值为 1674.8 亿港元，在中国和全球的中式餐饮市场中均排名第一。

海底捞能取得今天的成绩与其股权结构不无关系。海底捞最初平均分配的股权结构对公司发展是一颗定时炸弹。但是，2007 年基于项目一直是张勇主导，且施永宏具有很大的格局，张勇通过受让施永宏 18% 股权的方式，夫妻合计持股 68%，确立了自己的核心股东地位。2009 年，张勇又通过公司股权架构设计控制了公司 75.5% 的表决权，进而绝对控制了公司的股东会，而且在这个股权架构中，张勇对海底捞公司的控制权不受其妻子持股比例的影响。海底捞股权结构的每一步调整一定都是经过深思熟虑的，战略意义也是重大的。简单、稳健、集中的股权结构为公司高速发展提供了制度保证。

第三节　企业灵活安排股东表决权和分红权

"公司"是人类发展史上一项伟大的制度创新。公司制度，特别是公司股东有限责任制度，在很大程度上打消了投资者顾虑，极大地释放了社会投资积极性。西方社会财富在短短几百年里实现了突飞猛进，基本都是在公司之“有限责任制度”下创造出来的。随着社会的发展，经营者的经营需要越来越多样化，公司制度也需要与时俱进地进行调整。比如，早期的同股同权理念已经不能满足企业经营的需求，有的经营者基于公司发展的需要可以释放股权，但并不愿意按比例释放表决权；有的投资者愿意对公司进行股权投资，但需要更多的分红权收益，等等。在现代企业治理实践中，对公司股东核心权益之表决权和分红权进行差异化安排成为企业更好地实现经营目的的刚需，化妆品企业也不例外。本节将探讨公司股东表决权和分红权差异化安排问题。

一、股东与股东权利

股东是公司的出资人。股东权利是公司股东基于股东资格而享有参与公司经营管理，并从公司获取收益的权利。公司具有独立法人人格，股东权益将公司与股东连接起来，包括权利和义务。公司股东通过行使股东权利参与公司经营，分享公司收益。股东在公司中有哪些权利呢？主要有身份权、治理权、收益权、救济权、清算权等权利。身份权是指股东出资后就有权获取出资证明书并将自身记载于股东名册，以此证明自己的股东身份并依法行使股东权利。治理权是指参与公司治理的权利，具体包括：股东在股东（大）会的表决权、提案权、提议权、召集权等，以及对公司经营状况和财务状况的知情权和监督权。收益权是指获得投资收益的权利，股东投资最终是为了获利，股东通过分红权来获利；同时，股东也可以通过行使股权转让权、优先购股权、股份回购请求权等权利来获得资本性收益。救济权是指获得外部救济的权利，当公司运营出现问题损害了公司和股东的权利，而无法通过公司内部治理来保护有关各方合法权益时，法律还赋予股东行使决议无效或撤销请求权、股东代表诉讼权、司法强制解散请求权等权利寻求外部公权力的救济。清算权是指当公司由于各种原因面临清算，走到其“人生终点”时，股东还享有剩余财产分配请求权、参加或确定清算组权利等来维护自己最后的权益。如上所述，股东大会表决权是股东参与公司治理权利项下的一项重要权能；分红权是股东获取投资收益权利项下的一项重要权能。股东（大）会表决权和分红权也是股东最关注的股东权利之一。

二、有限责任公司股东表决权和分红权的差异化配置

如上所述，股东表决权是股东参与公司治理权利项下的重要权能之一，股东在有限责任公司或股份有限公司中按其持有的股权比例或股份对公司事务进行表决，又称为股东投票权。一般情况下，股东表决权的多少决定了股东对公司控制力的大小。我国《公司法》经历了多次修订，不同时期的公司治理理念不同，公司股东投票权和分红权差异化配置的法律空间也不同。2005 年《公司法》修订前，"同股同权"和"同股同利"是我国《公司法》的基本理念，我国并不认可"同股不同权"理念，因此有限责任公司不得实施股东投票权和分红权的差异化安排。2005 年修订后的《公司法》有了变化，特别是有限责任公司。现行《公司法》第 42 条规定："股东会会议由股东按照出资比例行使表决权；但是，公司章程另有规定的除外。"同时《公司法》第 34 条还规定："股东按照实缴的出资比例分取红利；公司新增资本时，股东有权优先按照实缴的出资比例认缴出资。但是，全体股东约定不按照出资比例分取红利或者不按照出资比例优先认缴出资的除外。"据此，在现行公司法下，有限责任公司股东按照出资比例行使表决权和分红权是主流，但是《公司法》允许有限责任公司章程对此作出不同的规定，而且章程规定优先于法定。因此，目前有限责任公司可以在公司章程自行约定与出资比例不一致的股东表决权比例和分红权比例，进行股东权益的差异化安排。

三、股份公司股东表决权和分红权的差异化配置

如上所述，2005 年《公司法》修订前，"同股同权"和"同股同利"是我国公司法的基本理念，股份公司也不得实施股东表决权和分红权的差异化安排。2005 年修订后的《公司法》就股份公司分红权问题进行了调整。现行《公司法》第 166 条第 4 款规定："公司弥补亏损和提取公积金后所余税后利

润，……股份有限公司按照股东持有的股份比例分配，但股份有限公司章程规定不按持股比例分配的除外。”因此，自 2006 年 1 月 1 日起，股份公司可以就公司股东分红权进行差异化安排。但股份公司的表决权问题，因股份公司的资合性，《公司法》虽经多次修改，但一直持谨慎态度。现行《公司法》第 103 条第 1 款规定，股东出席股东大会会议，所持每一股份有一表决权。但是，公司持有的本公司股份没有表决权。第 126 条第 1 款规定：“股份的发行，实行公平、公正的原则，同种类的每一股份应当具有同等权利。”同时，实践中对股东表决权进行差异化安排的双层股权结构为股份公司在我国主板市场上市的法律障碍，在上市前必须清理。故，就股份公司股东投票权差异化配置问题普遍持有谨慎态度。2019 年科创板推出后，该问题有了新的变化。在科创板，证监会引入“同股不同权”理念，允许符合条件的双层股权结构股份公司直接上市。2019 年 6 月 20 日，我国最高人民法院发布《最高人民法院关于为设立科创板并试点注册制改革提供司法保障的若干意见》，以意见的形式肯定了股份公司施行“同股不同权”制度的有效性。至此，股份公司就股东投票权和分红权进行差异化安排均为合法。

综上，目前公司治理实践中，无论是有限责任公司，还是股份公司，化妆品经营者均可根据经营需要对股东表决权和分红权进行差异化安排。股东表决权和分红权的灵活安排，将极大地满足经营者经营需求，特别是公司融资事宜。比如，化妆品经营者在融资过程中，可以释放 50% 的股权，但为了保持对公司控制权仅释放 30% 的表决权，同时作为利益补偿释放 60% 的分红权。如此，既可以融到公司发展所需的资金，创始人又可以将公司股东会的绝对控制权掌握在自己手中，投资人也可以获取收益的最大化，满足了各方利益诉求。化妆品经营者在企业发展过程中，可以根据经营需要灵活配置股东表决权和分红权。

第四节 公司治理之股东会双层股权结构

任何一种制度都是阶段性的适用。公司是企业经营实践中最常用的企业类型之一。从个体工商户到合伙企业，再到有限责任公司，每种企业类型满足了不同经营者的多样化经营需求，推动了人类文明和财富水平在短短几百年里实现了突飞猛进的变化。虽然从英国东印度公司诞生起，现代社会的大多财富基本都是在公司“有限责任制度”下创造出来的，但随着社会的发展，传统的公司制度已经不能很好地满足经营的需求。“同股不同权”理念下的公司股东（大）会“双层股权结构”就是对传统“同股同权”理念下公司股东（大）会“单层股权结构”的创新。现实中，双层股权结构解决了在股权稀释的同时保持对公司股东会或股东大会的控制权的经营需求。比如，公司发展需要大量的资金，但当创始人在“同股同权”理念下不断地进行融资满足公司发展需要的时候，自己在公司的持有股权比例则在逐步被稀释，甚至对公司丧失了话语权，导致公司经营方向处在极大的不确定性中，而双层股权结构则可以解决这一困境。本节将探讨公司双层股权结构问题。

一、双层股权结构

双层股权结构不是法律术语，通常是指基于“同股不同权”理念创设的一种公司治理制度，实行双层股权结构的公司通常会发行两种不同表决权的股权或股票，比如一种是普通表决权股票，一股享有一票表决权；另一种是超级表决权股票，一股享有 N 票表决权。其中，普通股票主要向广大的公众投资者或财务投资人发行，而超级股票主要向公司创始人或管理层发行，最终目的是通过股票表决权的特殊设置实现创始人或管理层通过持有较少股票仍然控制公司股东会或股东大会。实践中，很多企业会将两种不同表决权的股票分别命名为 A 类股份和 B 类股份，于是双层股权结构又称 AB 股结构。

与双层股权结构相对的是单层股权结构。什么是单层股权结构呢？单层股权结构通常是指基于“同股同权”理念设立的一种公司治理制度，实行单层股权机构的公司通常只会发行一种股权或股票，每一股股权或股票享有相同的表决权、分红权等股东权利。目前我国大多数公司均是实行单层股权机构。相对于单层股权结构，双层股权结构是一种制度创新，实质是公司通过对股东表决权进行特殊配置，创始人或管理层实现了在持有有限股权的情况下控制公司股东会或股东大会的经营目的。

二、双层股权结构的利和弊

相对于单层股权结构，双层股权结构最大的好处就是：公司创始人不会因为融资等行为丧失对公司股东会或股权大会的控制权，进而保持公司经营方针不会被某些短视的投资者或财务投资人所干扰。双层股权结构也有很大的弊端，那就是公司实际控制人的道德风险很大，有可能发生权力滥用的情况。在双层股权结构下，相同的股权或股票拥有同样的分红权，但享有不同的决策权，通常创始人或管理层话语权更大，他们有可能滥用表决权做对他们利益最大化的事情，比如给自己开很高的工资待遇，通过不公允的关联交易输送利益等。阿里巴巴实行的双层股权结构，上市前阿里的股权结构为：日本软银持股36.7%股份、雅虎持股24%股份，持有的是A股；马云及他的合伙人只拥有阿里巴巴约10%的股份，持有的是B股。B股的每股表决权等于A股10股的表决权。马云及管理层虽然只持有约10%的股份，但通过双层股权结构设计拥有了约63%的表决权，控制了整个阿里公司股东大会。2013年阿里巴巴原计划在港交所上市，当时港交所基于公平理念固守“同股同权”的立场，阿里最终登陆允许双层股权结构的美国纽交所，这反映了港交所对双层股权结构弊端的担忧。诚然创始人或管理层的贡献和价值很大，但在缺少权力制衡的情况下，创始人或管理层有可能滥用权力，从而损害公司及公司大部分股东的权益。公司采用双层股权结构，通常有两种方法：一是在首次公开发行（IPO）股票前实行双层股权结构；另一种是在首次公开发行

（IPO）股票后通过股票转换的形式实行双层股权结构。两者相比，在首次公开发行股权前，公司尚不是公众公司，股东人数有限，且关系紧密，股东尚能够在一定程度上监督公司运作，故双层股权结构的道德风险较小。在首次公开发行股权后，公司成为公众公司，股东人数较多，且分散，大部分股东也不参与公司经营，不能有效地监督公司运作，故道德风险较大。

三、双层股权结构合法性分析

公司经营需要以合法为前提，不以合法性为前提的经营不具有任何经营价值，公司股权结构也不例外。在我国法律层面，双层股权结构合法吗？就这一问题，立法有一个转变的过程。如前文所述，2005 年《公司法》修订前，“同股同权”和“同股同利”是我国公司法的基本理念，我国《公司法》并不认可“同股不同权”的双层股权结构。2005 年修订后的《公司法》有了变化，这一变化主要体现在有限责任公司股权结构上。现行《公司法》第 42 条规定：“股东会会议由股东按照出资比例行使表决权；但是，公司章程另有规定的除外。”因此，在现行公司法下，有限责任公司股东按照出资比例行使表决权是主流，但是《公司法》允许有限责任公司章程对此作出不同的规定，而且章程规定优先于法定。基于该法律规定，有限责任公司股东可以在公司章程自行约定与出资比例不一致的表决权比例，即实行同股不同权的双层股权结构。股份公司可不可以实行双层股权结构呢？因股份公司的资合性，就股份公司双层股权结构问题，《公司法》一直持谨慎态度，2005 年公司法修改时并没有改变。现行《公司法》第 103 条第 1 款规定：股东出席股东大会会议，所持每一股份有一表决权；但是，公司持有的本公司股份没有表决权。第 126 条第 1 款规定：“股份的发行，实行公平、公正的原则，同种类的每一股份应当具有同等权利。”因此，“同股同权”为现行《公司法》所明示的股份公司基本原则。但科创板推出后，就股份公司双层股权结构问题有了新的变化。在科创板，证监会引入“同股不同权”理念，允许符合条件的双层股权结构股份公司直接上市。此后，《最高人民法院关于为设立科创板并试点注册制改革提供司法保障的若干意见》又进一步肯定了股份公司施行“同股不同权”制度的有效性。至此，公司实行双层股权结构已不再存在制度障碍，无论是有限责任公司还是股份公司均可实行双层股权架构。

四、双层股权结构案例

（一）京东公司

根据公开资料显示，京东是美国纳斯达克上市的一家双层股权结构公司。京东公司股本分为 A 类股份和 B 类股份，A 类股份为 1 股享有 1 票表决权；B 类股份为 1 股拥有 20 票表决权。投资人持有的为 A 类股票；创始人刘强东持有的为 B 类股票。京东集团 2018 年年报显示，腾讯为京东第一大股东，持有京东 17. 8% 的股份，但仅拥有 4. 5% 的表决权；刘强东为京东第二大股东，持有京东 15. 4% 的股份，但刘强东拥有 79% 的表决权。因此，在京东多轮融资之后，刘强东虽不再是通常公司股权意义上的大股东，但是依旧通过双层股权结构牢牢控制着公司股东大会。

（二）小米公司

根据公开资料显示，小米公司是港交所再次允许“同股不同权”后上市的第一家双层结构公司。小米公司招股书显示，小米公司股本分为 A 类股份和 B 类股份，A 类股份持有人每股享有 10 票表决权，而 B 类股份持有人则每股享有 1 票表决权。其中，A 类股份仅由雷军和林斌两人拥有，外部投资人拥有的为 B 类股份。雷军持有公司的股权比例为 31. 41%，但通过双层股权结构拥有着 55. 7% 的表决权；林斌持有公司 13. 33% 的股份，通过双层股权结构拥有 30% 的表决权，二者合计拥有 85. 7% 的表决权。通过双层股权结构，小米公司股东大会的控制权牢牢地掌握在了创始股东雷军和林斌手里。

（三）优刻得公司

根据公开资料显示，优刻得科技股份有限公司是我国科创板允许“同股不同权”后上市的第一家双层股权结构公司。优刻德公司设立了双层股权结构，公司股本分为A类股份和B类股份，A类股份持有人每股享有5票表决权，而B类股份持有人则每股享有1票表决权。其中，公司共同控股股东、实际控制人季昕华、莫显峰、华琨3人拥有的为A类股份，其他股东及投资人拥有的为B类股份。公司共同控股股东、实际控制人季昕华、莫显峰、华琨合计持有公司26.8%的股份，但通过双层股权结构享有64.7%的表决权。通过双层股权结构，优刻得股东大会的控制权牢牢地掌握在了季昕华、莫显峰、华琨手里。

第五节　从阿里巴巴合伙人制度看公司董事会经营权控制

“公司”是人类发展史上一项伟大的制度创新。公司治理机构由股东会（股东大会）、董事会（执行董事）和监事会（监事）三会构成。其中，股东会为公司权力机构，行使公司决策权，决定公司经营方向，决定董事和监事人选；董事会为公司执行机构，行使公司管理权，执行股东会决议，负责公司具体经营事务；监事会为公司监督机构，行使监督权力，监督公司、董事、经理等经营行为。公司治理机制的特点在于在所有权、经营权和监督权分离的基础上，通过分工与相互制衡的设计，实现对企业的有效管理和控制，维护公司股东、管理层等各方的合法权益，维护公司的有效运行。在上述公司治理机构中，董事会为公司执行机构，具体负责公司经营事宜，其对公司经营影响重大。如果公司董事会失控，则会带来公司管理层之内部人控制问题，导致公司经营行为不仅不能体现创始人或大股东的经营意向，还会损害股东或公司的利益。从化妆品企业经营角度，创始人在关注股东会或股东大会的同时，还要关注董事会治理问题，如此才能保证公司在经营中全面落实公司股东（大）会的经营决策。本节将结合阿里巴巴合伙人制度，探讨公司董事会经营权控制问题。

一、董事会与经营权控制

如上所述，董事会为公司执行机构，行使公司管理权，执行股东会决议，负责公司具体经营事务。其中，有限责任公司设董事会，其成员为3－13人；但是，股东人数较少或者规模较小的有限责任公司，可以设一名执行董事，不设董事会。股份有限公司设董事会，其成员为5－19人。董事会就相关议题表决时，实行一人一票制度，按照一般多数的原则形成相关决议。我国公司法规定，董事会对股东会负责，具体行使下列职权：（1）召集股东会会议，并向股东会报告工作；（2）执行股东会的决议；（3）决定公司的经营计划和投资方案；（4）制订公司的年度财务预算方案、决算方案；（5）制订公司的利润分配方案和弥补亏损方案；（6）制订公司增加或者减少注册资本以及发行公司债券的方案；（7）制订公司合并、分立、解散或者变更公司形式的方案；（8）决定公司内部管理机构的设置；（9）决定聘任或者解聘公司经理及其报酬事项，并根据经理的提名决定聘任或者解聘公司副经理、财务负责人及其报酬事项；（10）制定公司的基本管理制度；（11）公司章程规定的其他职权。据此，董事会的职权涉及公司人、财、物、产、供、销各个方面，董事会的管理水平和运作效率直接决定的公司发展状况，对公司发展意义重大。在董事会行使公司经营权的制度设计中，董事会能否很好地执行股东（大）会决议，不仅对公司发展影响重大，也直接关系公司股东利益。正因如此，企业股权融资时，董事会构成、董事提名权、委派董事名额和董事会一票否决权等董事会治理事宜是投资人与创始人之间无法回避的问题。同时，公司董事会治理不完善还会造成公司内部人控制问题。所谓的内部人控制是指现代企业中的所有权与经营权相分离的前提下形成的，由于所有者与经营者利益不一致，导致了经营者利用对企业经营的决策、管理、财务支配和人事任免等职权，在企业经营方案、薪酬制定、企业红利分配等方面进行利益自我输送。由于公司经营权利过分集中于“经营者”，股东、公司及其他利益方就有可能会受到不同程度的损害。因此构建一个合格的董事会，并保证公司董事会良性运转不仅是维护公司利益所必须考虑的话题，更是维护公司股东利益不可回避的问题。除了关注公司股东会外，化妆品经营者还应关注董事会，不仅要从经营的角度构建专业、高效的董事会，更要从董事会治理的角度关注董事会良性运转，以免公司经营效果大打折扣。

二、阿里巴巴合伙人制度创立

2014 年 9 月，阿里巴巴在美国纽交所上市，成为全球史上最大的 IPO。其中，最引人注目的是其合伙人制度。谈到阿里巴巴的合伙人制度，首先需要知道阿里巴巴的融资历程和股权结构。根据阿里巴巴的招股说明书及公开资料，阿里巴巴经过历次股权融资后，上市前股权结构为阿里巴巴董事及执行官 14.6%、员工持股 4.8%、软银 34.1%、雅虎 22.4%、其他投资机构 24.1%。从阿里巴巴上市前的历次融资及股权结构可以看出，马云及其管理团队如果想继续控制公司，控制公司的经营管理，就必须设计一套既符合股东利益最大化又符合管理团队利益最大化的制度，这是阿里巴巴合伙人制度创立的现实基础。此时，阿里巴巴合伙人制度应运而生。

阿里巴巴合伙人制度的核心在于公司章程中设置有关董事提名权的特殊条款。要成为阿里巴巴集团的董事必须经过这些“合伙人”的提名前置程序。如果阿里巴巴合伙人提名的候选人没有获得股东大会批准，或现任董事离职，阿里巴巴合伙人有权指定其他人选担任临时董事直至下一次年度股东大会。这样的制度设计就保证了董事会中一定比例的董事必须是“合伙人”所认可的人。这样一来，股东对董事的选任权被阿里巴巴合伙人制度架空，阿里巴巴合伙人指定的董事牢牢掌握阿里巴巴集团董事会过半数席位，决定公司的经营事项，而不用担心被恶意收购或者股东之间达成一致行动人协议架空董事会，进而导致公司管理层丧失对公司的控制权。

阿里巴巴合伙制度的安排得以使创始团队不再需要拥有大量股权以控制董事会，而是直接通过掌握董事会简单多数人选的提名权和临时董事的决定权而控制董事会，创始团队的持股数量可以远低于同股同权下获得董事会席位所需的最低数量。这不仅便于融资，也构筑了反恶意收购的屏障。对于坚持同股同权的证券市场，如早期的中国香港，这一制度虽然回避了同股不同权的分级股权制度，但仍然无法通过香港联交所的审查，理由在于仅持有公司少数股份的阿里巴巴合伙人可以决定公司董事会简单多数人选，这属于内部人控制的情形，不仅损害大股东利益，也可能损害中小股东的利益。阿里巴巴最终没有改变合伙人制度而是甘愿承担风险，选择在美国这一监管更为严格，中小股东诉讼更为频繁的证券市场上市，可见创始团队对公司经营控制权的重视。

三、阿里巴巴合伙人制度解读

阿里巴巴合伙人制度设立合伙人委员会。合伙人委员会负责管理合伙人、组织合伙人选举工作和提议、执行阿里巴巴高管年度奖金池分配等事宜。目前，合伙人委员会有 5 个委员——马云、蔡崇信、陆兆禧、彭蕾和曾鸣。阿里巴巴合伙人构成主要有永久合伙人、普通合伙人和荣誉合伙人。具体如下：（1）普通合伙人：符合阿里巴巴资格条件，享有权利并履行义务的合伙人。成为普通合伙人必须符合规定的条件，通过现有合伙人提名并投票，得到 75% 以上的现有合伙人支持，最后由合伙人委员会确认才能成为正式合伙人。（2）永久合伙人：是一种特殊的合伙人，不需要受到普通合伙人 60 岁自动退休和离开阿里巴巴就自动退出两种条款的约束，目前在阿里巴巴仅有马云和蔡崇信两人。（3）荣誉合伙人：由合伙人委员会在退休的普通合伙人中选举产生，没有普通合伙人的权力，但是可以获得奖金池的部分分配。荣誉合伙人从退休合伙人中选举产生，基本遵循普通合伙人的加入程序。

阿里巴巴合伙人制度并未固定人数，名额将随着成员变动而改变且无上限，除马云和蔡崇信为永久合伙人外，其余合伙人的地位与其任职有关，一旦离职则退出合伙人关系。那么，满足什么样的条件才能成为阿里巴巴合伙人呢？根据阿里巴巴纽交所上市的招股说明书中披露内容，阿里巴巴合伙人有 5 项资格要求：（1）合伙人必须在阿里巴巴服务满 5 年；（2）合伙人必须持有公司股份，且有限售要求；（3）由在任合伙人向合伙人委员会提名推荐，并由合伙人委员会审核同意其参加选举；（4）在一人一票的基础上，超过75%的合伙人投票同意其加入，合伙人的选举和罢免无需经过股东大会审议或通过；（5）合伙人还要符合两个弹性标准：对公司发展有积极贡献；高度认同公司文化，愿意为公司使命、愿景和价值观竭尽全力。

阿里巴巴合伙人拥有提名董事的权利。合伙人提名的董事占董事会人数一半以上，因任何原因董事会成员中由合伙人提名或任命的董事不足半数时，合伙人有权任命额外的董事以确保其半数以上董事控制权；如果股东不同意选举合伙人提名的董事，合伙人可以任命新的临时董事，直至下一年度股东大会；如果董事因任何原因离职，合伙人有权任命临时董事以填补空缺，直至下一年度股东大会。阿里合伙人的提名权和任命权可视作阿里创始人及管理层与大股东协商的结果，通过这一机制的设定，阿里合伙人拥有了超越其他股东的董事提名权和任免权，控制了董事人选，进而决定了公司的经营运作。阿里巴巴招股书对合伙人的奖金分配作了阐述。阿里巴巴集团每年会向包括公司合伙人在内的公司管理层发放奖金。该奖金是属于税前列支。这意味着合伙人的奖金分配权将区别于股东分红权，股东分红是从税后利润中予以分配，而合伙人的奖金分配将作为管理费用处理。

除了在股东会双层股权架构制度设计外，阿里巴巴通过创设合伙人制度，保证了创始股东在持有少数公司股权的情况下实现了控制公司经营权的目的，也保证了公司经营按照创始人确定的方向快速推进。目前很多企业借鉴阿里巴巴合伙人制度的架构和治理机制，演变为更加符合企业自身需求的股权激励模式或公司治理模式。如阿里巴巴合伙人的遴选机制、进入机制、退出机制、激励机制、分配机制和决策机制为其他企业提供了很好的借鉴。阿里巴巴合伙人制度为企业家提供了另一个公司治理问题之公司经营权控制的思考方向，值得化妆品经营者思考。

第六节 读懂企业股权融资

资金是企业发展的最重要要素之一。无论是初创型企业，还是规模企业，资金对企业发展的重要性都无需赘述。化妆品企业为了解决资金需求，一方面可通过经营沉淀自有资金，另一方面可通过对外融资的方式获取企业发展所需资金。由于很多化妆品营销费用过高，导致企业现金流紧张或盈利能力有限，对外融资成为很多化妆品企业发展的重要资金渠道，特别是初创期化妆品企业。目前，化妆品行业处于快速发展时期，越来越多的企业正在或计划进行资本运作。然而，企业对外融资涉及经营、法律、财务等多方面问题，是一件专业性很强的事情，稍有不慎则会给企业经营带来极大的风险，甚至留下隐患。本节将探讨企业股权融资问题。

一、企业股权融资与投资基金

按照融资手段的不同，企业融资方式有债权融资和股权融资两种。债权融资是指企业通过向金融机构、企业或个人借款的方式融入企业发展所需资金，以企业负债的形式用于企业经营。债权人对公司享有债权，但不享有股东权利，也无权参与公司经营和分红。借款期限届满后，企业按照约定的标准归还本金和利息。在财务报表上，债权融资会增加公司负债。债权融资的优点是不稀释公司股权，债权人也不参与公司经营和分红；缺点是会增加公司负债，且到期后需归还本金和利息。所谓股权融资是指企业股东通过出让部分股权的方式进行融资，以企业增资的方式引进新的股东，融得企业发展所需资金。股权融资的优点是不会增加公司负债，且不存在到期后归还本金和利息的问题；缺点是会稀释公司股权，新股东会参与公司经营和分红，与老股东分享企业的增长与盈利。债权融资与股权融资各有优缺点，但基于目前中小企业融资难的现状，股权融资不会增加负债等原因考虑，很多企业，特别是快速发展期的企业更多地愿意通过股权融资的方式解决企业发展资金问题。就股权融资而言，融资的对象主要为投资基金。一般情况下投资机构投资主要有天使投资（100－500万元投资额度）、创业（VC）投资（500－1000万元投资额度）、私募股权（PE）投资（1000万元以上投资额度），其投资企业的目的主要是获得高回报的机会。除了投资基金外，企业也可以向个人或企业以股权融资的方式融得企业发展资金，但一般该渠道融资规模有限。

二、企业股权融资时间窗口

企业什么时候进行股权融资比较好呢？该问题没有定论。首先，一般认为企业的股权融资要考虑企业资金需求，如果现金流充沛，企业中长期没有资金需求的话，一般情况下不建议股权融资。因为股权融资会稀释公司股权，新股东会参与公司经营和分红，与老股东分享企业的增长红利。同时，企业股权融资后，新的股东参与公司经营决策会在一定程度上降低公司股东会或董事会的动作效率。其次，企业的股权融资不要等到现金流紧张时再考虑。因为现金流紧张时企业融资压力大，且财务报表不漂亮，此时企业融资会很被动。因此，最好的情况是企业提前规划公司股权融资需求，根据公司融资计划在公司处于经营高峰期时进行股权融资。阿里巴巴的融资案例给了我们很好的启发，阿里巴巴每一轮融资都恰到好处，成功地提升并放大了企业市场价值，同时每次融资也恰到好处地支持了业务稳步发展。实践证明，阿里巴巴融资历程的基本原则亦适用于所有创业企业。具体如下：（1）不要等到没钱的时候再去融资，所有的银行和投资人的风控都是看现金流的。（2）企业在现金流良好的情况下，要提前规划融资，未雨绸缪。（3）寻找投资伙伴时，要关注投资伙伴能够带来的附加价值，如品牌、公司治理和技术。（4）要重视公司的长远发展，寻找长期合作伙伴。

三、企业股权融资估值方法

企业股权融资时，公司估值往往是首先要讨论的问题。公司估值不仅决定了企业融资金额，也决定了创始人公司股权的释放比例，是创始人和投资者都格外关注的问题。通常情况下，有如下几种常用的公司估值方法：

估值方法	估值方法要点
PE 法（市盈率法）	以公司利润作为评价企业价值的主要参数，计算公式为：公司价值 = 预测市盈率 × 公司未来 12 个月利润。就具备一定盈利能力的企业，目前适用较多。
PB 法（市净率法）	以公司净资产作为评价企业价值的主要参数，计算公式为：公司价值 = 预测市净率 × 公司净资产。目前实践中，适用较少。
PS 法（市销率法）	市销率是市场价值与销售收入的比值，这种方法以销售收入作为评价企业价值的主要参数，计算公式为：公司价值 = 预测市销率 × 公司销售收入。在消费品行业中，具有一定规模、阶段性盈利能力有限的项目，适用较多。
DCF 法（现金流量折现法）	现金流量折现法是基于预期未来现金流量和折现率的估价方法。在一定的条件下，如果被估价资产当前的现金流量为正，并且可以比较准确地预测未来现金流量的发生时间，同时根据现金流量的风险特性又能够确定出适当的折现率，就适合采用现金流量折现方法。通常认为是企业价值评估的首选方法，但基于其估值方式的复杂性，在国内实践中采用的并不多。
需要指出的是，行业不同，选用的估值方法也不同。对于传统行业，投资人一般优先考虑 DCF 法和 PE 法；对于高新技术企业，投资人首选 PE 法。企业不同阶段和财务状况不同，选用的估值方法也不同。如果被投资企业正处于早、中期发展阶段并且尚未实现盈利，投资人较多使用 PS 法和 PB 法；如果已经实现盈利，则投资人较多使用 PE 法和 DCF 法；如果被投资企业已经处于中、后期发展阶段，此时公司往往已经实现盈利，而且各方面发展都已经比较成熟，上市预期也较为强烈，此时较为普遍使用的是 PE 法和 DCF 法。	

四、企业家如何吸引投资人

投资机构在确定投资意向后，一般会先签署保密协议、框架协议等法律文件，然后再对企业进行行业/技术尽职调查，待初步确定行业、技术判断后，开展财务和法律尽职调查，直至最终作出投资决定，签署投资文件。在此之前，企业家能否吸引足够多的投资人，在一定程度上决定了融资的成功概率和质量。企业家如何在确定融资计划后吸引到优秀的投资人呢？每个企业家都应思考这个问题。要吸引投资人，就要先了解投资人的关注点。投资人评估投资项目时，通常会关注以下问题：（1）看准一个团队；（2）发掘两个优势——优势行业+优势企业；（3）弄清三个模式——业务模式+盈利模式+营销模式；（4）查看四个指标——营业收入+营业利润+净利率+增长率；（5）厘清五个结构——股权结构+高管结构+业务结构+客户结构+供应商结构；（6）考察六个层面——历史合规+财务规范+依法纳税+产权清晰+劳动合规+环保合规；（7）落实七个关注——制度汇编+例会制度+企业文化+战略规划+人力资源+公共关系+激励机制；（8）分析八个数据——总资产周转率+资产负债率+流动比率+应收账款周转天数+销售毛利率+净值报酬率+经营活动现金流+市场占有率。基于上述投资人的关注点，企业家在股权融资时应注意以下问题：（1）企业是一个有成长性的企业，否则就不要去见投资人；（2）现金流好的时候去见投资人，缺钱的时候融资是最难的；（3）气场最强的时候去见投资人；（4）见投资人时，带上自己的团队；（5）不回避问题、不模糊答复、不隐藏重要的问题；（6）不期望对方立即作出决定；（7）第一次见面不谈价格，不一口定价；（8）要对公司的产品或服务保持主动和热情，无论对方怎么挑刺；（9）不过分强调技术因素或故意使技术环节复杂化；（10）企业是自己的孩子，但是不能感情化，不要给对方一种自己的企业很伟大的感觉，忘记自己付出了多少，忘记自己有多少固定资产、无形资产，投行估值方式基本上不看重这些，充分了解投行的估值方式，尊重对方的职业；（11）集中力量做好一个行业，不要向投资人讲自己要进入一个新的领域。经营者知道了投资人的关注点，讲清楚了自己的项目卖点，则能很好地吸引合适的投资人。

五、企业股权融资常见制度设计

企业股权融资是一件专业性非常强的经营事宜。通常，企业股权融资会涉及企业发展问题，更会涉及原股东、投资人、创始人、管理层等多方利益保护和平衡问题。为了在促进企业发展的同时，更好地平衡各方利益，促成企业融资，交易相关方往往会量身定制地设计、安排很多特殊制度，实践中，常见的制度具体如下：

（一）业绩对赌

对赌，也称估值调整（Value Adjustment Mechanism），是投资机构与目标公司达成投资协议时与目标公司的控股股东就投资目标公司的事项达成的估值调整协议，约定目标公司需要在未来一段时间内实现约定的指标，否则控股股东需要按照约定对投资机构进行补偿的一种契约安排，如收购投资机构所持目标公司股权、向投资机构无偿转让持有目标公司股权、进行现金补偿等。由于形式上是双方以某种结果是否出现作为一方向另一方支付对价的条件，与“赌”有一定的相似性，因此通常称之为“对赌”。对赌的指标有很多种，如赌在未来一段时间内实现一定经营业绩、达到上市标准、通过证监会审核、合格IPO、达到一定的净资产收益率、达到一定的净利润、达到一定增长率等。其中，业绩对赌是投资人最看重的，也是用得最多的对赌方式，具体是指赌被投公司在约定期间能否实现承诺的财务业绩。因为业绩是估值的直接依据，被投公司想获得高估值，就必须以高业绩作为保障，通常是以“净利润”作为对赌标的。企业投资与人签订投资协议时，尽量不和投资人设定业绩对赌，一旦对赌会背负沉重的经营压力。如果一定要对赌，则在设定对赌条款时要坚持以下几点：（1）拟引进的投资人是财务投资还是战略投资，如果是为了控制企业、吃掉企业，那么坚决不能与其进行对赌；（2）对赌协议要有适度的弹性，在宏观大环境没有显著变化的情况下，允许企业的盈利在一定区间内浮动是比较合适的，融资企业在寻求资本时需要有更合理的盈利预期及更保守的协议设置。该制度的初衷是投资人得以获得根据企业经营情况合理校正公司估值的机会。

（二）一票否决权

一票否决权，是指投资方要求在公司股东会或董事会对特定决议事项享有一票否决权。投资人约定一票否决权的目的主要是通过一票否决权控制公司经营行为，以保证投资人利益。就企业经营而言，最懂行业和企业经营的还是企业家，而不是投资人。因此，投资人深度参与经营是一个敏感话题。投资人可以通过委派董事等方式对公司经营事宜享有一定的参与权和知情权，但就主张一票否决权而言，经营者要格外关注该问题。企业经营者与投资人关注点并不完全一致，在很多情况下投资人一票否决权则会严重影响企业经营自主权，进而损害公司及全体股东的利益。如果一定要约定一票否决权，则在设定一票否决权时要明确其具体适用事项，切记不能宽泛、笼统。

（三）共同售股权

共同售股权，是指公司原股东向第三方出售其股权时，PE、VC 以同等条件根据其与原股东的股权比例向该第三方出售其股权，否则原股东不得向该第三方出售其股权。投资人约定共同售股权的目的是保证自己的退出通道通畅，以免在创始人跑路的情况下被深度套牢。

（四）强卖权

强卖权，是指投资方在卖出其持有公司的股权时，要求原股东一同卖出股权。投资人约定强卖权的目的也是保证自己的退出通道通畅，以免在项目无望的情况下能够顺利将项目整体出售，收回投资。企业家尤其要注意强卖权的设置，投资人在看不到公司前景时，很有可能通过并购退出，但是并购退出一般收购方都希望控股，所以存在公司投资人要求公司股东和其一起出卖股权，最终导致公司大股东的控股权旁落他人。

（五）管理层对赌

管理层对赌，是指在公司某一对赌目标达不到时由投资方获得被投公司的多数席位，增加其对公司经营管理的控制权，如派董事、经理、财务负责人等。该制度设计的主要目的是在经营方经营不善的情况下，投资人有机会深度参与经营，保证项目经营的可控性。

（六）优先分红权

优先分红权，是指公司在进行分红时，投资人要优先于原始股东分得红利，或者在投资人红利分配达到一定金额前，原始股东不分红。该制度的目的是投资人通过优先分红的方式提前收回投资，保证投资的安全性。

（七）清算优先受偿权

企业清算优先受偿权，是指如企业经营不善，无法继续经营下去，进入清算程序的，投资人优先于公司其他股东获得清算资产，清算资产未能弥补投资人投入成本及预期利润的，由大股东补偿。该制度设计的主要目的是保证投资人资金的安全。

第七节　全景透析股权激励三大关键问题

人才是企业发展最关键的因素。一个企业的发展可以归功于人的贡献，一个企业的没落可以归结为人的问题。化妆品企业要发展，就必须关注人才问题。发现人才，留住人才，用好人才是每一个化妆品企业发展的关键战略。没有人才战略的化妆品企业很难做到企业的可持续发展。社会快速发展，人才的价值观也在改变。很长一段时间内行之有效的薪酬手段已不再是吸引人才最重要的因素，更不能长久地留住优秀人才。股权激励改变了简单的雇佣关系，让激励对象有了更强的归属感和成就感，满足了激励对象更深层次的需求，极大地调动了激励对象的工作积极性和主动性，实现了企业发展和人才发展双赢的局面。目前，股权激励已成为企业吸引人才和留住人才的重要方式。正因如此，很多经营者在积极筹划或推进股权激励事宜。但如何才能让企业的股权激励方案最大化地发挥激励效果呢？这需要经营者从经营、法律、税务等多方面进行统筹考虑，制订适合自身需求的股权激励方案。具体而言，是实施限制性股权激励，还是股权期权激励？是直接持股，还是间接持股？股权激励平台采用公司类型，还是合伙企业类型？通常是化妆品经营者在确定股权激励方案时最纠结的3个问题，也是化妆品企业股权激励方案中最关键的3个问题。如果判断不准，则会在很大程度上影响股权激励的效果。本节从法律、经营、税负等多角度就非上市公司股权（股票，以下称股权）激励中涉及的上述三大核心问题进行探讨。

一、晋商“顶身股制度”

晋商是中国商业文明史上的一颗璀璨明珠。乔家大院里走出来的乔致庸，怀揣着“汇通天下，货通天下”的梦想，从一个山西小县城的普通人一举成为清末商业界的翘楚。正当乔致庸准备大干一番的时候，他最看好的包头“复字号”店铺跑街马荀向他提出辞号，乔致庸找他进行了一番具有变革意义的谈话，乔致庸问他为什么要辞号？马荀回答：别处给的酬劳更高。在任何商业社会中，这是一个再正常不过的理由，但是乔致庸又问：掌柜的为什么没人辞号？马荀回答：因为掌柜的在商号生意里顶着一份身股，不但平日里拿酬劳，四年账期到了还可以领一份红利。乔致庸这才明白靠给更高的酬劳招募能干的跑街，总会有人出更高的酬劳挖走，只有“顶身股”这套制度才能留住能干的人。他为了激励伙计们好好干活，给商号里所有学徒期满出师的伙计每人顶一厘的身股，并随着年限而增加。这样一来，每到年底，伙计就可以领几十两甚至几百两银子的红利。“顶身股”并不是所有的伙计都有，须是合格通过四年试用期后正式录用的伙计，然后还需要根据伙计的品质、能力和绩效来决定是否能拥有“顶身股”以及能够拥有几厘的股权，股权从1厘至10厘有10个等级，从1厘半至9厘半有9个等级，一共是19个等级，划分要求严格，这对于已有身股和没有顶上身股的伙计来说，都具有极大的吸引力和诱惑力，伙计为了当掌柜的、多顶股份，个个都会努力地工作。“顶身股”是晋商在几百年的经商过程中摸索并不断完善的一套卓有成效的股权激励方法。在封建社会末期，晋商正是通过这套股权激励制度将晋商的生意，尤其是票号生意推向全国，影响深远。此为历史，但值得现在的企业经营者思考。

二、股权激励模式

在股权激励实践中，股权激励的模式通常有限制性股权激励、股权期权激励、虚拟股权激励、分红权激励、增值权激励、激励基金激励等。限制性股权激励、股权期权激励和虚拟股权激励是最常见的3种股权激励模式。限制性股权激励是指激励方对激励对象按照股权激励计划规定的条件授予公司特定份额的股权，但激励对象基于激励计划取得的公司股权在转让等部分权利上受到限制。限制性股权本质上是给予了激励对象本公司股权，但又对激励对象所持股权之转让、设置担保等处分行为作出了一定的限制，当设定的条件没有成就的时候，激励对象不得对其取得的股权进行转让等处分行为。“先给后限制”是限制性股权激励的主要特征之一。实践中，通常被激励方的限制条件主要是要满足一定的工作期限，或达成一定的工作业绩。限制性股权激励模式主要是基于两个方面的经营考量，一是对创业团队或者陪伴公司成长的关键性员工过往贡献的奖励，二是继续激励关键性员工与公司共同成长，为公司创造更大的价值。限制性股权激励具有奖励和激励的双重功效，实践中对已经为公司做出过突出贡献之老员工适用得比较多。就企业引进人才或激励新员工的情况，通常限制性股权激励模式适用的比较少。

股权期权激励是激励方授予公司激励对象在未来一定期限内以预先确定的条件购买本公司一定数量股权的权利。与限制性股权激励相比，股权期权激励在实施股权激励时并不给到股权，而是承诺在未来预设的条件成就时才会给予公司一定的股权。“先承诺后给予”是股权期权激励的特点之一。两者相比，限制性股权是一种受到限制的股权；股权期权则是一种对未来的期待权利，是一种未来成为股东的权利。股权期权激励的考量主要是激励关键员工与公司深度捆绑，共同成长，未来为公司创造更大的价值。实践中，激励对象通常只有在满足一定的工作期限或达成一定的工作业绩后方可取得相应的股权。原则上股权期权在行权前不享有转让、设置担保等权利，也不享有分红权，最终能否行权也存在一定的不确定性，因此对激励对象的吸引力相对于限制性股权激励会弱一些。股权期权激励并不能对已经做出突出贡献的老员工起到好的奖励效果，更多地适用于引进新员工或激励新员工未来为公司创造更大的价值。因此，实施何种股权激励取决于激励方的经营需求和激励对象的具体情况。

虚拟股权激励，是指公司授予激励对象一种虚拟的股权，激励对象可以据此享受一定数量的分红权，但激励对象并不是真正意义上的公司股东，不享有所有权、表决权、转让权、继承权等股东权利，离职时就当然不再享有虚拟股票权益。虚拟股权实质上是一种分红的权利，而不是股权。实践中，激励对象通常只有在达成一定的工作业绩后方可取得相应的虚拟股权。与限制性股权激励和股权期权激励相比，虚拟股权激励公司授予激励对象的是“虚拟”股权，在公司实现业绩目标的情况下，激励对象可以据此享受一定数量的分红权，无需在工商部门或者中登公司登记为股东，操作最为灵活。虚拟股权操作方便，只要拟定一个内部协议就可以，不用改变公司股权结构，也无需考虑激励股权的来源问题，这是虚拟股权激励的一大优点。但在该激励模式下被激励对象不享有所有权、表决权、继承权等股东权利，故对员工的激励效果较弱。另外，由于企业用于激励的现金支出较大，会影响企业的现金流，毕竟并不是所有企业都能保证持续的高增长和高利润，这对企业实施虚拟股权激励提出了一定的财务要求。在实施虚拟股权激励模式时，如何考核参与虚拟股权激励计划的人员的绩效是另一个要考虑的问题。实施虚拟股权激励的企业要慎重考虑如何实现经营者报酬与其业绩挂钩。实践中，虚拟股权激励多用于现金流较好的企业对其销售等前端人员进行及时激励的情形，此模式不仅能够很好地确定激励对象挂钩业绩，而且还能灵活地让激励对象第一时间分享经营业绩，激励效果突出。

三、股权激励持股方式

持股方式也是企业在确定股权激励方案时最纠结的另一个问题。在限制性股权激励和股权期权激励模式中，通常有激励对象直接持股、间接持股、委托代持、信托计划等多种持股方式。直接持股、间接持股和股权代持是股权激励模式中最常见的 3 种持股方式。所谓的直接持股，是指激励方在实施股权激励时，直接授予激励对象激励方的股权；激励对象直接登记为激励方股东，享有股东权利。直接持股方式的优点是：（1）员工直接登记为公司股东，员工会有更强的安全感，激励效果好。（2）员工直接持有激励方股权，在公司实现 IPO 时，激励对象可以于解禁后直接在二级市场上出售股票，退出路径方便。（3）激励对象可以适用《财政部、国家税务总局关于完善股权激励和技术入股有关所得税政策的通知》规定的递延纳税政策。就符合特定条件的直接持股方式之股权激励，员工在取得股权激励时可暂不纳税，递延至转让该股权时纳税；股权转让时，按照股权转让收入减除股权取得成本以及合理税费后的差额，适用“财产转让所得”项目，按照 20% 的税率计算缴纳个人所得税。但直接持股方式也具有很多缺点，如受公司股东人数上限限制、员工流动会影响公司股权结构稳定性等。特别是劳动关系发生变更需要员工配合办理股东变更程序时，若员工就股权变更问题与公司存在纠纷，或者员工不配合办理相应股东变更程序，企业则需要通过诉讼、仲裁等方式解决双方纠纷，会给激励方股权结构带来很大的不确定性，这不符合公司利益，也不符合其他激励对象的利益。正是因其不能很好地隔离风险，经营者在实践中一般很少采用直接持股方式。

所谓的间接持股方式，是指激励方在实施股权激励时，不直接授予激励方的股权，而是通过设立激励平台，授予激励对象一定数量的激励平台公司之股权或企业权益。与直接持股相比，激励对象不是激励方股东，而是通过激励平台间接地享受激励方利益，故称之为间接持股方式。在间接持股方式下，激励对象直接登记为激励平台的股东或合伙人，但并不直接登记为激励方股东，也不直接对激励方享有股东权利，因此很好地隔离了风险。与直接持股方式相比，间接持股模式既可以很好地激励员工，又能够很好地隔离股权激励的风险，兼顾了经营和法律两个方面的需求，在股权激励实践中是一种主流持股模式，企业在确定股权激励方案时可以优先考虑。当然，在间接持股方式的股权激励方案中，激励方退出路径有限，是个很大的挑战。

股权代持模式，是指员工并不直接持有激励方股权，也不通过激励平台持有激励方权益，而是委托他人代为持有激励方股权或代为持有激励平台之股权或权益。在股权代持模式下，员工不登记为激励方股东，也不登记为激励平台股东或合伙人，仅通过与代持人的协议关系对代持人享有相应权益。股权代持模式是基于股权代持协议存在的一种法律关系，因合同具有相对性和不确定性，员工是否愿意由他人代其持有公司股权，在很大程度上依赖于员工对受托人的信任，通常员工的安全感较差。正是基于股权代持行为的不确定性，我国目前上市规则不允许股权代持情况，采用代持模式的股权激励需在上市前将代持还原，而代持的还原很有可能会产生税收问题。当然股权代持模式也有优点，不仅能够隔离风险，而且在变动时容易调整，具有极大的灵活性。在股权激励实践中，大部分员工不太喜欢股权代持模式。正因为股权代持模式激励效果不好，该模式不是主流持股模式。

四、股权激励持股平台

如上所述，间接持股方式之股权激励既可以很好地激励员工，又能够很好地隔离股权结构不稳定等法律风险，兼顾了经营和法律两个方面的需求，在股权激励实践中是一种主流模式。就间接持股方式之股权激励而言，激励方通常是先设立激励平台，然后通过激励平台实施股权激励计划。我国企业形式有公司、合伙企业、个体工商户、个人独资企业等多种形式。公司或合伙企业是间接持股方式之股权激励方案中激励平台常用的两种企业类型。公司是股东依照《公司法》的规定，以出资方式设立，并以其认缴的出资额或所认购的股份为限对公司承担责任，公司以其全部独立法人财产对公司债务承担责任的企业法人。公司具有独立的法人资格，依据《公司法》和公司章程运营。合伙企业是指由各合伙人依据《合伙企业法》的规定，订立合伙协议，共同出资，共同经营，共享收益，共担风险的营利性组织。合伙企业不具有独立法人资格，依据《合伙企业法》和合伙协议运营。公司和合伙企业作为两种比较常见的企业形式，各有利弊。从经营的角度看，就经营灵活性、税负成本而言，合伙企业具有优势，经营实践中小规模企业采用合伙企业类型较多。就公司治理规范性、资本运作可行性而言，公司类型具有优势，经营实践中绝大多数企业均采用公司类型。就股权激励平台而言，是采用公司类型，还是合伙企业类型？需要激励方从平台经营定位、资本运作规划、税负成本等方面进行综合考虑。如果股权激励平台定位为纯粹之股权激励目的，后期不开展其他实质性业务，也没有资本运作规划的话，则股权激励平台应选择合伙企业类型，因为合伙企业管理灵活、税负较低。如果股权激励平台定位不仅是股权激励之目的，还要开展其他实质性经营业务，或有开展资本运作之规划，则股权激励平台应选择公司类型，因为公司形式才能更好地满足上述需求。总之，公司形式和合伙企业形式本身没有好坏之分，激励方在股权激励实践中采用何种类型，取决于激励方对平台的定位和激励方的经营需求。

适合的就是最好的，反之则是不好的。经过上述分析，相信化妆品经营者已经对股权激励方案中的上述 3 个关键问题有一定的认知。每种方案都有它的优势，也有它的弊端，形而上地去谈论好与劣是不妥的。好与劣不是取决于方案本身，而是取决于经营者的需求，取决于激励对象的实际情况。适合的就是最好的，反之则是不好的。化妆品经营者在确定股权激励方案时，要从经营、法律、税负等多角度进行综合评估和取舍，确定最适合自己经营需求的激励方案。

第八节　创业合伙人进入与退出机制

公司制度设计是创业成功的重要条件。创业就是不断挑战不确定性，由不确定性到确定性的过程。在创业过程中，唯一确定的就是不确定性。每位创业者或者合伙人都应认知并正确地思考创业中的不确定性，并进行相应的制度设计，在保障各方利益的前提下，更好地保障项目利益。铁打的营盘流水的兵。在创业过程中，有些人因为能力、贡献、责任心等因素逐步成长为合伙人；有些合伙人则因为激情、家庭、能力等原因离开创业团队。快消品范畴内的化妆品行业人才流动更是如此。创业合伙人合伙创业的理念一定是共同创造更大价值的理念，当无法共同创造更大价值时就需要新的合伙人加入，老的合伙人退出，这是项目发展所必须的。在大多情况下，大部分合伙人都能基于职业操守解决好合伙人加入及退出问题。但若合伙人的加入和退出机制不健全时，则会引起分歧，甚至引发纠纷，对项目造成无法弥补的重大损失。本节将探讨化妆品经营者创业过程中合伙人进入及退出机制问题。

一、新进合伙人进入与股权成熟兑现机制

项目的发展往往需要新鲜血液，然而，新进合伙人是否适应项目、能力如何、是否具有忠诚度等存在很大的不确定性。基于新进合伙人的不确定性，授予股权期权是大部分新进合伙人的通常进入方式。如上文所述，股权期权是指授予合伙人在未来一定期限内以预先确定的条件购买本公司一定数量股权的权利。在股权期权方式中，股权成熟兑现机制是制度关键所在。所谓的股权成熟兑现机制，是指新进合伙人分配到了一定的股权期权份额，但并不是一次性登记到其名下，而是通过一定的期限分期逐步兑现；如果在股权成熟前离开创业团队，则只能获得已经兑现的股权，尚未成熟的股权则自动丧失。股权分期成熟机制的功能主要是为了解决新进合伙人的不确定性，保障合伙人能够长期为公司服务，避免出现短期投机行为，强化创业团队的稳定性。一旦股权期权成熟兑现，合伙人则享有相应股权的投票权、分红权、处分权等全部股东权利；股权成熟前，合伙人通常并不享有任何股东权利，但也可以自由约定。

实践中，常见的股权期权成熟机制主要有以下 4 种：（1）按年平均成熟。比如，成熟期为 4 年，每年平均成熟 25%。如果合伙人第 2 年退出，则仅享有应得股权期权的 25%。（2）达到最低期限后分期成熟。比如，成熟期 4 年，

合伙人任职满 2 年后成熟 50%，剩余的 50% 分 8 个季度兑现，每季度成熟应得股权份额的 6.25%。如果合伙人在第 2 年离开，则拿不到股权。该方式规避了早期合伙人不确定性较大的现实问题。（3）累进加速成熟。比如，成熟期为 4 年，第一年成熟 10%，第二年后成熟 20%，第三年后成熟 30%，第四年后成熟 40%。该方式在一定程度上是对服务期限的奖励，服务期限越长获得的股权越多。（4）按照项目里程碑事件成熟。比如，成熟期为 4 年，4 年中可以按产品开发完成、产品上市、销售指标达成等项目里程碑事件成熟特定比例的股权期权。该方式具有项目特殊性，实践中实施得较少。

二、限制性股权与股权锁定机制

除了团队引进新的合伙人外，有些合伙人是从公司内部升职进入合伙人序列。这些合伙人大多在公司服务了很长期限，为公司创造了价值，且具有极高的忠诚度，为了继续激励他们，将其纳入合伙人序列。创业团队吸纳每位合伙人时，都是希望能够长期共同奋斗，特别是老员工，然而能够携手走到最后的毕竟是少数。一方面，每个合伙人都是阶段性适应；另一方面，创业中需要每位合伙人相互适应，这与能力无关。针对为公司作出了巨大贡献的员工成为合伙人情形，合伙人进入的方式通常是限制性股权方式。如上文所述，限制性股权是指授予合伙人公司特定份额的股权，但合伙人取得的公司股权在转让等权利上受到限制。限制性股权具有奖励和激励的双重功效，实践中对已经为公司作出过突出贡献之老员工适用得比较多。在限制性股权中，股权锁定设置变得尤为重要，否则就会有短期套现的风险。股权锁定，是指合伙人在特定的期限内不能单方面对自己持有的股权做转让、抵押等处分行为。股权锁定的功能是，在激励合伙人的同时，又通过对合伙人股权处分行为的约束，防止合伙人投机套现行为，保障创业团队的稳定性，实现创业团队与公司长期利益绑定。若合伙人在锁定期内离职，轻则按照特定的价格回购，重则无偿收回其持有的股权。实践中，锁定期限一般在 3－4 年，或公司上市前，该期间合伙人不得变卖、抵押其持有的股权。实践中，股权解锁制度与股权期权成熟制度有一定的相似性。比如，锁定期内每年平均解锁，或服务一定期限后一次性解锁，或实现一定经营指标后一次性解锁等。需要指出的是，该股权限制最好能在公司章程中体现，否则发生股权转让等行为时则存在无法对抗善意第三人的风险。

三、创业合伙人退出机制

创业合伙人退出是常见现象。有的合伙人是跟不上公司的发展退伙；有的合伙人是基于自身因素选择退伙。因此，创业者要提前规划好合伙人退出机制，以免退出不畅产生纠纷。就合伙人退出方式而言，主要有股权转让、公司减资、解散清算等，其中大多是以股权转让的方式实现合伙人退出。所谓的合伙人退出机制，通常是指合伙人退出时，如何设置回购权利、回购价格、回购款支付等问题，特别是回购价格。把上述制度界定清楚了，就形成了有效的合伙人退出机制，进而避免合伙人退伙时造成股权结构不稳定或股权纠纷。经营实践中，合伙人退出机制通常会与股权锁定期配合设计，合伙人退出主要有以下4类情形：（1）因合伙人过错被辞退。比如，合伙人存在营私舞弊、盗窃、欺诈、严重违纪等情形被公司辞退。该情形下合伙人存在过失，一般为无偿回购其股权。（2）合伙人单方面离职。合伙人因个人原因单方面提出离职是其法定权利，该情形下合伙人和公司都没有责任，公司可以参考其工作年限有偿回购其股权。比如，公司可以按照投资额加利息、最近一轮融资估值50%折扣、特定的净资产倍数或特定的PE倍数等确定回购价格。实践中，并无标准定价方式，只要约定清晰即可。（3）合伙人当然退伙。当然退出的情形，是指根据法律相关规定，特定事件发生后就视为自动退伙了，如死亡、被宣告死亡、被宣告失踪等。该种退伙，合伙人并无过错，通常是有偿收回其股权，具体价格可以参考合伙人因个人理由离职情形确定。（4）特殊约定。经营实践中，公司可以针对经营情况约定特殊的退出情形，如锁定期擅自处分限制性股权无偿收回该股权、上市前股权只能以特定的价格转让给特定受让方等。除了回购情形、回购价格，还要清晰界定回购款支付、违约责任等退出细节，避免在合伙人退出时发生纠纷。

合伙人的新陈代谢机制安排是否合理，在很大程度上决定项目经营的稳定性和项目的前景，经营者应提前安排。一个好的合伙人进入和退出机制，不仅可以保障每一位合伙人的合法权益，更能够保障创业团队和创业项目的稳健发展，意义重大。

第九节　发行注册制为企业IPO打开了一扇门

从英国东印度公司诞生起，现代社会的大多财富基本都是在公司之“有限责任制度”下创造出来的。现阶段，资产证券化和数字化的发展，又进一步改变了几千年人类活动的经济结构和生活结构。2019年12月28日公布的《中华人民共和国证券法》（以下简称新证券法）已于2020年3月1日起施行。新证券法不仅开启了中国资本市场的注册制时代，也开启了资本市场的市场化、国际化、全球化之路。新证券法以促进经济发展为根本目的，以上交所科创板试点注册制为基础，明确了多层次资本市场的构成和证券法规的基本范畴，确立了以注册制为核心的股票发行制度，建立了以持续经营能力判断企业发行上市条件的基本原则，重新理清了国务院证券监督管理机构及其授权机构、证券交易所、发行人、中介机构等各自的职责，搭建了资本市场注册制合规体系。从企业发展的角度，企业公开发行股票并上市不应该是企业发展的目标，但却是企业发展做大的重要手段。企业公开发行股票并上市为企业提供了发展壮大的重要的舞台和途径，不仅可以解决资产证券化及流动性问题，还提供了企业发展所需的资金，更能够督促企业确立现代化管理制度，从制度上解决企业发展的传承和可持续性挑战问题。消费品行业是中国下一阶段经济发展的主力军，然而目前中国化妆品行业证券化占比还比较低，除上海家化、珀莱雅、丸美、御泥坊、华熙生物等少数化妆品企业外，绝大多数化妆品企业尚未完成证券化。新证券法确立的股票发行注册制是化妆品企业加速做强做大不可错失的机会窗口，化妆品经营者应高度关注，抓住机会，力争通过 IPO 推动企业经营管理全方位再上新台阶。本节将站在经营者的角度，解读新《证券法》下证券发行注册制。

一、新证券法开启发行注册制新纪元

2015 年 12 月 27 日，第十二届全国人民代表大会常务委员会第十八次会议审议通过的《关于授权国务院在实施股票发行注册制改革中调整适用〈中华人民共和国证券法〉有关规定的决定》，授权国务院可根据股票发行注册制改革的要求，调整适用证券法关于股票核准制的规定，对注册制改革的具体制度作出专门安排。该决定出台以后，注册制于 2019 年 3 月优先在科创板范围内局部进行了试点，得到了较为充分的实践和检验。该决定自 2016 年 3 月 1 日起施行，延期后于 2020 年 2 月 29 日到期。在此基础上，新证券法明确全面落地证券公开发行实行注册制，即公开发行证券必须符合法律、行政法规规定的条件，并依法报经国务院证券监督管理机构或者国务院授权的部门注册。未经依法注册，任何单位和个人不得公开发行证券。但证券发行注册制的具体范围、实施步骤，由国务院规定。后续，国务院、中国证监会和上海证券交易所、深圳证券交易所将根据新证券法有序推进注册制具体制度的落地。同时，新证券法还确立了多层次的资本市场体系，将证券交易场所划分为证券交易所、国务院批准的其他全国性证券交易场所、按照国务院规定设立的区域性股权市场等 3 个层次，明确了证券交易所和国务院批准的其他全国性证券交易场所的自律管理权，明确了按照国务院规定设立的区域性股权市场仅能进行非公开发行证券的发行和转让。新证券法的实施意味着证券公开发行核准制成为历史，注册制开启了历史新纪元。

二、建立了以信息披露为核心的注册制法律体系

新证券法下“注册制”的核心是在完善的信息披露制度基础下将选择的权利交给市场，政府作为辅助之手，重在事后监管。新证券法下信息披露制

度要点主要体现在：发行人及法律、行政法规和国务院证券监督管理机构规定的其他信息披露义务人，应当及时依法履行信息披露义务，扩大信息披露义务主体；信息披露义务人披露的信息，应当真实、准确、完整，简明清晰，通俗易懂，不得有虚假记载、误导性陈述或者重大遗漏，明确披露标准；证券同时在境内境外公开发行、交易的，其信息披露义务人在境外披露的信息，应当在境内同时披露等。参照科创板注册制审核实践和相关指引文件，就是否充分披露投资者作出价值判断和投资决策所必需的信息问题，可以从充分性、一致性和可理解性等方面进行判断。新证券法新设专章系统性地规定了信息披露制度，在扩大信息披露义务人范畴的基础上提出了更高的信息披露要求，明确了信息披露义务人的责任，更好地维护了投资者、尤其是中小投资者的知情权，为市场形式选择权和监管部门事后监管提供了可行的制度基础。

三、注册制发行条件市场化、明确化

新证券法下的注册制确立了发行人股票公开发行的市场化方向，同时还进一步明确了注册制下股票公开发行条件。注册制下 5 个注册制发行条件与科创板试点注册制的发行条件基本吻合，贯彻了科创板注册制试点成果，体现了市场化导向，同时进一步界定了相应条件的边界，让发行人股票公开发行更具有可预判性。在注册制下，企业公开发行股票的注册条件如下：

1. 具备健全且运行良好的组织机构。无论是核准制下，还是注册制下，具备健全且运行良好的组织机构均为重要发行条件。良好的组织机构是企业发展的基础，既可保证企业可持续发展，更能确保上市主体在后续经营中依法守规。良好的公司治理必须建构在股东大会、董事会、监事会和独立董事等制度建设和权力制衡上。董事、监事和高管人员、核心技术和核心业务人员结构的稳定是保障组织机构健全且运行良好的基础，因此该条件成为判断企业是否具备现代企业制度的重要参考依据。中国证监会和交易所在股票发行注册规则和指引中制定了更具体的要求，如科创板要求发行人控制权及董监高最近2年保持稳定，不能有重大变化等。

2. 具有持续经营能力。注册制下，以持续经营能力判断企业是否具备发行上市的条件是核准制和注册制的本质区别。核准制下监管部门更多关注发行人是否具备盈利能力，发行人财务指标波动空间有限；而注册制下监管层更多地关注发行人是否具有持续的经营能力，降低了对发行人“盈利能力”等财务指标的关注，给予了发行人更大的财务指标空间，该调整体现了市场化选择的思维，为发行人释放了更大的经营空间。如何判断发行人的持续经营能力呢？市值将是判断企业是否具备上市的条件之一。证券发行的注册制制度设计，其基本架构依然会参照科创板的预计市值估值体系，预计后续国务院、中国证监会和交易所将在科创板试点基础上，根据主板和创业板的定位和特点，制定符合资本市场现状的上市市值指标审核体系。但是，任何预计市值的估值都是建立在企业是否具备持续经营能力的基础上。参照《上海证券交易所科创板股票发行上市审核问答》（以下简称《科创板审核问答》）关于持续经营能力的判断，对于企业上市不具备持续经营能力主要从以下10个方面进行预判：（1）发行人所处行业受国家政策限制或国际贸易条件影响存在重大不利变化风险；（2）发行人所处行业出现周期性衰退、产能过剩、市场容量骤减、增长停滞等情况；（3）发行人所处行业准入门槛低、竞争激烈，相比竞争者，发行人在技术、资金、规模效应方面等不具有明显优势；（4）发行人所处行业上下游供求关系发生重大变化，导致原材料采购价格或产品售价出现重大不利变化；（5）发行人因业务转型的负面影响导致营业收入、毛利率、成本费用及盈利水平出现重大不利变化，且最近一期经营业绩尚未出现明显好转趋势；（6）发行人重要客户本身发生重大不利变化，进而对发行人业务的稳定性和持续性产生重大不利影响；（7）发行人由于工艺过时、产品落后、技术更迭、研发失败等原因导致市场占有率持续下降、重要资产或主要生产线出现重大减值风险、主要业务停滞或萎缩；（8）发行人多项业务数据和财务指标呈现恶化趋势，短期内没有好转迹象；（9）对发行人业务经营或收入实现有重大影响的商标、专利、专有技术以及特许经营权等重要资产或技术存在重大纠纷或诉讼，已经或者未来将对发行人财务状况或经营成果产生重大影响；（10）其他明显影响或丧失持续经营能力的情形。

3. 最近3年财务会计报告被出具无保留意见审计报告。新证券法下的注册制，针对发行人经营情况、财务、内控的要求，交由专业证券服务机构会计师事务所进行判断，并以是否出具标准无保留意见的审计报告作为判断企业财务会计规范的标准。会计师事务所对出具的标准无保留意见的审计报告的真实性、准确性、完整性与发行人共同承担连带赔偿责任，加大了证券服务机构的职业责任和职业风险。从核准制下“财务状况良好和最近3年财务会计文件无虚假记载”到“最近3年财务会计报告被出具无保留意见审计报告”，是一大立法进步。因为财务状况良好和无虚假记载均需要主观判断，且标准边界模糊，审核部门人为操作空间大；新证券法注册制下的“无保留意见审计报告”为客观条件，且标准明确，将判断发行人的财务状况的责任压实在中介机构的工作上，财务规范判断标准更加明确。

4. 发行人及其控股股东、实际控制人最近3年不存在贪污、贿赂、侵占财产、挪用财产或者破坏社会主义市场经济秩序的刑事犯罪。就合规审核而言，一方面，核准制下合规条件为“发行人无其他重大违法行为”，该条件范围宽泛，将重大违法行为和犯罪行为均涵盖在内；另一方面，该条件标准模糊，重大违法的判断具有极大的人为主观因素和人为空间。注册制下将发行人法律合规性要求进行了细化，具体到了特定的刑事犯罪种类，不仅缩小了合规审核的范围，而且明确了合规的标准边界，是一大立法进步，对发行人而言也是一大利好。同时，相比于核准制，注册制扩大了合规审核适用的主体范围，由发行人扩大到发行人的控股股东、实际控制人，更加符合实际的监管标准。根据《科创板审核问答》，“最近3年”一般指“最近36个月”。关于发行人及其控股股东、实际控制人涉及刑事犯罪，除了贪污犯罪和贿赂犯罪外，侵占财产犯罪、挪用财产罪和刑法分则规定的破坏社会主义市场经济秩序犯罪均属于审核的范围。刑法分则中关于破坏社会主义市场经济秩序罪是刑法分则的主体部分，确定罪名为108个，根据新证券法的规定，只有危害国家安全、危害公共安全、危害国防利益、军人违反职责四大类犯罪未纳入该条规定的范围内。

5. 经国务院批准的国务院证券监督管理机构规定的其他条件。该条为制度性预留空间。因公开发行证券领域涉及不同的证券市场、不同经济类型的企业以及多样化的证券品种，在注册制的实践过程中，监管机构将会结合证券市场的发展阶段、支持实体经济的实际需求，灵活制定或调整注册条件。同时，根据《证券法》规定，证券交易所上市规则规定的上市条件，会对发行人的经营年限、财务状况、最低公开发行比例和公司治理、诚信记录等提出更为具体的要求。

四、企业发行上市周期可预见性

除发行条件外，核准制下发行人公开发行股票并上市的周期具有极大的不可预判性，也是一个被诟病的问题。注册制下发行人公开发行股票并上市周期的可预见性，是判断注册制的另外一个重要的参考标准。新证券法规定，首次公开发行股票，审核问询以 3 个月为限，但发行人补充、修改答复反馈时间不计算在内。因此，可以预判治理规范的公司发行核准时间加上答复反馈的时间基本上可以控制在 6 个月左右。因此，发行人 1 年内上市将成为企业发行人公开发行股票并上市的常态。

五、建立发行失败及回购制度

新证券法下，注册制的目的在于按市场化方式公开发行股票等证券，市场化发行就必然存在发行人不被投资人看好或者估值过高不被接受，导致发行失败的可能。新证券法规定，证券的代销、包销期限最长不得超过 90 日；股票发行采用代销方式，代销期限届满，向投资者出售的股票数量未达到拟公开发行股票数量 70% 的，为发行失败。发行人应当按照发行价并加算银行同期存款利息返还股票认购人。同时，新证券法还规定，发行人在招股说明书等证券发行文件中隐瞒重要事实或者编造重大虚假内容，已经发行并上市的，国务院证券监督管理机构可以责令发行人回购证券，或者责令负有责任的控股股东、实际控制人买回证券。这就意味着，即便是发行人已经成功发行股票，若查实上市公司存在隐瞒重要事实或重大虚假上市情况，中国证监会可以要求发行人或控股股东、实际控制人回购股票。新证券法发行失败制度和回购制度的设立，完善了事后监管制度，实现了对发行人公开发行证券行为的全流程的监管。

第十节 证券市场进入“宽进严管”新阶段

相比于技术创新，制度创新对中国更重要。一个好的证券制度可以催化更多伟大的公司，更好地推进社会进步。2019 年 12 月 28 日审议通过的《中华人民共和国证券法》（以下简称“新证券法”）已于 2020 年 3 月 1 日施行。2019 年证券法修订正值中国经济改革进入“深水区”，供给侧改革和化解金融风险成为现阶段经济改革的目标，这也在一定程度上体现在新证券法中。证券法作为规范企业直接融资的基本法律，担负着便利企业融资和保护投资者的双重重任。新证券法实施前，处于发展初期的我国证券市场机制长时间处于“严进宽管”状态，企业证券发行阶段实行严格的核准制，交易环节监管制度设计不到位，惩戒力度有限，内幕交易、操纵证券市场、证券欺诈、野蛮人恶意收购等证券违法事件频发。修订后的新证券法在证券定义、注册制、投资者保护和违法惩戒方面都有所突破，一方面力争全面推行注册制便于企业融资；另一方面加大违法惩戒保护投资者，这标志着在制度设计上我国证券市场机制进入了“宽进严管”的新阶段，开启了我国证券市场的新时代。这也意味着，在新证券法下的证券市场主体，包括但不限于发行人、中介机构、上市公司、投资者等，均应加强自律，严守规则，避免因证券违法行为引起法定不利后果。本节将解读新证券法下证券交易环节“严管”新亮点。

一、规范信息披露，严惩内幕交易

新证券法下“信息披露”是注册制核心内容，在完善的信息披露制度基础下将选择的权利交给市场。发行人及法律、行政法规和国务院证券监督管理机构规定的其他信息披露义务人，应当及时依法履行信息披露义务；信息披露义务人披露的信息，应当真实、准确、完整，简明清晰，通俗易懂，不得有虚假记载、误导性陈述或者重大遗漏。内幕交易屡禁不止，主要是因内幕交易概念和内幕信息知情人界定不清，惩罚力度不够。新证券法明确了内幕交易概念的内涵和外延，即内幕信息是指在证券交易活动中，涉及发行人的经营、财务或者对该发行人证券的市场价格有重大影响的尚未公开的信息，该等信息包括《证券法》规定的重大事件。同时，将内幕信息的知情人扩展到上市公司董监高、持股5%以上股东及其董监高以及因职务、工作、职责关系获取内幕信息的相关人员。证券交易内幕信息的知情人和非法获取内幕信息的人，在内幕信息公开前，不得买卖该公司的证券，或者泄露该信息，或者建议他人买卖该证券。证券交易内幕信息的知情人或者非法获取内幕信息的人违反证券法规定从事内幕交易的，责令依法处理非法持有的证券，没收违法所得，并处以违法所得1倍以上10倍以下的罚款；没有违法所得或者违法所得不足50万元的，处以50万元以上500万元以下的罚款。单位从事内幕交易的，还应当对直接负责的主管人员和其他直接责任人员给予警告，并处以20万元以上200万元以下的罚款。情节严重的，构成犯罪。

二、建立操纵证券市场负面清单制度，严惩操纵证券市场

为获取非法利益，通过各种方式操纵证券市场，既损害了中小投资者利益，也损害了上市公司利益，扰乱了正常资本市场秩序。新证券法采用负面清单方式列举操纵证券市场违法行为，同时对操纵证券市场行为设立高额处罚制度进行严惩。新证券法规定，操纵证券市场的不当行为主要包括：（1）

单独或者通过合谋，集中资金优势、持股优势或者利用信息优势联合或者连续买卖；（2）与他人串通，以事先约定的时间、价格和方式相互进行证券交易；（3）在自己实际控制的账户之间进行证券交易；（4）不以成交为目的，频繁或者大量申报并撤销申报；（5）利用虚假或者不确定的重大信息，诱导投资者进行证券交易；（6）对证券、发行人公开作出评价、预测或者投资建议，并进行反向证券交易；（7）利用在其他相关市场的活动操纵证券市场；（8）操纵证券市场的其他手段。新证券法将操纵证券市场行为上升到基本法地位，全面规范现阶段比较突出的以市值管理名义及股评家反向操作等新型操纵证券市场行为，净化市场环境。操纵证券市场的，责令依法处理其非法持有的证券，没收违法所得，并处以违法所得1倍以上10倍以下的罚款。没有违法所得或者违法所得不足100万元的，处以100万元以上1000万元以下的罚款。单位操纵证券市场的，还应当对直接负责的主管人员和其他直接责任人员给予警告，并处以50万元以上500万元以下的罚款。情节严重的，构成犯罪。

三、严惩编造、传播虚假信息或者误导信息扰乱证券市场

证券市场受信息驱动极大，国际国内经济宏观运行层面信息、政策法律层面信息、企业微观层面信息都会对各类投资主体的心理预期产生影响，进而影响到证券市场价格走向。正因为证券市场对于信息的高度敏感性，一些不法组织或个人为牟取非法利益编造或者虚构信息，严重损害其他参与交易主体的合法财产权益，扰乱了资本市场交易秩序。新证券法规定，禁止任何单位和个人编造、传播虚假信息或者误导性信息，扰乱证券市场。禁止证券交易场所、证券公司、证券登记结算机构、证券服务机构及其从业人员，证券业协会、证券监督管理机构及其工作人员，在证券交易活动中作出虚假陈述或者信息误导。各种传播媒介传播证券市场信息必须真实、客观，禁止误导。传播媒介及其从事证券市场信息报道的工作人员不得从事与其工作职责发生利益冲突的证券买卖。编造、传播虚假信息或者误导性信息，扰乱证券

市场，给投资者造成损失的，应当依法承担赔偿责任。编造、传播虚假信息或者误导性信息，扰乱证券市场的，没收违法所得，并处以违法所得1倍以上10倍以下的罚款；没有违法所得或者违法所得不足20万元的，处以20万元以上200万元以下的罚款。情节严重的，构成犯罪。

四、规范上市公司收购行为，严惩“野蛮人”违法举牌

从前期万科股权之争开始，A股市场的投资者对“野蛮人”这个概念就不再陌生。在万科之后，险资大举扫货的势头愈加猛烈，而险资力量手笔之大，让市场叹为观止。前证监会主席刘士余曾表示：“利用来路不当的资金从事杠杆收购，行为上从门口的‘陌生人’变成‘野蛮人’，最后变成行业的强盗，这是不可以的，是在挑战国家金融法律法规的底线，也是挑战职业操守的底线。”2016年以来，沪深两市已有58家上市公司遭遇近百次举牌，举牌上市公司本身无可厚非，但资产大鳄利用银行信贷等来源不明资金恶意举牌上市公司，不仅会扰乱资本市场秩序，甚至会严重阻碍我国实体行业的发展。新证券法对举牌上市公司的收购行为作出了明确的规定，举牌上市公司以5%为界限履行报告和公告义务；每增加或减少1%的公告义务；每增加或减少5%持续报告和公告义务。对违法超比例举牌上市公司限制超比例部分36个月不得行使表决权，从而解决了恶意举牌上市公司的难题。同时，新证券法还规定了禁止使用财政资金和银行信贷资金买卖证券。

五、建立上市公司重大事件立即报告制度

前期，獐子岛扇贝事件、长生生物疫苗事件、新城控股实际控制人违法犯罪等事件对上市公司产生了重大影响。针对上市公司重大事件发生后如何履行信息披露义务问题，新证券法作出了明确的规定，即该等重大事件发生后要求立即报告和履行公告义务。公司的控股股东或者实际控制人对重大事件的发生、进展产生较大影响的，应当及时将其知悉的有关情况书面告知公司，并配合公司履行信息披露义务。新证券法进一步明确具体重大事件为：

(1) 公司的经营方针和经营范围的重大变化; (2) 公司的重大投资行为,公司在1年内购买、出售重大资产超过公司资产总额30%,或者公司营业用主要资产的抵押、质押、出售或者报废一次超过该资产的30%; (3) 公司订立重要合同、提供重大担保或者从事关联交易,可能对公司的资产、负债、权益和经营成果产生重要影响; (4) 公司发生重大债务和未能清偿到期重大债务的违约情况; (5) 公司发生重大亏损或者重大损失; (6) 公司生产经营的外部条件发生的重大变化; (7) 公司的董事、1%以上监事或者经理发生变动,董事长或者经理无法履行职责; (8) 持有公司5%以上股份的股东或者实际控制人持有股份或者控制公司的情况发生较大变化,公司的实际控制人及其控制的其他企业从事与公司相同或者相似业务的情况发生较大变化; (9) 公司分配股利、增资的计划,公司股权结构的重要变化,公司减资、合并、分立、解散及申请破产的决定,或者依法进入破产程序、被责令关闭; (10) 涉及公司的重大诉讼、仲裁,股东大会、董事会决议被依法撤销或者宣告无效; (11) 公司涉嫌犯罪被依法立案调查,公司的控股股东、实际控制人、董事、监事、高级管理人员涉嫌犯罪被依法采取强制措施; (12) 国务院证券监督管理机构规定的其他事项。上市公司重大事件立即报告制度的确立,保证了上市公司信息的公开、透明,保障了投资人的基本利益,能够在很大程度上规避内幕交易等违法证券行为的发生。

六、限制倒壳卖壳,收购上市公司后18个月不得转让

在证券发行审核制下,上市公司壳资源一直为市场所追逐。资本市场频频上演"花式买壳卖壳",有拍卖式,有仲裁诉讼;有的主动,有的被动,花样繁多。正常的上市公司收购,既可以实现原投资人退出,又可以实现新企业快速上市,无可厚非。然而,以非法获利为目的的倒壳卖壳,往往伴随各种违法行为,不仅会扰乱资本市场,还会损害中小股东利益。新证券法规定,在上市公司收购中,收购人持有的被收购的上市公司的股票,在收

购行为完成后的 18 个月内不得转让。通过限制短线买壳卖壳行为，规范了资本市场。

七、保护投资者，创立“默示加入、明示退出”集团诉讼制度

对证券市场而言，促进企业融资和保护投资者同等重要。不能保护投资者利益，市场就很难繁荣，企业就很难融资，融资成本就会居高不下。许多国家资本市场不发达，很多就是因为对投资者的保护不足，无法获取投资者的信任，导致企业无法利用资本市场获得资金。新证券法新设“投资者保护”专章，大幅度提高投资者保护水平，在原有证券代表人诉讼制度的基础上有所创新。新证券法在原有代表人诉讼的基础上进一步规定，投资者保护机构受 50 名以上投资者委托，可以作为代表人参加诉讼，并为经证券登记结算机构确认的权利人依照前款规定向人民法院登记，但投资者明确表示不愿意参加该诉讼的除外。在该条规定下，投资者保护机构受 50 名投资者委托，就可以作为代表人参加诉讼，更为重要的是在法院公告登记的情况下，可以为经证券登记结算机构确认的权利人直接在法院登记，除非投资者明确表示不愿意参加该诉讼，从而建立了中国版“默示加入、明示退出”的集团诉讼制度。美国集团诉讼之所以能发挥巨大的遏制违法行为的效果，就是因为在“默示加入、明示退出”的制度安排下，不需要众多受害投资者主动加入诉讼，而是由“代表性原告”代替投资人向违法公司求偿。不同的是，美国证券集团诉讼一般是由律师主导，而根据规定，我国的集团诉讼则由投资者保护机构主导。如此，虽然能够克服滥诉、过早和解导致投资者无法获得足够赔偿等问题，但投资者保护机构的激励机制有限，其积极性无法确定，需要在落实该条款中进一步完善相关规则。

除了上述亮点之外，新证券法还确立了严禁出借账户、规范短线交易等制度。惩罚目的在于遏制。新证券法大幅度提高对证券违法行为的惩罚力度，有其必要性。特别是在注册制全面推行的今天，证券市场如果只有“宽进”而没有“严管”，显然很难实现证券法立法目的。新证券法在全面推进注册制

的同时，配之严惩证券违法行为的制度设计，提高了投资者保护水平，确立了“宽进严管”的资本市场新机制，建立了市场化导向的资本市场生态机制。徒法不足以自行，新证券法的目标最终能否实现，还依赖于执法和司法中的相关制度能否得到落实。我们期待新证券法将催生更多真正伟大的公司，促进社会更好的发展。

第三章 品牌管理

第一节 企业品牌管理很重要

品牌、渠道和产品是消费品企业发展的三大关键要素，其中品牌尤为关键。可口可乐公司总裁曾经说过：“即使一把火把可口可乐公司烧得分文不剩，公司仅凭‘可口可乐’这一驰名商标，就可以在几个月之内重新建厂投资，获得新发展。”消费品行业不同于科技行业，也不同于互联网行业，品牌的重要性要远远大于技术、流量等。王老吉、乔丹、现代汽车、滴滴打车、江小白、李医生等品牌事件给我国消费品经营者敲响了警钟，必须重视品牌管理。化妆品行业属于消费品行业范畴。化妆品经营者必须重视品牌管理，守好自己的品牌。本节将探讨企业品牌管理问题。

一、品牌与品牌管理

品牌是消费者面对服务或者产品综合构成因素进行认知，进而形成的一种综合感知。品牌与商标是两个不同范畴的概念，前者为商业术语，后者为法律术语。商标是一种用于区别商品、服务的特定标记，消费者能够通过这种标记将不同的商品或服务区别开。商标是品牌重要组成部分，但不等于品牌。除了商标外，商号、产品名称、产品系列名、特有 ICON、产品独创性的瓶型、产品独创性的花盒、产品特有的包装装潢、商誉等都是品牌的重要构成要素和载体。在日常工作中，很多人把这两个术语混用、通用，甚至错误地认为品牌就是商标，这显然是一种认知误区。因此，谈到化妆品企业品牌，谈到化妆品品牌管理，一定不能简单等同于商标管理。化妆品企业的品牌管理是对企业一系列品牌构成要素的全面管理，包括但不限于商标、商号、产品名称、产品系列名、特有 ICON、产品独创性的瓶型、产品独创性的花盒、产品特有的包装装潢、域名、商誉等。同时，品牌管理更不等于商标注册，而是对商标在内全部品牌构成要素进行系统性申请、注册、维权、许可使用等工作。否则，化妆品企业品牌管理就会发生挂一漏万的风险。众所周知，广药集团与加多宝公司围绕王老吉品牌展开了商标许可合同纠纷、红罐包装装潢不正当竞争纠纷、商品侵权纠纷等诉讼，持续多年，涉案金额巨大，商业影响深远，值得经营者思考。

二、王老吉商标许可合同之争

根据公开资料，王老吉牌凉茶具有百年历史，原系王泽邦于 1828 年在广州创立。1956 年，公私合营时改组为王老吉联合制药厂，1992 年又转制为广州羊城药业股份有限公司（以下简称“广州羊城公司”）。在茶饮料类别上注册的第 626155 号“王老吉”商标为广州羊城公司注册商标。1995 年 3 月以前，“王老吉”牌清凉茶饮料由广州羊城公司生产、销售。1995 年 3 月，广州羊城公司与香港鸿道集团（以下简称“鸿道集团”）签订商标使用许可合同，许可鸿道集团独家使用第 626155 号“王老吉”注册商标，限于红色纸包装清凉茶饮料，鸿道集团可委托其他厂进行加工制造上述产品并送羊城药业备案；鸿道集团使用上述商标有效期自 1995 年 3 月 28 日起至 2003 年 1 月止；关于商标许可使用费，第一年为人民币 60 万元，从第二年起每年比上年递增 20%。合同签署后，鸿道集团通过其境内子公司广州加多宝饮料食品有限公司（以下简称“加多宝公司”）等关联公司运营王老吉品牌凉茶业务。

1996 年 8 月广州医药集团有限公司成立，公司类型为有限责任公司（国有资产，以下简称“广药集团”）。国有资产重组后，广州羊城公司持有的王老吉商标等无形资产划归广药集团。2000 年 5 月，广药集团与鸿道集团签订《商标许可协议》，其中约定：广药集团许可鸿道集团独占使用第 626155 号“王老吉”商标，使用的商品范围为生产及销售红色罐装及红色瓶装王老吉凉茶，地域范围为中国境内，不包括我国香港、澳门和台湾地区，使用期限自 2000 年 5 月 2 日至 2010 年 5 月 2 日。商标许可协议签署后，广药集团和鸿道集团又于 2002 年 11 月签约补充协议，将许可协议延长至 2020 年 5 月 1 日。2003 年 5 月，双方又签订第二份补充协议，约定：鸿道集团须在第 626155 号“王老吉”商标有效期终止日（2013 年 1 月 19 日）前办理续展注册手续，并且在此后办理“王老吉”商标的许可备案手续，以使得鸿道集团依据 2000 年许可协议和两份补充协议在许可期限内能依法使用“王老吉”商标。

2003 年起，鸿道集团投资数亿元竞标拿到中央电视台 3 个黄金时段“标王”广告播放权，启动“怕上火喝王老吉”的品牌广告语宣传。以后长达近 10 年时间，加多宝公司持续在中央台等媒体不间断地进行广告投放。在强力推广下，加多宝集团生产的王老吉红罐凉茶先后获得了许多市场荣誉。2006 年起长期占据全国罐装饮料市场销售额第一名的霸主位置。“王老吉”品牌成为家喻户晓的凉茶品牌，其红罐包装也成为极具标志性的产品外包装。

2011 年 4 月，广药集团向中国国际经济贸易仲裁委员会提出仲裁申请，要求裁决：广药集团与鸿道集团于 2002 年 11 月 27 日签订的补充协议和 2003 年 5 月 10 日签订的补充协议无效；鸿道集团停止使用“王老吉”商标。2012 年 5 月 9 日，中国国际经济贸易仲裁委员会作出裁决：《“王老吉”商标许可补充协议》和《关于“王老吉”商标使用许可合同的补充协议》无效；鸿道集团停止使用“王老吉”商标。裁决的主要理由是：根据 2005 年 7 月 1 日广州市中级人民法院作出的（2005）穗中法刑二初字第 87 号一审刑事判决，2000 年至 2003 年，被告人李益民在担任广药集团副董事长、总经理期间，利用职务之便，在广药集团与鸿道集团签订“王老吉”商标许可协议的过程中，先后 3 次收受鸿道集团董事长陈鸿道贿送的港币共计 300 万元，构成受贿罪。基于此，仲裁庭认为：“广药集团原副董事长、总经理李益民与鸿道集团董事长陈鸿道之间3次受贿和贿送共计300万元港币的事实已经法院判决认定，受贿和贿送的时间与补充协议订立的时间契合，陈鸿道向李益民贿送300万港币的目的是补充协议的订立，李益民利用职位之便为陈鸿道担任董事长的鸿道集团谋取利益，李益民为鸿道集团谋取的利益是补充协议的订立，补充协议的订立既损害由李益民担任副董事长和总经理的广药集团的利益，也损害国家利益。因此，两份补充协议的订立属于《中华人民共和国合同法》规定的‘恶意串通，损害国家、集体或者第三人利益’的情形，补充协议应当被认定为无效。”据此，广药集团收回了王老吉商标的使用权。

三、王老吉红罐包装装潢不正当竞争之争

基于与广药集团的商标纠纷，加多宝公司从2011年12月开始生产、销售一面标注有“王老吉”、另一面标注有“加多宝”的红罐包装装潢的凉茶产品。商标纠纷裁决后，加多宝公司从2012年5月10日开始生产、销售两面均标注有“加多宝”红罐包装装潢的凉茶产品。2012年6月，广药集团授权其旗下广州王老吉大健康产业有限公司（以下简称“广州大健康产业有限公司”）开始生产、销售“红色易拉罐装”王老吉凉茶。2012年7月，就红色易拉罐包装装潢使用问题，加多宝公司把广州大健康产业有限公司告上法庭，要求停止不正当竞争行为，并索赔3096万元。接着，广药集团又把鸿道（集团）有限公司、加多宝告上法庭（后撤回对鸿道集团的起诉），要求停止不正当竞争行为，并索赔1.5亿元，遂引发对于红色罐装包装装潢归属之争。一审广东高院判决，加多宝公司败诉，停止使用红色包装，并赔偿广药集团损失人民币1.5亿元。2017年7月27日，最高人民法院作出终审判决：涉案知名商品特有包装装潢权益，在遵循诚实信用原则和尊重消费者认知并不损害他人合法权益的前提下，可由广药集团与加多宝公司共同享有；广药集团所称加多宝公司侵害其知名商品特有包装装潢权益的主张不能成立，撤销（2013）粤高法民三初字第2号民事判决，驳回广药集团全部诉讼请求。

四、王老吉商标侵权赔偿之争

2014 年 5 月 7 日，广药集团又以商标侵权为由起诉加多宝等 6 家公司商标侵权，主张加多宝等 6 家公司停止侵权行为，并连带赔偿自 2010 年 5 月 2 日至 2012 年 5 月 19 日因侵害“王老吉”注册商标造成广药集团经济损失 293015.55 万元。2018 年 7 月 6 日，广东高院作出一审判决：认定加多宝等 6 家公司自 2010 年 5 月 2 日至 2012 年 5 月 19 日使用王老吉商标的行为构成侵权，并判决加多宝等 6 家公司连带赔偿广药集团经济损失约 14.4 亿元。该案赔偿金额为历年商标侵权赔偿金额之最。2019 年 7 月，最高人民法院裁定认定，上述一审判决采信的证据在内容与形式上均存在重大缺陷，不能作为认定本案事实的依据，裁定撤销广东省高级人民法院一审判决，发回广东高院重审。目前该案尚在审理过程中。

案件最后走向姑且不议，从王老吉品牌前后长达 8 年的诉讼之争可以看出，一方面，商标、产品包装装潢都是品牌的重要构成要素，对企业而言具有巨大的商业价值。另一方面，不可否认加多宝公司对王老吉品牌的贡献是不可替代的，从产品建设到品牌推广都投入巨大，也取得了斐然的市场成绩，然而由于没有做好品牌管理工作，不仅不能享受品牌沉淀的价值，还给自己带来了巨大的麻烦和损失，最终导致产品更名，丧失了罐装饮料市场霸主地位。王老吉品牌之争案例值得每个消费品经营者反思。消费品行业，一定要重视和做好企业品牌管理工作。

第二节　化妆品品牌认知与保护

品牌是化妆品经营的基石要素，也是化妆品经营者最有价值的资产之一。化妆品行业不是高科技产业，商业投入的结果在很大程度上都会沉淀为品牌价值，因此品牌成为化妆品最有识别性的元素，也沉淀成了企业最有价值的无形资产。作为化妆品创业者，必须重视品牌保护，守好品牌。认知是保护的前提。在化妆品经营实践中，很多化妆品经营者对品牌认知存在一些误区。每个品牌认识误区都是化妆品品牌保护中的陷阱，一旦陷入则会在很大程度上影响经营者商业目的的实现，甚至导致经营归零。化妆品企业的品牌保护则是对企业一系列品牌构成要素的全面保护。本节将探讨化妆品品牌认知与保护问题。

一、品牌不等于商标

如上文所述，品牌与商标是两个不同范畴的概念，前者为商业术语，后者为法律术语，两者极易混淆。在日常工作中，很多人把这两个术语混用、通用，甚至错误地认为品牌就是商标，这显然是一种认知误区。品牌是消费者面对服务或者产品综合构成因素进行认知，进而形成的一种综合感知。商标是一种用于区别商品、服务的特定标记，消费者能够通过这种标记识别该商品的生产经营者和服务提供者。商标是品牌重要组成部分，但不等于品牌。除了商标外，商号、产品名称、产品系列名、特有 ICON、产品独创性的瓶型、产品独创性的花盒、产品特有的包装色调、商誉等都是化妆品品牌的重要构成要素。因此，品牌包括商标，但不等同于商标。所以，化妆品企业的品牌保护是对企业一系列品牌构成要素的全面保护，包括但不限于商标、商号、产品名称、产品系列名、特有 ICON、产品独创性的瓶型、产品独创性的花盒、产品特有的色调、域名、商誉等。

二、核心类别商标注册优先

商标是品牌最重要的构成要素。消费者通常首先通过商标来识别该商品的生产经营者和服务提供者。与商号、产品名称、外观设计、版权等知识产权相比，商标保护尤其重要，应优先考虑。化妆品商标保护的关键则是将商标进行注册，进而取得商标专用权。经营者将商标注册成功，则对某个商业标识享有专用权，进而可以合法地、垄断性地使用特定的商业标识，未经商标权利人的许可任何人不得使用该商标。如此，企业才可能独享该商标带来的流量，独享品牌推广后沉淀下来的商业价值。如何才能取得商标专用权呢？《商标法》2001 年修订之前，适用的是严格的注册制度，即只有在商标局注册成功才可以取得商标的专用权；《商标法》修订之后，我国转为以注册为主，兼顾“使用在先”的原则。商标法的修改虽然在某种程度上有条件地制止了猖獗一时的恶意抢注现象，但并不是所有的商标都可以享受这种待遇。因为商标使用人需要花大量精力来举证证明“使用在先”以及商标具有一定的知名程度等要求，并且需要经过法院的认定。因此，化妆品创业者对商标进行注册是品牌保护优先要做的工作，也是最重要的工作。

三、相关类别商标注册及时

在核心类别商标注册后，要及时将商标在相关产品类别或服务上进行保护性注册。我国商标法规定，注册商标的专用权，以核准注册的商标和核定使用的商品为限。因此，每个注册商标都有特定的权利边界。在商标注册优先的同时，化妆品经营者还要合理地确定商标注册范围。为了商标检索、注册、审查、管理工作的需要，我国把某些具有共同属性的商品组合到一起编为一个类，将所有商品及服务共划分为 45 个类别，形成了“商标注册用商品和服务分类”。每类下面又按照特定的标准分为不同的群，群的下一级概念则为商品和服务项目，目前共包含一万多个具体商品和服务项目。这就意味着申请人在注册商标时要合理地确定类、群、项 3 个概念的范围，如此才能真正达成商标保护的目的。化妆品经营者如何确定注册商标的范围呢？一方面，化妆品经营者要考虑自己的业务规划，自己已经或有可能会涉及的品类和项目是务必要注册的；另一方面，化妆品经营者自己的业务虽不会涉及，但不希望其他经营者使用的类别和项目，也应注册。具体而言，化妆品行业在范畴上属于大时尚行业，在大的时尚行业上行业关联性和业务延展性极强，这些产品和服务的类别和项目是化妆品创业者必须要注册的，如第 3 类化妆品、第 8 类的化妆用具、第 16 类生活用纸、第 18 类箱包、第 15 类服装、第 35 类广告销售、第44类美容服务等。同时，有些商品或服务，化妆品经营者虽不会涉及，但也不希望其他企业使用的，这些商品或服务类别也应进行注册，如第5类的农药杀虫剂、第6类的金属管等。此外，规模企业也可以考虑全类注册，因为一方面全类注册的成本并不高，另一方面企业不同的发展阶段对业务外延的判断也是不断变化的，目前不会涉及不代表未来不会涉及。在成本可控的前提下通过全类注册全面预防商标风险。商标注册简单，但商标注册策略是一项专业性很强的工作，而在实践中很多企业大多是通过非专业性的商标代理机构进行注册，根本就没有策略可言，比如有些化妆品企业仅仅在第3类日化产品上注册了0306群的化妆品，而没有注册0301群香皂、0302群洗发水、0305群香料、0307群牙膏、0309群动物用化妆品等商品，显然是重大的商标风险。只有律师通过科学分析，制定合理的商标注册策略，编织一张严密的保护网，才能够有效地避免他人搭便车获取利益。注册和合理注册是两个不同的概念，化妆品经营者要格外注意这一点。应委托专业律师落实好商标注册事宜，而不是片面地追求价格便宜。

四、其他品牌要素保护跟进

在商标保护的基础上，要全面保护品牌其他构成要素。如上所述，除了商标外，商号、产品名称、产品系列名、特有ICON、产品独创性的瓶型、产品独创性的花盒、产品特有的色调、域名、商誉等元素都有区分商品的功能。若没有第一时间保护，则有被他人搭便车或抄袭的风险，在特定的情况下就难免发生企业“撞车”的现象，引起消费者混淆。在上述要素中，商号的保护又是另一个重要商业标识。商号就是化妆品经营方的名称，在商号与商标不一致的情况下，要格外注意。我国的企业注册实行的是分级注册制度，各个行政区独立核准注册，因此会出现不同行政区域商号相同的情况。这正是因为商号制度的区域性核准现状，一些不法分子将他人没有注册的商号登记为自己企业名字，搭便车获利。商号的混同极易引起消费者出现误认误购情况，一方面，会缩小化妆品经营方的市场份额，另一方面，在网络传播之快的今天一旦山寨产品出现负面事件，则会给化妆品经营者商誉带来很大的风险。除了商号外，具有独创性的化妆品瓶型、花盒的外观设计都是产品重要识别性元素，而且也是产品重要卖点，化妆品经营者要第一时间完成版权登记或外观设计专利申请。现阶段化妆品外观设计的抄袭十分盛行，也是很多规模化妆品经营者最烦恼的问题，原创产品还没有上市，山寨货已经遍地开花，极大地影响产品上市，通过上述保护措施则可以有效地打击山寨产品。因此，在完成商标注册的同时，要积极对商号等其他品牌元素做好保护工作，避免挂一漏万。

如果化妆品经营者把上述品牌保护三部曲都做好了，那就意味着化妆品经营者在自己最重要的经营资产周边插上了篱笆，不仅可以独占使用特定商业标识，独享商业推广沉淀下来的品牌价值，更可以第一时间打击市场上的违法行为。同时，只有做好了上述品牌保护工作，化妆品经营者才能实现自己的商业经营目的。

第三节　商标使用六大陷阱

就消费品创业而言，应该是兵马未动，商标先行。商标是用以区别商品和服务不同来源的商业标志。商标通常由文字、图形、字母、数字、三维标志、颜色组合、声音或者上述要素的组合构成，起着区分商品或者服务来源的重要作用，是品牌的重要构成要素和载体。化妆品行业属于消费品范畴，不是高科技产业，商业投入的结果在很大程度上都会沉淀成品牌价值。作为品牌的最核心载体的商标是化妆品企业最有识别性的标志，在经营中逐步沉淀成了企业最有价值的无形资产。作为化妆品经营者，必须重视品牌保护，避免踩坑。在化妆品经营实践中，很多化妆品经营者对商标使用存在一些认知误区。本节将探讨商标使用中容易触及的六大陷阱。

一、陷阱一：商标使用前不进行法律可行性评估

化妆品经营实践中，很多化妆品经营者在确定使用某个商标时首先考虑的是行业关联性、推广便利度、个人喜好等商业因素，法律可行性评估往往容易忽略。化妆品经营者在没有进行法律可行性评估的情况下确定使用的商标与竞品已注册商标相同或近似，不仅会导致商标无法注册，还有可能侵犯他人商标专用权。因此，化妆品经营者确定使用某个商标时，既要考虑行业关联性、推广便利度、经营者喜好等商业因素，更要考虑商标使用的法律可行性。法律可行性评估的底线是要确保商标不侵犯他人的现有商标的商标权，避免引起商标纠纷；更高要求是判断商标注册成功的概率。若注册成功存在实质性障碍，注册成功的概率极低，化妆品经营者则不应使用。商标无法注册成功，在法律上属于重大瑕疵，在企业融资、经营等方面会遇到极大的挑战。因为，商标无法注册成功则意味着对该商标不享有商标专用权等商标权益，无法独享品牌价值，甚至还有可能引起商标纠纷。

“滴滴打车”是北京小桔科技有限公司（以下简称“北京小桔公司”）打车软件品牌。2012 年创立之初，北京小桔公司使用的商标为“嘀嘀打车”。从业务角度，一般人想到汽车喇叭鸣笛的声音就是嘀嘀～嘀嘀，用“嘀嘀”来命名一个出行软件最恰当不过了，非常形象。然而，北京小桔公司在创业初期并未对公司商标“嘀嘀”进行法律可行性评估和布局。企业发展进入快车道，开始进行商标布局时，北京小桔公司发现“嘀嘀”是杭州妙影微电子有限公司（以下简称“杭州妙影公司”）的注册商标，公司的“嘀嘀打车”商标无法注册。其实，早在 2011 年 3 月杭州妙影公司就申请了“嘀嘀”和“Didi”商标，这两个商标均于 2012 年 5 月核准注册，核定使用商品均包括第九类 0901“计算机程序（可下载软件）”等商品项目。后来，北京小桔公司多次与杭州妙影公司进行沟通，希望购买该商标，但由于价格问题，双方没有达成意向。据小桔公司 CEO 程维披露，杭州妙影微公司的商标出让要价为人民币 8800 万元。2014 年，杭州妙影公司起诉小桔公司，要求小桔公司停止

商标侵权行为，并赔偿 8000 万元损失。一方面北京小桔公司不惜高价购买“嘀嘀”商标，另一方面北京小桔公司继续使用嘀嘀打车商标涉嫌侵权，因此 2014 年 5 月北京小桔公司对外宣布，旗下打车软件品牌“嘀嘀打车”正式更名为“滴滴打车”。在商标形象性和关联性上，显然“滴滴打车”不如“嘀嘀打车”。该商标事件也对北京小桔公司的发展造成了一定影响。除了滴滴更名事件，还有“西柚”更名“美柚”事件。美柚是一家移动互联网行业的高新科技企业，创办于 2013 年，专注于为女性提供线上智能服务，全方位服务于女性经期、备孕、孕期和辣妈等整个生命周期，全面提供健康管理、孕育科普、社区交流和垂直电商等线上服务。美柚创立之初使用的商标为“西柚”，在经营中发现“西柚”为他人注册商标，在收到商标权利人律师函后不得不改名为“美柚”。因此，企业在确定经营商标前应对商标的可行性进行法律评估，以免踩坑。

二、陷阱二：未及时对企业商标进行申请注册

商标使用并不代表企业享有专用权。我国《商标法》适用的是注册制度，商标使用人只有在商标局注册成功才可以取得商标的专用权。商标局核准注册的商标为注册商标；商标注册人享有商标专用权，受法律保护。在商标注册程序中，我国商标注册实行注册优先的制度，同一个商标专用权原则上授予申请在先的申请人。化妆品经营实践中，有些化妆品企业在产品上市后再申请注册商标，会存在 3 个重大风险：一是被其他市场经营者抢注；二是商标存在瑕疵，无法成功注册，需要更换产品商标；三是已经投入使用的商标与他人商标相同或近似，引起法律纠纷。化妆品经营者在开展化妆品业务前，应该首先解决商标问题，确定了商标稳定性问题，特别是确保投入使用的产品商标能够注册成功时，产品才可以上市销售。经营者在产品上市前将商标注册成功，不仅意味着不会引起侵权纠纷，还意味企业可以对某个商标享有专用权，进而可以长期、合法地垄断性地使用特定的商标，禁止他人未经许可擅自使用该商标。如此，企业才可能独享该商标带来的流量，独享品牌推

广后沉淀下来的商业价值。产品上市了，商标还未注册是企业商标管理工作必须迈过去的坑。先注册商标，后开展业务，是企业经营正确的选择。

韩国现代汽车为韩国最大的汽车企业，也是世界范围内著名汽车公司。韩国现代汽车创立于1967年，2002年进入中国，成立北京现代汽车有限公司。韩国现代公司在进入中国前，在世界范围内已经成长为一家规模汽车公司。2001年韩国现代企业集团（包括起亚）的销售在世界排名第7位。然而，就是这样一家知名的汽车企业，在经营早期并没有重视在中国的商标布局工作。2002年，韩国现代进入中国后发现“现代”商标早已被他人注册，韩国现代汽车若在中国销售则会涉嫌侵权。因为，浙江现代联合控股集团有限公司（以下简称浙江现代）早在1994年就已在45个类别上申请注册了“现代”商标。为了解决商标问题，经过多轮谈判，韩国现代与浙江现代于2003年达成商标转让意向。浙江现代将汽车类别的第878365号“现代”商标转让给韩国现代；韩国现代支付的对价为浙江现代在浙江省的总经销权。浙江现代企业总经销权当时的市场估价约为4000万元；根据相关数据，浙江现代运营的4S店在当年就实现了营收人民币4亿元。需要指出的是，现代商标问题目前还没有结束。浙江现代当时转让的商标仅为汽车类别，摩托车、自行车等其他类别并未转让，并授权其他市场经营主体在上述相关商品类别上进行使用。2018年，北京现代以商标侵权和不正当竞争为由将浙江现代等4家企业告上法庭，主张4被告停止侵权及不正当竞争行为，并赔偿损失人民币500万元。该案目前还在审理过程中。韩国现代因经营过程中商标管理不当，付出了沉重的代价。因此，经营者对自己使用的企业商标要及时注册。

三、陷阱三：商标未注册成功就进行品牌推广

我国商标注册原则上施行申请在先的原则，且申请费用不高。由于申请注册门槛较低，目前我国已注册商标数量巨大。根据官方数据，2018年我国商标注册申请量为737.1万件，商标注册量为500.7万件；截至2018年年底，我国国内有效商标注册量（不含国外在华注册和马德里注册）达到1804.9万

件。如此庞大的商标注册量意味着朗朗上口的商标已经基本都被经营者注册了。目前，我国商标注册失败的概率很高，除非经营者申请注册的商标具有一定的独创性。如果商标尚处在注册过程中，不建议进行大规模的品牌推广投入，除非进行了非常认真的法律可行性评估。因为一方面企业会面临注册失败的风险，另一方面在商标没有注册的状况下进行大规模品牌推广，还有可能引起其他竞品的注意或关注，甚至被异议，增加商标注册的不确定性因素。因此，化妆品经营者在进行品牌推广时，应考虑商标的注册状态，对尚未注册成功的商标，要谨慎进行大投入的品牌推广。

公开资料显示，厦门美图网科技有限公司（以下简称“美图公司”）成立于2003年6月18日，以“让更多人变美”为使命，怀揣着“成为全球懂美的科技公司”的愿景，创造了一系列软硬件产品，如美图秀秀、BeautyCam美颜相机、短视频社区美拍以及美图拍照手机，改变了用户创造与分享美的方式，也使自拍文化深入人心。2016年12月15日，美图公司在香港联合交易所（“联交所”）主板挂牌上市，股票代码1357。美图公司商号和商标均为“美图”，业务中同时使用“meitu”商标。就商标本身而言，“美图”和“meitu”商标在业务关联性和形象性方面都是一个很棒的商标。然而，美图公司“meitu”商标在第45类在线社交网络服务上至今尚未注册成功，甚至有可能最终失去这一核心商标。美图公司成立后并没有第一时间在相关服务类别上注册“meitu”商标。直到2017年5月9日，美图公司才在第45类在线社交网络服务等类别上申请注册“meitu”商标。2018年1月24日，国家知识产权局驳回了美图的上述商标申请。理由是：该商标与珠海市魅族科技有限公司使用的商标“MEIZU”在字母构成、呼叫发音等方面相近，整体上不存在显著差异，容易造成混淆，因此驳回了美图的商标注册申请。第45类“MEIZU”商标是珠海魅族科技有限公司注册商标，2015年6月申请注册，2016年10月16日核准注册。魅族科技有限公司成立于2003年3月，是一家国内外知名手机生产商，总部位于中国珠海市，致力于向消费者提供国际一流性能和品质的电子产品。此后，美图就该商标局驳回决定提出商标复审，复审被商标评审委员会驳回。嗣后，美图不服，将国家知识产权局告上法庭，申请撤销原国家工商行政管理总局商标评审委员会作出的“meitu”商标驳回复审决定。2019 年 5 月 22 日，北京知识产权法院一审驳回美图公司的请求。美图公司在第 45 类核心类别上的“meitu”商标前途未卜。

四、陷阱四：随意租用他人商标

我国商标法规定，商标注册人可以通过签订商标使用许可合同，许可他人使用其注册商标；经许可使用他人注册商标的，必须在使用该注册商标的商品上标明被许可人的名称和商品产地。因此，从法律层面出租或租用他人的商标均是可以的。但从化妆品经营实际情况看，是否租用他人的商标取决于商标本身的市场价值和每个经营者不同的商业目的。如果是知名品牌，经营者希望借用该知名品牌的品牌影响力快速收割市场，则可以在化妆品经营中考虑租用知名品牌进行化妆品经营，如 BURBERRY（巴宝莉）、GUCCI（古奇）等品牌。如果商标不是知名商标，没有市场价值，则不应考虑租用他人商标。如果化妆品经营者计划是投入大量的品牌推广培育品牌，开拓市场，打造百年基业，同样也不应该租用他人商标。因为化妆品经营者投入的大量营销费用在很大程度上都会沉淀成品牌价值，而在商标租赁模式下租赁期限届满或发生商标租赁纠纷时，化妆品经营者则会面临为他人做嫁衣的巨大商业风险，这在商业上不是一个好的商业决策。因此，化妆品经营者可以租用他人商标出品产品，但应慎重。鸿道集团租用“王老吉”商标，后被广州医药集团有限公司收回一案，值得经营者关注和反思。

五、陷阱五：手握商标证就认为权利稳定了

如前文所述，很多化妆品经营者认为只要手里的商标有商标注册证就可以高枕无忧了，这显然是一个重大认知误区。中请人取得商标注册证是享有商标专用权的标志性事件。对于大部分商标而言，商标注册证的取得的确意

味着有了稳定的商标权益，但在特殊情况下取得商标证的商标也不意味着享有稳定的商标权利。我国商标法规定，已经取得商标注册证的商标如果存在法定情况，商标局、其他单位或个人可以申请撤销该已注册的商标；商标局宣告注册商标无效后，该注册商标专用权视为自始即不存在。注册商标被撤销的法定情况有哪些呢？如以欺骗手段或者其他不正当手段取得注册的商标，以不正当手段抢先注册他人已经使用并有一定影响的商标，同他人在同一种商品或者类似商品上已经注册的商标相同或者近似的商标，未经授权代理人或者代表人以自己的名义将被代理人或者被代表人的商标进行注册的商标等，均可以向国家商标局申请撤销该商标。需要注意的是，目前司法实践中对非以使用为主要目的，没有正当理由大量注册或囤积商标，特别是具有以牟利为目的转让或者意图转让其注册或囤积商标的情节的，通常可认定为“其他不正当手段取得注册商标的情形”。据此，商标客非以使用为目的囤积的大量注册商标在权利稳定性上面临巨大挑战，化妆品经营者在从第三方购买商标时要谨慎对待该风险。总之，化妆品经营者从第三方购买商标时或在大规模推广自有商标之前，均应对注册商标稳定性进行评估，否则就有可能面临品牌归零的风险。拥有商标证和商标权利状态是否稳定是两个不同的问题。

六、陷阱六：注册成功的商标就能用在化妆品上

如前文所述，在化妆品经营实践中，有些化妆品经营者还会有另外一个认知误区，认为取得商标注册证的商标就一定能用来出品化妆品，这一观点显然是不对的。化妆品属于特殊的产品，化妆品行业属于特殊行业，其经营行为受到特殊行业监管制度的规范。商标是化妆品标签、说明书的必要组成部分，不仅受商标法的调整，更需满足化妆品行业监管法规的要求。比如，根据我国《化妆品卫生监督条例》等相关规定，化妆品广告不得宣传医疗作用；化妆品标签、小包装或者说明书上下得注有适应症，不得宣传疗效，不得使用医疗术语。如果化妆品经营者持有的商标虽然注册成功了，但该商标

向消费者宣传了医疗作用或含有医疗术语，则不可以用在化妆品上。否则，就会面临产品下架、行政处罚等经营风险，如白大夫、李医生等品牌则因该问题进行了调整。品牌的调整对化妆品经营者而言属于重大经营风险，对市场影响极大。因此，注册成功的商标不一定能用在化妆品上。这一点需要化妆品经营者特别注意，实践中很多法律工作者也存在该认知误区。

上述六大陷阱是化妆品商标使用中不得不知悉的问题。每一位化妆品经营者，特别是创业阶段的化妆品经营者，务必要再次审视自己的商标，前瞻并系统性地守好自己的商标，为自己的化妆品事业打下牢固的基础。

第四节 企业如何保护好商标

商标是用以区别商品和服务不同来源的商业标志，由文字、图形、字母、数字、三维标志、颜色组合、声音或者上述要素的组合构成，是品牌的重要构成要素和载体，起着区分商品或者服务来源的重要作用。如上文所述，根据商标局官方数据，2018 年我国商标注册申请量为 737.1 万件，商标注册量为 500.7 万件；截至 2018 年年底，我国国内有效商标注册量（不含国外在华注册和马德里注册）达到 1804.9 万件，每万户市场主体商标拥有量达到 1724 件。另外，根据最高人民法院官方数据，2018 年我国商标纠纷案件 16937 件，商标纠纷在知识产权类案件中案件数量位列第一，在全部知识产权案件中占比 45.5%。这表明，一方面，商标在经营中越来越重要；另一方面，商标纠纷呈现多发、上升趋势。近期，“无印良品”“稻香村”“江小白”等一系列知名商标纠纷案件再一次引起大家的关注。每一件商标纠纷都会给经营者带来极大的经营风险，轻者会造成经济损失，重者甚至会导致辛苦培育的市场付诸东流。如何在经营中将商标风险降到最低，将商标权益发挥到最好，是每一位经营者不得不关注的问题。本节将探讨化妆品商标保护问题。

一、第一时间注册

我国商标法规定，经商标局核准注册的商标为注册商标，包括商品商标、服务商标和集体商标、证明商标；商标注册人享有商标专用权，受法律保护。《商标法》2001年修订之前，适用的是严格的注册制度，即只有在商标局注册成功才可以取得商标的专用权；《商标法》修订之后，我国转为以注册为主，兼顾“使用在先”的原则。但未注册商标使用人主张保护时需举证证明“使用在先”以及商标具有一定的知名程度等要求，并且需经过法院的认定。上述修改虽然在某种程度上有条件地制止了猖獗一时的恶意抢注现象，但显然不是每一位经营者都能轻易地享受上述待遇的。因此，第一时间将商标注册是取得商标专用权的法定途径，也是成本最低、效果最好的途径。商标注册成功才能依法享有专用权等商标权利。经营者将商标注册成功，就意味着对某个商业标识享有了专用权，进而可以合法地垄断性地使用特定的商业标识，禁止他人未经许可擅自使用该商标。如此，企业才可能独享该商标带来的流量，独享品牌推广后沉淀下来的商业价值。第一时间将商品商标进行注册是商标管理工作的第一步，也是最重要的一步，是最有效的措施。

二、注册范围要合理

我国《商标法》第56条规定，注册商标的专用权，以核准注册的商标和核定使用的商品为限。这意味着我国商标施行分类注册，分类保护。商标的注册范围则是该注册商标的特定权利边界。因此，在商标注册优先的同时，经营者还要合理地确定商标注册范围。如何确定商标注册的合理范围呢？如上文所述，为了满足商标检索、注册、审查、管理工作的需要，我国把某些具有共同属性的商品组合到一起编为一个类，将所有商品及服务共划分为45个类别，形成了“商标注册用商品和服务分类”。每类商品及服务下面又按照特定的标准分为不同的群，群的下一级概念则为具体商品和服务项目，目前共包含一万多个具体商品和服务项目。这就意味着申请人在注册商标时要合理地确定类、群、项3个概念的范围，如此才能真正有效地达成商标保护的目的。就商品类别而言，确定商标注册范围时一方面要考虑目前业务涉及的商品类别，以满足经营的需要；另一方面还要考虑与所从事的行业有极大关联性和延展性的商品类别，以免被他人抢注。比如，化妆品行业在范畴上属于大时尚行业，除了第3类化妆品类别要注册外，第8类化妆用具、第16类生活用纸、第18类箱包、第15类服装、第35类广告销售、第44类美容服务等大的时尚行业上行业关联性和业务延展性极强，这些商品类别也应第一时间进行注册，避免被他人抢注，避免后期业务扩展受阻。

就具体商品而言，确定商标注册范围时一方面经营者要考虑自己业务规划，自己经营所涉及行业的品类和项目是务必要注册的；另一方面经营者自己虽不会涉及，但不希望其他经营者经营的类别和项目也应注册。比如，就化妆品经营者而言，第三类商品下面涉及化妆品的0306群是要注册的，但动物用化妆品所在的0309群自己虽不会涉及也要注册，因为如果其他公司推出同一品牌的动物用化妆品，显然会在一定程度上影响品牌。专业的事情交给专业的人办理。商标注册成本虽然不高，但商标注册是一件专业性很强的事情，也是一件对企业经营影响深远的事情，建议化妆品经营在注册商标时聘请专业律师处理，以免留下遗憾。

三、重视注册后管理工作

第一时间在合理的范围上将相关商标申请注册是商标管理工作中最关键的一步，但不代表商标管理工作的结束。商标注册后，还有大量的商标管理工作要做。比如，在商标使用行为中要规范地使用商标，不得擅自变更商标以免被撤销；注册商标的有效期为10年，自核准注册之日起计算，商标到期后要及时续展；商标注册后要监控他人商标注册情况，对在相同或相似商品类别上提起的相同或近似商标注册申请，要及时提出异议，避免第三人在相同或相似商品上注册相同或近似商标，造成商标混淆；当市场上出现山寨产品、假货等侵犯商标专用权现象时，要第一时间通过法律的手段维护品牌形象，维护经营者利益。上述管理工作不到位，则会给经营者造成极大的损失。甚至很多企业忽略或忽视了注册后的管理工作，给企业经营带来了灾难性的后果。“老爷车”“袋鼠”“华伦天奴”“PLAYBOY”“老船长”等品牌飞入凡间的尴尬现状在很大程度上就是因为品牌管理不当造成的。经营者一定要重视商标注册后的品牌管理工作，否则品牌一旦跌落后果不堪设想。

品牌管理之商标保护要有系统性。在经营过程中，经营者一方面要第一时间合理注册相关商标，前瞻性地做好品牌保护工作，另一方面在商标注册后还要进行系统的管理，维护好品牌形象和商标使用秩序。只有经营者系统性地做好上述商标管理工作，才能持续性地独占使用特定商标标识，独享品牌价值。

第五节　商号是化妆品经营者必须关注的一个“坑”

企业商号和商标都是企业品牌的重要构成要素，前者表明了产品出品方信息，后者是区别不同的产品或服务的标志，对经营者而言商业意义重大。企业经营实践中，有些企业的商号与商标一致，如海尔、海信、小米、华为等；实行多品牌战略的公司，基于区隔品牌形象和品牌经营风险的考虑，一般企业商号与商标不一致，如宝洁、联合利华等。在企业商号与商标不一致的情况下，若企业使用的商号与他人注册商标相同或近似，不仅是为他人做嫁衣，还会引起法律纠纷。在企业商号与商标不一致的情况下，若企业名称保护不到位，被他人注册为商标使用，或企业商标被他人登记为企业名称，则会导致市场混淆，引起消费者误认，影响品牌形象。消费品行业，特别是多品牌战略之化妆品企业经营者要高度重视企业商号的使用和保护，以免踩坑。本节将探讨化妆品企业商号使用和保护等问题。

一、商号的选择与使用

企业名称是市场经营者必须具备的经营要素，也是区别不同市场主体的重要标志。企业名称通常由行政区划、字号、行业或者经营特点、组织形式构成，其中主要区别标志是“字号”，通常也称为“商号”。比如，小米科技有限责任公司，其中“小米”为其商号，“科技”为其行业，“有限责任公司”则为其组织形式，最具有识别性的则为商号“小米”。企业商号直接体现了产品的出品方信息，向交易对手或消费者传达了产品的厂商信誉，其商业意义重大。直接用商标作为商号是经营实践中的主流策略，但在多品牌策略中，直接用其中一个商标作为商号一方面会导致品牌形象混淆，另一方面也会在一定程度上导致品牌经营风险叠加，因此大多数多品牌企业均采用独立商号的策略。在采用独立商号，商号与商标不一致的情况下，化妆品企业在确定商号时一定要慎重。通常一个好的商号需要满足两个条件：

（一）商号不与别人的注册商标相同或近似

如果化妆品经营者使用的商号与他人注册商标相同或近似，一方面经营推广行为是为他人做嫁衣，另一方面会涉嫌商标侵权或不正当竞争。一旦构成侵权或不正当竞争，化妆品企业会遭受无法承受之重大的损失。因为化妆品企业名称是化妆品标识必须标注的内容，一旦被认定为侵权或不正当竞争，需立即停止侵权或不正当竞争行为；立即停止侵权或不正当竞争行为则意味着企业要更改商号、全部市售产品下架、库存成品及包材报废等，该影响为企业经营系统性风险，不仅会导致极大的直接损失，也会导致企业销售休克，甚至引起企业崩盘。同时，因为企业已售产品均标识了构成侵权或不正当竞争行为的商号，企业过往产品销售数据会推高民事赔偿的金额，进而造成极大的赔偿损失。

（二）商号具有显著性能够注册为商标

商号是企业名称的重要组成部分，但商号不等于企业名称。商号权是《保护工业产权巴黎公约》所定义的工业产权范畴，经过依法登记而取得的商号，受到法律的保护。我国民法总则对企业名称权的保护有具体规定，即法人、个体工商户、个人合伙享有名称权。但对商号权的取得和保护均没有明确规定。就商号或商号权的保护而言，目前我国法律有待完善。经营中，企业商号主要存在两个方面的风险，一是被其他企业在不同行政区域登记为商号使用，二是被其他企业注册为商标在商品上使用，二者均会导致品牌混淆，引起消费者混淆。根据《公司法》及《企业法人登记管理条例》等相关规定，经营者企业名称登记成功后，其商号在同一个行政区划内的相同营业范围里具有排他性和专用性。我国的企业注册实行的是分级注册制度，各个行政区域独立核准注册，因此出现了很多不同行政区域经营主体名称不同，但商号相同的情况，给经营者带来了极大的经营困惑。经营者将商号登记为企业名称使用，只能在特定区域保护商号不会被在企业名称中滥用，并不能在全国范围禁止商号在企业名称中滥用的现象。此时，企业经营者要把已经登记为企业名称的商号作为商标进行注册。相对于商号的区域性专用，商标专用权为我国《商标法》明确规定的权利，其专用权在全国范围内受保护，保护范围更广、更全面。因此，在商号与商标不一致的情况下，将企业商号注册为商标是一种有效的商号保护措施。为了能够将企业商号登记为商标，则需经营者在确定企业商号时要选择有显著性的商号。经营实践中，很多商号不具有显著特征，无法注册成商标。综上，一个好的商号，不仅不能与别人的注册商号相同或近似，还要具有显著性，能够注册为商标；否则，则不是一个好的商号。

二、商号与商标的冲突现象

商标是品牌另一个核心构成要素，具体是指区别不同商品或者服务来源的标志，一般由文字、字母、数字、图形、声音等要素组合而成。商号与商标存在很大区别，二者功能不同，前者表明产品出品方信息，后者区别不同的产品或服务；企业对商标享有的商标专用权属于知识产权范畴，企业对名称享有的名称权属于人格权范畴，分属不同法律范畴。商标注册申请、使用、保护等适用的是《商标法》《商标法实施条例》等法律法规；企业名称范畴内之企业商号审核、登记等适用的是《公司法》《企业名称登记管理规定》等法律法规。企业的商号可以与商标一致，如海尔、海信、小米、华为等，也可以与商标不一致，如宝洁、联合利华等。商号与商标虽有很多区别，但二者关系极为密切，多数情况下共同出现在同一商品上，都是品牌的核心构成要素，且在品牌构成要素中二者的关联度和消费者关注度最高。正因如此，经营实践中经营者有一定知名度的商标经常会被他人登记为企业名称，或有一定知名度的企业名称会被他人申请注册为商标，我们称之为商号与商标的冲突现象。其中，将他人商标作为企业名称登记的行为不属于商标使用行为，因此不构成商标侵权，但该行为导致消费者误认为二者具有特定关联关系，进而引起市场混淆，实质上是经营过程中的市场混淆行为，从性质上属于不正当竞争范畴。将他人知名商号登记为商标的行为，属于侵犯企业名称权，属于侵权的范畴。

三、商号与商标冲突问题的解决

商号与商标冲突了，企业该如何解决呢？如上所述，企业商号与商标经常存在冲突的现象，主要有后设立的企业商号侵犯在先商标权的情形和后申请的商标权侵犯在先设立的企业商号两种情况。解决途径具体如下：

（一）后登记企业商号侵犯在先注册商标权

经营实践中，经营者一旦将他人注册商标登记为企业名称，必然会引人误认为两者存在特定联系，导致市场混淆。我国《商标法》第 58 条规定，将他人注册商标、未注册的驰名商标作为企业名称中的字号使用，误导公众，构成不正当竞争行为的，依照《中华人民共和国反不正当竞争法》处理。《反不正当竞争法》第 6 条规定了混淆行为，引人误认为是他人商品或者与他人存在特定联系的混淆行为均构成不正当竞争。特别是，第 6 条第 4 项规定了兜底性条款“其他足以引人误认为是他人商品或者与他人存在特定联系的混淆行为”。后登记企业商号侵犯在先注册商标权的情形，属于经营者在企业名称使用过程中实施混淆行为引人误认为是他人商品或者与他人存在特定联系的不正当竞争行为，属于《反不正当竞争法》第6条禁止的行为。因此，企业有一定影响的商标被他人登记为企业商号的，可依据《商标法》《反不正当竞争法》的有关规定，通过诉讼、市场监督管理部门查处等途径解决，不仅可以主张行为人停止不正当竞争行为，还可以要求不正当竞争行为人赔偿损失。

（二）后申请注册商标侵犯先登记企业商号

经营者有一定影响力的企业名称被他人注册为商标的行为，现行《商标法》规定了商标异议和商标无效程序来保护在先企业名称权。《商标法》第32条规定，申请商标注册，不得损害他人现有的在先权利。企业名称权属于该条规定的在先权利的范畴。对于在后注册商标侵犯在先企业名称权的，若在后商标在初步审定公告期内，则企业名称权人可以依照《商标法》第33条的规定提起商标异议程序；若在后商标已注册，则其可以依照《商标法》第44条的规定申请注册商标无效。国家工商总局商标局2017年修订并对外公布的《商标审查及审理标准》中明确了在商标异议和商标无效程序中在先字号权的认定标准："将他人在先登记、使用并具有一定知名度的字号相同或者近似的文字申请注册为商标，容易导致中国相关公众混淆，致使在先字号权人的利益可能受到损害的，应当认定为对他人在先字号权的损害，系争商标应当不予核准注册或者予以无效宣告。"

四、滥用"大润发"商标作企业商号赔偿500万元

康成投资（中国）有限公司（以下简称康成公司）是知名连锁超市"大润发"商标的权利人，商标注册号5091186号。康成公司商号为"康成"，商标为"大润发"，二者不一致。康成公司自1998年在上海开设第一家大型超市以来，已陆续在我国大陆地区开设了300多家综合性大型超市，在上述超市中均使用"大润发"商标，"大润发"商标已成为康成公司享有的驰名商标。大润发投资有限公司（以下简称大润发投资公司）为市场独立经营主体，

与康成公司并没有投资或持股关系。大润发投资公司不仅在经营中擅自将自己命名为“大润发投资有限公司”，而且在经营中使用上述名称，还在其网站以及实际经营宣传中突出使用原告“大润发”商标以及将“大润发”和“DRF”组合使用。2015年，康成公司起诉大润发投资公司，请求法院判决大润发投资公司停止侵权、消除影响并赔偿经济损失500万元。上海知识产权法院经审理认为，被告大润发投资公司明知康成公司已经注册使用涉案“大润发”商标的情况下，仍然在企业名称中使用与涉案商标“大润发”相同的字号，足以使相关公众产生使用“大润发”字号的大润发投资公司与康成公司之间存在关联关系的混淆和误认，故大润发投资公司将“大润发”作为字号使用的行为构成对康成公司的不正当竞争。最终判决大润发投资公司停止在企业名称中使用“大润发”字样，并为康成公司消除影响、赔偿经济损失300万元。一审判决后，大润发投资公司不服，提起上诉。上海市高级人民法院经审理后判决驳回上诉，维持原判。该案是一起后登记企业名称侵犯在先注册商标权的典型案例。①

第六节 傍名牌现象的是与非

创新是企业发展的关键，化妆品企业也不例外。根据创新能力，可以把化妆品经营者分为两类，一类是不断地推陈出新，引领创新；另一类是习惯于模仿，跟随创新。当经营者养成了不断创新的习惯后，其创新能力就会越来越强，竞争优势就会越来越明显。当经营者养成了模仿的习惯后，则会在一定程度上丧失创新的能力，竞争劣势越来越大。创新会形成一种习惯，模仿也会成为一种习惯；前者是良性循环，后者是恶性循环，最终的结果是在竞争中实现优胜劣汰。通常，存在市场就会存在创新和模仿这一对矛盾。如

① （2017）沪民终342号民事判决书。

果你是创新型经营者，就要清楚自己的权益边界在哪里，并考虑如何才能更好地保障自己的权益。如果你是模仿型经营者，就要考虑自己的行为边界在哪里，慎虑避免抄袭导致经营损失和牢狱之灾。在目前的傍名牌现象中，表现比较突出的是傍知名产品的商标、外观设计、包装装潢等。本节将探讨经营中常见傍名牌现象的边界问题。

一、商标使用边界

在傍名牌现象中，傍知名商标是最常见形式之一。商标是品牌的重要构成要素和载体，起着区分商品或者服务来源的重要作用。在相同或类似产品上使用与注册商标相同或近似的商标，极易引起消费者误认，造成市场混淆。我国商标法规定，未经商标注册人的许可，在同一种商品上使用与其注册商标相同的商标；未经商标注册人的许可，在同一种商品上使用与其注册商标近似的商标，或者在类似商品上使用与其注册商标相同或者近似的商标，容易导致混淆的，均属侵犯注册商标专用权。我国商标法还规定，侵犯商标专用权的赔偿数额，按照权利人因被侵权所受到的实际损失确定；实际损失难以确定的，可以按照侵权人因侵权所获得的利益确定；权利人的损失或者侵权人获得的利益难以确定的，参照该商标许可使用费的倍数合理确定。权利人因被侵权所受到的实际损失，侵权人因侵权所获得的利益，注册商标许可使用费难以确定的，由人民法院根据侵权行为的情节判决给予500万元以下的赔偿。因此，未经商标注册人许可，擅自在相同或近似商品上使用相同或近似商标，要承担侵权责任，具体承担责任形式有停止侵权行为、赔偿损失、消除影响等。另外，我国刑法规定，未经注册商标所有人许可，在同一种商品上使用与其注册商标相同的商标，情节严重的，处3年以下有期徒刑或者拘役，并处或者单处罚金；情节特别严重的，处3年以上7年以下有期徒刑，并处罚金。因此，在傍商标现象中，如果未经商标注册人许可，擅自在相同商品上使用相同商标，情节严重的还会涉及刑事责任。这里的情节严重，一般是指非法经营数额在5万元以上或者违法所得数额在3万元以上的；或者，假冒两种以上注册商标，非法经营数额在 3 万元以上或者违法所得数额在 2 万元以上的情况。综上，注册商标是区别产品来源的重要标识，未经商标注册人的许可，任何经营者不得在相同或近似商品上使用与他人注册商标相同或近似的商标，否则行为人行为违法，需承担停止侵权、赔偿损失等民商责任，特定的情形还会涉嫌构成刑事犯罪。

二、产品包装装潢使用边界

在傍名牌现象中，傍知名产品的包装装潢是另一种常见形式。某些产品具有一定名气的包装装潢成为经营者产品或服务的重要识别来源，其对产品识别度的贡献甚至不亚于产品商标。我国反不正当竞争法规定，经营者不得擅自使用与他人有一定影响的商品包装、装潢等相同或者近似的标识，引人误认为是他人商品或者与他人存在特定联系。我国反不正当竞争法还规定，经营者的合法权益受到不正当竞争行为损害的，可以向人民法院提起诉讼。因不正当竞争行为受到损害的经营者的赔偿数额，按照其因被侵权所受到的实际损失确定；实际损失难以计算的，按照侵权人因侵权所获得的利益确定；权利人因被侵权所受到的实际损失、侵权人因侵权所获得的利益难以确定的，由人民法院根据侵权行为的情节判决给予权利人 500 万元以下的赔偿。因此，具有一定名气产品之特有的、具有一定知名度的包装装潢受法律保护，未经许可任何人不得擅自使用。否则，涉嫌不正当竞争，应承担停止违法行为、赔偿损失的法律责任。比如，路虎揽胜极光车型其独特的车体、车顶、车窗、侧板以及后灯设计成为该车型特有的装潢，已经成为路虎揽胜极光车型的重要识别要素。中国江铃汽车生产的陆风 X7 车型直接抄袭了路虎揽胜极光的上述独特装潢设计，在消费者中造成混淆。后经过近 3 年诉讼，北京朝阳区法院作出判决，中国江铃汽车生产的陆风 X7 汽车构成侵权，判令江铃汽车必须立即停止侵权，现款陆风 X7 停产停售，赔偿路虎相应损失。因此，产品特有的、具有一定知名度的包装装潢为商品品牌重要组成部分，受法律保护，未经许可只可借鉴，不得抄袭。

三、商号等知名商业标识使用边界

在傍名牌现象中，除了傍商品商标、傍商品包装装潢两种比较有代表性的行为外，企业名称、产品名称、域名等同样也会成为被傍的对象。产品名称、域名等都是品牌的重要组成部分，特别是一些有一定知名度的产品名称、企业名称、域名等。例如，“小黑瓶”为兰蔻精华液产品特有的、有一定知名度的产品名称，“小黑瓶”成为兰蔻精华液产品的重要识别要素。上述要素一旦被竞品傍用，则会造成市场混淆，引起消费者对产品或服务来源的误认。我国反不正当竞争法规定，擅自使用与他人有一定相似度的商品名称、企业名称（包括简称、字号等）、域名主体部分、网站名称、网页等足以引人误认为是他人商品或者与他人存在特定联系的混淆行为、不正当竞争行为，应承担停止侵权、赔偿损失等违法责任。因此，有一定知名度的企业名称、产品名称、域名等商业标识均受我国法律的保护，未经许可不得擅自使用。

四、“九粮液”被判侵权赔偿900万元

甘肃滨河食品工业（集团）有限责任公司成立于1984年，现为中国白酒工业100强；旗下品牌有滨河九粮液、滨河九粮春、九酿滨河、滨河酒、国风葡萄酒等甘肃名优酒；滨河牌商标为甘肃省著名商标。2002年7月起，滨河集团就开始在第33类即白酒类商品上申请注册“九粮液”“九粮春”“九粮醇”“九粮王”等商标，与五粮液集团旗下的“五粮液”“五粮春”“五粮醇”“五粮王”系列商标形式相同，上述商标申请被商标局驳回；滨河公司还在白酒类商品上申请注册并使用了“滨河九粮液”“滨河九粮春”“滨河九粮王”“滨河九粮醇”等商标，并且在产品瓶体及外包装上突出使用“九粮液”“九粮春”等商标字样。

五粮液集团认为，滨河集团在产品瓶体及外包装上使用“九粮液”“九粮春”等商标字样侵犯了其“五粮液”商标专用权，引起市场混淆。2013年3月，五粮液集团向北京一中院提起商标侵权诉讼。北京一中院于2014年1月

作出一审判决，认定滨河集团生产、销售“九粮液”“九粮春”酒产品的行为不侵权。五粮液集团不服该一审判决，于2014年2月向北京高院提起上诉。北京高院于2016年5月作出终审判决：驳回上诉，维持原判。2016年11月，在一审、二审均败诉的情况下，五粮液集团向最高院申请再审。2017年6月，最高院裁定提审本案并中止原判决执行。2017年11月23日，“九粮液”“九粮春”案件在最高人民法院开庭审理。2019年5月，最高人民法院作出了认定“九粮液”“九粮春”侵权的再审判决。最高人民法院审理认为，滨河集团使用的标识是“滨河九粮液”“滨河九粮春”“九粮液”“九粮春”，其中“滨河九粮液”“滨河九粮春”的“滨河”二字较小，“九粮液”“九粮春”三字较为突出；被诉侵权标识“九粮液”“九粮春”与“五粮液”“五粮春”相比，仅一字之差，且区别为两个表示数字的文字，考虑到“五粮液”“五粮春”系列商标的知名度，使用“九粮液”“九粮春”易使相关公众对商品的来源产生混淆误认。最后判决：滨河集团停止生产、销售标有“九粮液”“九粮春”文字或突出标有“九粮液”“九粮春”文字的白酒商品；滨河集团向五粮液集团支付赔偿金共计900万元。此次“五粮液”诉“九粮液”案是傍名牌类案件的示范案例。本案的意义在于制止恶意模仿、混淆行为，维护公平和良性竞争的市场秩序，保护品牌合法权益。①

创新可以借鉴，但不得抄袭。商品商标、知名商品包装装潢、知名产品名称等商业标识均为经营者重要品牌构成要素，属于经营者重要知识产权。在产品创新中，经营者应该清晰认知他人品牌的边界，以免经营行为越界，引起不必要的法律纠纷。经过上文探讨，不仅为判断傍名牌是与非提供了判断依据，也为经营者确定自己的经营边界提供了参照标准。如果你是创新型企业，就要第一时间在自己的商标、商号、产品名称、产品系列名、特有I-CON、产品独创性的瓶型、产品独创性的花盒、产品特有的色调、域名等品牌要素周边及时扎上篱笆，以免被傍，最大化地保障自己的商业利益。如果

---

① （2017）最高法民再234号民事判决书。

你是模仿型的企业，就要认识到可以阶段性地、适当地借鉴学习竞品，但不可抄袭他人商标、知名包装装潢、知名产品名称等品牌要素。否则，不仅会丧失企业发展的核心竞争力，还会给自己经营带来极大的法律风险，导致经济损失。

第七节　如何打击山寨产品和假货

目前，虽然我国化妆品市场规模是仅次于美国的全球第二大化妆品市场，但从行业发展阶段来看，我国化妆品行业发展尚处在粗放型发展阶段，尚未完成行业集中和整合。与白色家电、手机等行业相比，我国化妆品行业的整合和集中来得晚很多，预计会在未来的3－5年完成。目前化妆品行业处于粗放型发展阶段，最终市场格局和良性竞争秩序尚未真正形成，一方面呈现出了百花齐放的景象，新品牌、新渠道、新概念层出不穷；另一方面化妆品经营者良莠不齐，充斥着模仿、假冒等恶性竞争现象。现阶段，山寨产品、假货的打击成为大多数规模品牌不得不面对的问题。本节将探讨化妆品山寨产品和假货的打击问题。

一、打击的关键是拥有权利

很多化妆品经营者通常是在发现市场上出现山寨产品或假货时才会思考品牌保护问题，但正确的做法应该是在山寨产品或假货出现前思考这一问题，并及时地在自己的品牌周边扎上篱笆。化妆品经营者对山寨产品的打击也好，对假货的打击也罢，归根结底都是一种对自己知识产权的主张。要想维护自己的知识产权，就必须让自己拥有合法、有效的权利。知识产权是一种独享特定商业利益的机会，更是制止他人违法侵权行为的最有效的手段，对企业经营而言既是盾，更是矛。知识产权的取得是有条件的，并非有创新就想当然地拥有权利，独创性是经营者享有知识产权的条件之一，除此之外还有完成注册程序等其他条件。法律不帮助懒惰之人。化妆品经营者要积极地进行创新，更要积极地按照法律的要求将自己的智力成果转化为知识产权。第一时间对企业商标、商号、产品名称、产品系列名、特有 ICON、产品独创性的瓶型、产品独创性的花盒、产品特有的色调、域名、商誉等独特的商业标识或智力创新成果完成版权、商标专用权或外观设计专利等知识产权的注册或申请工作。化妆品经营者在自己上述商业标识周边插上了篱笆，就意味着享有了相应的知识产权，则可以独占使用特定商业标识，独享商业推广沉淀下来的品牌价值，更可以在打击市场上山寨产品或假货时有了有力的武器，起到事半功倍的效果。若没有第一时间扎好品牌的篱笆，则有被他人搭便车或抄袭的风险，在特定的情况下就难免发生企业“撞车”的现象，引起消费者混淆，虽穷尽所有手段，维权效果也难免事倍功半。总之，化妆品经营者在日常经营过程中一定要积极地把企业智力创新成果转化为合法有效的知识产权。权利，是打击山寨产品或假货最有效的手段。

二、打击山寨产品，重视民事诉讼索赔

现阶段化妆品外观设计等抄袭现象十分盛行，是很多规模化妆品经营者最烦恼的问题之一。原创产品还没有上市，克隆产品已经遍地开花，极大地影响产品上市。山寨产品的出现是化妆品经营者幸福的烦恼，一方面表明产品的独创性和品牌的知名度提高了，另一方面山寨产品也会引起市场混淆，影响了产品销售，必须及时打击。如何打击山寨产品呢？对山寨产品的打击主要有行政手段打击和民事诉讼手段打击两种。而与行政手段打击相比，民事诉讼手段打击山寨产品效果更佳，更应重视。因为在化妆品经营实践中大多数山寨产品的出品方基本都是真实存在的，而且具备一定的经济实力，具备通过民事诉讼手段进行打击的条件。同时，就程序而言，针对民事诉讼手段打击山寨产品类的案件，律师事务所可以提供全风险代理的合作模式，这就意味着化妆品经营者在不用提前承担成本或承担基本成本的情况下，由律师事务所完成取证、诉讼维权、执行等全部工作。如此模式，对化妆品经营

者而言，成本低，效果好。同时，通过律师事务所的专业服务，还极大地增加了侵权方的侵权成本，持之以恒则可以在无成本压力的情况下借助第三方专业手段有效地净化市场。就行政手段打击而言，鉴于目前二、三线市场行政执法透明度不高，地方保护主义、办案成本高等不确定因素，在化妆品经营实践中打击效果有待提高。当然，民事诉讼手段和行政手段并不冲突，二者可以同时推进。

三、假货打假，聚焦刑事打击

对假货的打假是目前规模化妆品经营者不得不面对的另一个烦恼问题。一方面我国目前对知识产权的保护力度有限，另一方面随着近几年电商、微商、新零售等渠道的盛行，上述渠道基本都是以人货分离的模式进行交易，为假货的蔓延提供了一定的交易空间。化妆品经营实践中，假货基本都是不合格产品，一方面会蚕食品牌正品销售市场，另一方面一旦假货出现产品质量安全事故，在消费者无法辨别真伪的情况下，会给品牌带来极大的不可控风险。面对假货，化妆品经营者如何打击呢？一方面化妆品经营者要建立有效的防伪识别系统，在技术上为消费者、经营者自身提供高效的产品真假识别手段，另一方面对假货行政打击和刑事打击两手都要硬，特别是要聚焦刑事打击。化妆品制假或售假者身份隐蔽，通常不具备通过民事诉讼进行打击的条件。同时，化妆品制假或售假者经营成本极低，获利空间巨大，通常行政打击或民事诉讼索赔等手段并不能有效地制止化妆品制假或售假行为。在化妆品经营实践中，对化妆品制假或售假现象最有效的打击手段就是刑事打击，追究责任人的刑事责任。品牌方通过刑事打击，追究责任人的刑事责任，在制假售假圈子里树立标杆，才能起到更好的警示效果。根据我国刑法规定，化妆品制假或售假行会涉嫌构成假冒注册商标罪或生产销售假冒伪劣产品罪，特别是假冒注册商标罪在实践中被涉及的概率极高。未经注册商标所有人许可，在同一种商品上使用与其注册商标相同的商标，情节严重的，处 3 年以下有期徒刑或者拘役，并处或者单处罚金；情节特别严重的，处 3 年以上 7

年以下有期徒刑，并处罚金。如果行为人还存在在产品中掺杂、掺假，以假充真，以次充好或者以不合格产品冒充合格产品，且销售金额较大的，还会涉嫌构成生产销售假冒伪劣产品罪。生产销售假冒伪劣产品罪比假冒注册商标罪量刑更重，化妆品经营者在对假货打击过程中，要关注责任人的具体违法犯罪构成，准确对责任人定罪量刑，最大化地精准打击化妆品制假售假行为。化妆品经营者对化妆品制假或售假行为进行刑事打击的关键一点就是要掌握制假或售假线索。制假或售假线索来自哪里呢？一方面，企业要组建强有力的打假队伍，通过打假队伍走访市场、代理商举报等体系内部系统掌握市场上化妆品制假或售假线索；另一方面，通过行政机关的行政打击挖掘犯罪线索或将行政案件转化为刑事案件；再一方面，在适当的时候可以与第三方打假公司进行合作，通过外部系统掌握市场上化妆品制假或售假线索。在掌握了化妆品制假或售假线索后，分清主次，做好经营，宣传典型案例，树标杆，教育市场，如此才能高效地打击制假售假者的不良风气。

经营的要旨在于前瞻性。在化妆品经营过程中，经营者要前瞻性地做好品牌保护工作，在山寨产品或假货出现时第一时间迎头猛打，维护好品牌市场秩序，维护好企业经营利益。同时，只有做好了上述品牌保护事前和事后两个环节的工作，化妆品经营者才能实现自己的商业目的。否则，经营者就有可能要面临哑巴吃黄连或劣币驱逐良币的经营风险。

第八节 商标侵权行为界定

商标是品牌最核心的构成要素。随着商标在商业经营中的重要性日益凸显，商标纠纷也呈上升趋势。在商标纠纷中，商标专用权侵权纠纷为主要纠纷类别。什么是商标专用权侵权纠纷？商标使用行为是否构成侵权？商标侵权行为边界的准确界定不仅是一个法律问题，更是一个经营问题，在很大程度上影响到经营目的的实现。本节将探讨商标专用权侵权行为的界定问题。

一、商标专用权侵权形式

商标是指用以区别商品和服务不同来源的商业标志，由文字、图形、字母、数字、三维标志、颜色组合、声音或者上述要素的组合构成，是品牌最重要的组成部分之一。商标侵权是指行为人未经商标权人许可，在相同或类似商品上使用与其注册商标相同或近似的商标，或者其他干涉、妨碍商标权人使用其注册商标，损害商标权人合法权益的行为。具体什么行为属于侵犯商标专用权的行为呢？为了有效地保护商标专用权，也为了保证司法标准的统一，我国商标法对侵犯商标专用权行为的形式进行了明确。我国商标法采用列举式和概括式相结合的方式对侵犯商标专用权的行为进行了明示，下列行为均属侵犯注册商标专用权的行为：（1）未经商标注册人的许可，在同一种商品上使用与其注册商标相同的商标的；（2）未经商标注册人的许可，在同一种商品上使用与其注册商标近似的商标，或者在类似商品上使用与其注册商标相同或者近似的商标，容易导致混淆的；（3）销售侵犯注册商标专用权的商品的；（4）伪造、擅自制造他人注册商标标识或者销售伪造、擅自制造的注册商标标识的；（5）未经商标注册人同意，更换其注册商标并将该更换商标的商品又投入市场的；（6）故意为侵犯他人商标专用权行为提供便利条件，帮助他人实施侵犯商标专用权行为的；（7）给他人的注册商标专用权造成其他损害的。在不具备商标未注册、注册商标无效等正当抗辩理由的情况下，实施上述行为则构成商标法意义上的侵权，需承担停止侵权行为、赔偿损失、消除影响等责任。在上述7种侵犯注册商标专用权行为中，第（1）种和第（2）种是目前商标侵权纠纷中最为常见的类型。实施了上述任一行为，经营者均涉嫌构成商标侵权。

二、商标相同或近似界定

在上文所提及的侵犯商标专用权的行为中，商标相同或近似是最终认定是否构成侵权的关键要件之一。只有商标相同或近似才有可能构成侵权，否则不构成侵权。什么是商标相同或近似呢？根据商标法相关规定，商标相同，是指被控侵权的商标与注册商标相比较，二者在视觉上基本无差别，从一般消费者的角度凭视觉判断所对比的商标大体上不存在差别，就构成商标相同。商标近似，是指被控侵权的商标与注册商标相比较，其文字的字形、读音、含义或者图形的构图及颜色，或者其各要素组合后的整体结构相似，或者其立体形状、颜色组合近似，易使相关公众对商品的来源产生误认或者认为其来源与注册商标的商品有特定的联系。一般来说，判断商标相同或者近似要涉及判断主体的标准，可以按照以下原则进行：（1）以相关公众的一般注意力为标准；（2）既要进行对商标的整体比对，又要进行对商标主要部分的比对，比对应当在比对对象隔离的状态下分别进行；（3）判断商标是否近似，应当考虑请求保护注册商标的显著性和知名度。这里需要强调的是判断商标是否相同或近似应以相关公众的一般注意力为标准，而不是以专家或专业意见为标准。所谓的相关公众是指与商标所标识的某类商品或者服务有关的消费者和与前述商品或者服务的营销有密切关系的其他经营者。需要指出的是，这两部分公众中，涉及任何一部分人都是法律规定的相关公众，不是两部分人都涉及才构成商标法所称的相关公众。

三、商品相同或相似界定

在认定注册商标专用权侵权行为时，所涉及的商品或者服务是否为同种或者类似，是认定是否构成侵权行为另一关键要件。只有商品相同或近似才有可能构成侵权，否则不构成侵权。一般来说，同种商品和服务比较容易认定；类似商品和服务则复杂得多。判断商品类似的标准是什么呢？我国商标法相关法律规定，类似商品是指在功能、用途、生产部门、销售渠道、消费对象等方面相同，或者相关公众一般认为其存在特定联系、容易造成混淆的商品。因此，判断类似商品的要素包括商品的功能、用途、生产部门、销售渠道、消费对象等。在商标侵权纠纷中判断是否类似商品时是否受《商标注册用商品和服务国际分类表》《类似商品和服务区分表》商品服务分类的约束呢？是否以商品国际分类表确定类似商品或者服务进而判断商品是否近似呢？一般来说，分类表和区分表最主要的功能是在商标注册时划分类别，方便注册审查与商标行政管理，与商品类似不尽一致。所以在判断商品是否类似时，不能以《商标注册用商品和服务国际分类表》和《类似商品和服务区分表》作为依据，仅可以作为判断商品类似的参考。我国商标法相关法律也规定，认定商品或者服务是否类似应当以相关公众对商品或者服务的一般认识综合判断；《商标注册用商品和服务国际分类表》《类似商品和服务区分表》可以作为判断类似商品或者服务的参考，但不能作为依据。

综上所述，若经营者在经营过程中，遇到某行为是否构成商标侵权之困惑时，可以根据上文从具体行为方式、商标是否相同或近似、商品是否相同或近似等方面进行界定。若在相同或相似产品上，使用了与注册商标相同或近似的商标，且没有法定的抗辩理由，则为商标专用权侵权行为。如果经营者为商标注册人，则应积极行使自己的商标权利，通过法律手段保护自己的商标利益。如果经营者为商标擅自使用人，则应第一时间校正自己的行为，避免引起法律纠纷和损失。需要强调的是：未经商标注册人的许可，在同一种或相似商品上使用与其注册商标相同或近似的商标的行为，仅是商标侵权行为的一种形式，并不是全部。具体商标侵权行为的构成，需要律师进行专业分析和论证。

第九节　产品外观设计侵权判断

产品外观设计是品牌的重要构成要素之一。产品外观设计是指对产品的形状、图案或者其结合，以及色彩与形状、图案的结合所作出的富有美感并适于工业应用的新设计。产品外观设计是商品来源的重要识别标识，是品牌的最重要组成部分之一，更是经营者的重要知识产权。具有独创性的产品外观设计不仅能够吸引消费者关注，更能给消费者带来消费的冲动，进而更好地实现商业价值。随着经济发展，商品外观设计在商业经营中的重要性日益凸显，越来越重要。一方面，独创性的外观设计专利保护不当会导致产品混淆，进而严重压缩产品销售市场；另一方面，产品外观设计侵权不仅要赔偿损失，还要承担产品下架等民事责任。目前，在知识产权纠纷中，因产品仿冒引起的外观设计专利侵权纠纷呈现上升趋势。本节将探讨产品外观设计专利侵权认定问题。

一、产品外观设计侵权行为形式

外观设计专利是企业知识产权的重要组成部分。根据我国专利法规定，只有产品外观设计不属于现有设计，且任何单位或者个人未就同样的外观设计在申请日以前向国务院专利行政部门提出过申请，并记载在申请日以后公告的专利文件中，设计人或申请人才可以向专利行政管理部门申请外观设计专利登记，成为专利权人。外观设计专利经过申请和批准后，申请人才能享有外观设计专利。外观设计被授予专利权后，任何单位或者个人未经专利权人许可，都不得实施其专利，即不得为生产经营目的制造、许诺销售、销售、进口其外观设计专利产品。具体而言，侵犯外观设计专利权之侵权行为主要有以下 4 种行为形式：（1）未经外观设计专利人许可，以生产经营为目的制造外观设计专利产品；（2）未经外观设计专利人许可，以生产经营为目的许诺销售外观设计专利产品；（3）未经外观设计专利人许可，以生产经营为目的销售外观设计专利产品；（4）未经外观设计专利人许可，以生产经营为目的进口外观设计专利产品。上述许诺销售行为是指以做广告、在商店橱柜中陈列或者在展销会上展出等方式作出销售商品的意思表示。在没有正当抗辩理由的情况下，未经外观设计专利权人许可实施上述行为，则涉嫌构成专利法意义上的侵权，要承担法律责任。在上述产品外观设计侵权行为中，第（1）种形式，即“未经外观设计专利人许可，以生产经营为日的制造外观设计专利产品”，是最常见的侵权类型。

二、外观设计相同或近似认定

产品外观设计相同或近似是认定构成侵权的关键要件之一。我国专利法规定，外观设计专利权的保护范围以表示在图片或者照片中的该产品的外观设计为准，简要说明可以用于解释图片或者照片所表示的该产品的外观设计。只有产品外观设计相同或近似才有可能构成外观设计侵权，否则不构成外观设计侵权。外观设计是否相同或近似是一个主观判断的过程，具体如何判断呢？根据相关规定，认定外观设计是否相同或者近似时，应当根据外观设计的设计特征，以外观设计的整体视觉效果进行综合判断；对于主要由技术功能决定的设计特征以及对整体视觉效果不产生影响的产品的材料、内部结构、细微差异等特征不予考虑。下列情形，通常对外观设计的整体视觉效果更具有影响：（1）产品正常使用时容易被直接观察到的部位相对于其他部位；（2）授权外观设计区别于现有设计的设计特征相对于授权外观设计的其他设计特征。因此，如果两个外观设计在整体视觉效果上无差异的，应当认定两者相同；如果两个外观设计专利仅存在细微差异，在整体视觉效果上无实质性差异的，应当认定两者近似。需要强调的是，判断外观设计是否相同或相似，应以外观设计专利产品的一般消费者的知识水平和认知能力为标准，而不应以经营者或专业人员的知识水平或认知能力为标准。这就意味着，就外观设计是否相同或相似问题，经营者可以按照一般消费者的知识水平和认知能力，以图片或照片中的形状、图案、色彩的主要设计特征为依据，从整体视觉效果上对产品外观设计进行比较，进而判断外观设计是否有实质性差异。若整体视觉效果上无实质性差异，则为相同或近似外观设计。

三、产品相同或相似认定

在认定外观设计专利侵权时，所涉及产品是否为同种或者类似是认定是否构成侵权的另一关键要件。只有产品相同或近似才有可能构成外观设计侵权，否则就不构成外观设计侵权。一般来说，同种产品比较容易认定；类似产品则复杂得多。判断产品是否类似是一个主观认知的行为，应如何判断呢？根据我国专利法等相关规定，认定产品种类是否相同或者相近，应当以外观设计产品的功能、用途、使用环境为依据。这里需要强调的是，《国际外观设计分类表》是专利管理部门对外观设计专利申请文件和文献资料进行管理的工具，仅是判断产品种类的参考因素，并不是确定产品种类类似的依据。如果外观设计产品与被诉侵权外观设计产品的功能、用途、使用环境重叠，则外观设计产品与被诉侵权产品属于相同或者相近类别产品。如果外观设计产品与被诉侵权外观设计产品的功能、用途、使用环境不重叠，则外观设计产品与被诉侵权产品不属于相同或者相近类别产品。

综上所述，某产品外观是否构成外观设计专利侵权，经营者可以根据上文从行为形式、外观设计是否相同或近似、产品是否相同或近似等方面进行界定。若在相同或相似类别产品上，使用了与外观设计专利相同或近似的外观设计，且没有专利无效等法定抗辩理由，则构成外观设计专利权侵权行为。如果外观设计不相同或不相似，或者产品不属于相同或相似类别，则不构成侵权。在外观设计专利侵权边界界定的基础上，如果经营者外观设计专利被侵权，则应积极行使自己的专利权利，通过法律手段保护自己的利益；如果经营者产品外观设计侵犯了他人专利，则应第一时间校正自己的行为，避免引起法律纠纷和现实损失。需要强调的是：外观设计专利侵权的认定是一件专业性很强的事，需要律师进行专业分析和论证。

第十节 产品配方知识产权保护

创新是社会发展的关键，更是企业发展的关键。就消费品行业而言，产品创新主要体现在商标、外观和产品配方 3 个方面。产品商标和产品外观的创新更多是产品外在构成要素的创新，而产品配方的创新则是产品内在技术性构成要素的创新。就化妆品等消费品行业而言，产品配方竞争是竞品之间进行竞争的关键所在。产品配方是企业的重要竞争资源，产品配方保护不到位，企业会面临为他人做嫁衣的巨大商业风险，在很大程度上影响企业商业目的的实现。因此，产品配方保护是化妆品企业知识产权保护的重要构成部分。本节主要探讨产品配方知识产权保护问题。

一、专利保护是产品配方知识产权保护的强力保护

产品配方创新是食品、药品、化妆品等消费品产品创新的重要组成部分。产品配方是指产品在生产中使用的原料、添加剂及其使用量。产品配方与产品成分不同，产品成分只是产品使用原料种类，并不含有各原料使用量等关键信息，因此从商业价值角度来看，产品配方对企业更为关键。企业对产品配方的保护，可以通过申请发明专利的途径实现。发明是指对产品、方法或者其改进所提出的新的技术方案。发明一旦被授予专利权，原则上任何单位或者个人未经专利权人许可，都不得实施其专利，即不得为生产经营目的制造、使用、许诺销售、销售、进口其专利产品，或者使用其专利方法以及使用、许诺销售、销售、进口依照该专利方法直接获得的产品。可见，发明专利对产品的配方的保护是一种国家公权力的强力保护。产品配方若想获得发明专利，需要符合法定条件，即具备新颖性、创造性和实用性 3 个条件。新颖性是指该发明不属于现有技术，即不属于申请日以前在国内外为公众所知的技术；没有任何单位或者个人就同样的发明在申请日以前向国务院专利行政部门提出过申请，并记载在申请日以后公布的专利申请文件或者公告的专利文件中。创造性是指与现有技术相比，该发明具有突出的实质性特点和显著的进步。实用性是指该发明能够制造或者使用，并且能够产生积极效果。符合上述 3 个条件的产品的配方，企业可以向国家专利局申请注册为发明专利，进而对产品配方享有专用权，禁止竞品使用。

二、产品配方的专利保护是把“双刃剑”

就产品配方而言，专利保护虽然是一种强力保护，但该保护方式也有一

定的弊端。专利具有公开性、时间性和区域性等特点。根据我国专利法规定，国务院专利行政部门收到发明专利申请后，经初步审查认为符合本法要求的，自申请日起满 18 个月，即行公布。国务院专利行政部门可以根据申请人的请求早日公布其申请。同时，世界范围内对专利的保护都是具有时间性的。我国专利法规定发明专利权的保护期限为 20 年，自申请日起计算。相信很多人都喝过可乐，可乐这种碳酸饮料相比其他果汁饮料利润要高。可口可乐品牌属于可乐霸主品牌，全球每天有 17 亿人次的消费者在畅饮可口可乐公司的产品，大约每秒钟售出 19400 瓶饮料。但是，可口可乐的配方保护并没有采用专利保护。因为专利保护的公开性和时间性是可口可乐公司无法接受的。产品配方一旦申请注册为专利则意味着公开产品配方，且该专利只在特定的区域和特定的期限内受保护，过了保护期限专利就失去了强力保护。因此，可口可乐产品配方申请注册为专利后，就会造成竞品可以公开研究可口可乐配方，或者在专利期限届满后免费使用该专利配方生产相同的产品在市场上销售。显然，这是可口可乐公司不愿看到的情形。因此，可口可乐公司放弃了对产品配方的专利保护。

三、产品配方的商业秘密保护是产品配方保护的另一扇窗

商业秘密（Trade Secrets），是指不为公众所知悉、具有商业价值并经权利人采取相应保密措施的技术信息、经营信息等商业信息。显然，商业秘密的范畴包括但不限于产品配方。商业秘密是企业的财产权利，关乎企业的竞争力，对企业的发展至关重要，有的甚至直接影响到企业的生存。相对于专利而言，商业秘密没有法定的保护期限，而且产品配方也不会公开，更不会泄密。可口可乐公司对其汽水饮料配方的保护，就是通过商业秘密的方式实现的。当然，产品配方的商业秘密保护也有它自身的缺陷。对专利通过公开换取的强保护不同，产品配方的商业秘密保护虽不用公开产品配方，但在保护力度上是一种弱保护。专利的强保护主要表现在：产品配方被授予专利权后，原则上任何单位或者个人未经专利权人许可，都不得实施其专利，即不

得为生产经营目的制造、使用、许诺销售、销售、进口其专利产品，或者使用其专利方法以及使用、许诺销售、销售、进口依照该专利方法直接获得的产品。在专利的强保护下，竞品通过自身研发获得的相同产品配方也不可使用，绝对地排除相同配方。商业秘密的弱保护主要表现在：就企业商业秘密范畴内的产品配方，竞品只要不是通过盗窃、利诱、胁迫或者其他不正当手段获取权利人的配方，而是通过自身研发等正当手段获取的产品配方，则为合法。因此，就产品配方的商业秘密保护而言，产品配方无需公开，但是否能够有效保护产品配方，取决于企业的保密措施和保密力度。企业更多的要通过私力对产品配方采取相应的保密措施，包括但不限于与产品配方研发人员签署书面的保密协议、与产品配方研发人员签署书面的竞业禁止协议、对知悉产品配方的职工或与商业秘密权利人有业务关系的他人提出保密要求等合理措施。

综上所述，就消费品创新中的产品配方知识产权保护而言，专利是一种有效的强保护，但商业秘密保护不是专利保护的附庸和简单的补充，而是具有独立的价值和重要性，甚至与专利相辅相成。商业秘密保护一直受到包括跨国公司在内的权利人和西方国家的高度重视。目前，我国商业秘密保护制度日益完善，消费品经营者在产品配方知识产权保护中可以考虑并采纳。

第四章　企业税负

第一节　企业税务筹划从股权结构开始

如谚语所言：这个世界上，除了死亡和税收以外，没有可以肯定的事。现代社会，无论是个人，还是企业，均无法回避税收。从国外到国内，税收征管越来越严格，不仅对企业严格，对个人也越来越严格。2019年1月1日，新《个人所得税法》的实施，再次让个人体会到了税收的存在。虽然税收不可避免，但我们可以在法律允许的范围内以合法的手段和方式减少缴纳税款，这就是我们通常所说的税务筹划。根据公开资料，税务筹划起源于20世纪30年代，英国议员汤姆林爵士就“纳税局长诉温斯特大公”一案指出：“任何一个人都有权安排自己的事业。如果依据法律所做的某些安排可以少缴税，那就不能强迫他多缴税收。”上述观点得到了法律界的认同，纳税筹划第一次得到法律上的认可，成为奠定税务筹划史的关键判例。国外税收筹划起步较早，在企业经营中已根深蒂固，而我国税收筹划则起步较晚。目前，我国税法体系日趋完善，税收征管日益规范。近年我国纳税主体逐步树立起了纳税筹划观念，它正不断为越来越多的纳税主体所重视，逐步成为企业经营管理和个人财富管理的一个重要组成部分。就企业经营而言，无论是企业所得税，还是企业股东个人所得税，无不渗透到企业经营活动的各个领域和环节，税负成本成为影响企业经营者经营决策的一个重要因素。本节将探讨公司经营者在公司股权结构中的税务筹划问题。

公司股权结构是指公司各股东的构成。一方面，公司股权结构关系着企业的控制权；另一方面，公司股权结构在很大程度上影响着创始人或股东的税负成本。根据我国《个人所得税法》第 1 条第 1 款，第 3 条第 3 项的规定，在中国境内有住所，或者无住所而一个纳税年度内在中国境内居住累计满 183 天的个人，为居民个人。居民个人从中国境内和境外取得的所得，依照本法规定缴纳个人所得税。其中，利息、股息、红利所得，财产租赁所得，财产转让所得和偶然所得，适用比例税率，税率为 20%。同时，我国《企业所得税法》第 1 条规定，在中华人民共和国境内，企业和其他取得收入的组织（以下统称企业）为企业所得税的纳税人，依照本法的规定缴纳企业所得税。个人独资企业、合伙企业不适用本法。具体而言，企业所得税的税率为 25%，但非居民企业、高新企业和小微企业除外。这就意味着公司经营利润如果要以分红的方式分给个人股东，在企业层面需要先缴纳 25% 的企业所得税，在股东层面还需要缴纳 20% 的个人所得税，如此实际税负率为 40%。例如，公司年度经营利润为 1000 万元，公司个人股东持股 100%，则该股东最后分到手的红利仅为 600 万元。上述综合税负，应该说还是不低的。为了降低税负，有些公司负责人会采用两套账、多列成本或购买发票等方式少缴税。但上述方法是违法的，在强大的金税三期面前，一旦被税务局查到，轻则罚款，重则坐牢，企业经营者应避而远之。正因如此，前瞻性的、合法的税务筹划成为企业经营的重要构成部分，特别是规模企业。

在企业股权结构中，自然人股东和公司股东在税负方面存在差异性。我国公司股权结构中，多数股东以公司或自然人类型出现。在我国所得税体系中，自然人股东和公司股东适用不同的税收法律，税的构成不同。自然人股东适用的是《个人所得税法》，公司股东适用的是《企业所得税法》。根据个人所得税法相关规定，自然人股东获取的利息、股息、红利所得、财产租赁所得、财产转让所得和偶然所得，适用比例税率，税率为 20%。故就公司股权或分红所得，若标的公司股东为自然人，则该标的公司应当在股息或红利发生时代扣代缴该自然人股东相应的个人所得税。然而，根据目前企业所得税法相关规定，目前居民企业获得的股息或红利暂不缴纳所得税，故若标的公司股东为公司，则该公司股东在从标的公司获得股息或红利时，无需缴纳企业所得税。只要该公司股东不再继续向其自然人股东分配股息或红利，则不会实际发生所得税税负。就股权转让而言，若公司股东为自然人股东，在该自然人股东转让标的公司股权时，应该按照我国个人所得税法相应规定缴纳个人所得税，税率为20%。如果股东为公司股东，该公司股东在出让标的公司股权时，理论上会发生25%企业所得税的应税义务，但若公司存在其他经营亏损，则在企业进行年度汇算清缴时并不必然会实际发生所得税的缴纳。

在企业股权结构中，个人独资企业股东在税负方面存在差异性。除了自然人股东与公司股东外，公司股权结构中还存在个人独资企业股东、合伙企业股东类型。个人独资企业是投资人根据《个人独资企业法》投资成立的企业，投资人对企业债务承担无限连带责任。合伙企业是各合伙人根据《合伙企业法》共同出资，共同经营，共享收益，共担风险的企业，各合伙人对企业债务承担无限连带责任，但特殊合伙企业除外。虽公司、个人独资企业和合伙企业均为我国法定企业形式之一，然而在税的层面上三者差异很大。如上所述，我国公司适用的是《企业所得税法》，公司所得税税率原则上是25%，非居民企业、高新企业、小微企业等特殊情况除外。但个人独资企业和合伙企业并不适用《企业所得税法》，其并不是我国《企业所得税法》范畴内的纳税义务人。根据我国税法相应规定，个人独资企业和合伙企业不征收企业所得税，个人独资企业以其投资人为纳税义务人，合伙企业以其合伙人为纳税义务人，所以个人独资企业和合伙企业不缴纳企业所得税。我国《个人所得税法》规定，个人经营所得适用5%－35%的超额累进税率。这就意味着，如果个人独资企业的投资人或合伙企业合伙人为自然人，就企业经营所得，合伙企业无需缴纳企业所得税，而是由投资人或合伙人直接按照5%－35%的超额累进税率缴纳个人所得税，由个人独资企业或合伙企业代扣代缴。比如，某合伙企业有2个自然人合伙人，各持有50%权益，该合伙企业持有标的公司10%

的股权，后以2000万元价格出让该标的公司股权，则该合伙企业无需缴纳企业所得税；在不考虑税务筹划的情况下，该合伙企业直接按照2位合伙人分得的收益，根据个人经营所得税率代扣代缴个人所得税。就股息和分红所得，根据国税总局出台的相关规定，个人独资企业和合伙企业对外投资分回的利息或者股息、红利，不并入企业的收入，而应单独作为投资者个人取得的利息、股利、红利所得，按“利息、股利、红利所得”应税项目计算缴纳个人所得税，适用20%税率。

如上所述，在公司的股权结构中，自然人股东、个人独资企业股东、合伙企业股东、公司股东在所得税税率、计税方式等方面存在很大的差异。需要强调的是：自然人、公司、合伙企业、个人独资企业持股在税负上各有利弊，税率、计税方式等各有差异，不能机械地套用，重点是灵活运用。先要精通税法，后要了解企业业务，最后基于商业目的和商业规划，进行创新应用，搭建合理的公司股权结构。总之，化妆品公司股权结构不仅关系着企业的控制权，还在很大程度上影响着创始人或股东的税负成本；化妆品公司股权结构的税务筹划要提前规划，不能临时抱佛脚。否则，后期股权调整的税负成本巨大。

第二节　企业商业模式与税负评估

税负作为企业经营成本的重要构成部分，在很大程度上影响着企业经营成果和投资人收益。企业经营实践中，我们会发现海外或海内上市的企业往往设置了很复杂的公司架构和复杂的交易模式。除企业架构和交易模式复杂外，企业类型也多样化，设置了合伙企业、有限公司、股份公司等多企业类型的持股平台或业务模块。采用如此复杂的企业架构，设计如此复杂的交易模式，采用如此多样化的企业类型，意欲何为呢？之所以设计如此复杂的交易模式，一方面是基于公司商业运营的考虑，另一方面是基于经营税负的考虑。目前国内企业经营中，大多数企业架构和商业模式都是随意的，并无法律上或税负上的设计或安排。无论是企业架构，还是商业模式，经营者不仅要从商业可行性和法律合规性角度考虑，还要从税负成本的角度进行评估，以期实现经营成果和投资人收益的最大化。特别是在化妆品经营实践中，基于目前各地税收政策的差异性，在政策范围内对特定的商业模式进行调整，会极大地影响经营者商业目的的实现，化妆品经营者应给予关注。本节将探讨企业商业模式与税负问题。

就企业商业模式税负成本而言，企业经营者须重点关注增值税、企业所得税和个人所得税问题。以目前商业模式创新中的“秒杀价格”和“无偿赠送”两种经营行为为例，虽然秒杀价格和无偿赠送可以获得超常规的获客流量，但处理不当也会极大地增加税负成本，导致税务风险。“秒杀价格”实质上是一种折扣销售行为，根据相应规定该行为目前不会涉及所得税问题，但会触及增值税问题。我国《增值税暂行条例》第 7 条规定：“纳税人发生应税销售行为的价格明显偏低并无正当理由的，由主管税务机关核定其销售额。”因此，经营者在确定“秒杀价格”方式经营行为时，需有正当的理由，否则税务机关会认为定价不公允进行价格调整处理，并核定计征增值税。如此，轻则增加税负成本导致商业目的无法实现，重则引起税务风险，需要关注。

除了秒杀价格外，目前还有一种比较普遍的非常规性经营行为即“无偿赠送”，这也是化妆品行业中比较常见的营销手段。相比于秒杀价格行为，无偿赠送行更为复杂，不仅会涉及增值税问题，还会涉及个人所得税问题。我国《增值税暂行条例实施细则》第 4 条第 8 项规定：“单位或者个体工商户的下列行为，视同销售货物：……（八）将自产、委托加工或者购进的货物无偿赠送其他单位或者个人。”因此，无偿赠送时企业虽无收入，但仍需按照公允价格计征增值税。除了企业所得税外，特定情形下无偿赠送还会涉及个人所得税问题。根据《财政部、国家税务总局关于企业促销展业赠送礼品有关个人所得税问题的通知》的规定：“根据《中华人民共和国个人所得税法》及其实施条例有关规定，现对企业和单位（包括企业、事业单位、社会团体、个人独资企业、合伙企业和个体工商户等，以下简称企业）在营销活动中以折扣折让、赠品、抽奖等方式，向个人赠送现金、消费券、物品、服务等（以下简称礼品）有关个人所得税问题通知如下：一、企业在销售商品（产品）和提供服务过程中向个人赠送礼品，属于下列情形之一的，不征收个人所得税：1. 企业通过价格折扣、折让方式向个人销售商品（产品）和提供服务；2. 企业在向个人销售商品（产品）和提供服务的同时给予赠品，如通信企业对个人购买手机赠话费、入网费，或者购话费赠手机等；3. 企业对累积消费达到一定额度的个人按消费积分反馈礼品。二、企业向个人赠送礼品，属于下列情形之一的，取得该项所得的个人应依法缴纳个人所得税，税款由赠送礼品的企业代扣代缴：1. 企业在业务宣传、广告等活动中，随机向本单位以外的个人赠送礼品，对个人取得的礼品所得，按照"其他所得"项目，全额适用20%的税率缴纳个人所得税。2. 企业在年会、座谈会、庆典以及其他活动中向本单位以外的个人赠送礼品，对个人取得的礼品所得，按照"其他所得"项目，全额适用20%的税率缴纳个人所得税。3. 企业对累积消费达到一定额度的顾客，给予额外抽奖机会，个人的获奖所得，按照"偶然所得"项目，全额适用20%的税率缴纳个人所得税……"因此，经营者在进行商业模式创新或确定商业模式时，是选择无偿赠送，还是调整价格有偿销售，要慎虑。如果要无偿赠送，那就必须视同销售作增值税纳税处理，但此时如果有进项也不吃亏，进项可以折抵。如果没有进项，就需要慎重评估商业可行性，因为会在没有收入的情况下产生增值税税负问题；同时，特定情形还会涉及复杂的个人所得税问题。因此，经营者在进行商业模式创新或确定商业模式时，对商业模式税负成本进行评估，在政策范围内优化商业模式，最大化实现商业目的，是十分必要的。

除了商业模式经营税负成本评估外，通过何种企业类型落地商业模式同样需要进行税负成本评估，因为不同企业类型不仅会影响经营主体税负成本，还将极大地影响投资人收益税负成本。不同的企业类型，不仅经营主体经营税负不同，而且投资者最终的收益也不同。就企业类型而言，在企业经营实践中，常用的企业类型主要有个人独资企业、合伙企业和公司3种。从企业所得税角度看，公司为我国《企业所得税法》范畴内的纳税主体，原则上适用25%的企业所得税，但非居民企业、高新企业、小微企业等特殊企业除外；个人从公司经营中获取的股息、红利所得适用比例税率，税率为20%。因此，就经营收益而言，公司个人股东会涉及双重税负问题。但个人独资企业和合伙企业并不是《企业所得税法》范畴内的纳税主体，不征收企业所得税，个人独资企业以其投资人为纳税义务人，合伙企业以其合伙人为纳税人。同时，我国《个人所得税法》规定，个人投资者从个体独资企业和合伙企业经营中获得的经营所得，适用5% -35%的超额累进税率。因此，就经营所得而言，个人独资企业投资者或合伙企业合伙人不会涉及双重税负问题。所以，同样的商业模型，采用的企业类型不同，不仅经营主体税负成本不相同，投资者收益税负成本也不同。这里需要强调的是，虽然不同企业类型的经营税负和投资者收益税负不同，但不同企业类型并无优劣之分。税负成本上的优势不代表在法律等其他方面有优势。个人独资企业是个人投资者根据《个人独资企业法》投资成立的企业；投资人对企业债务承担无限连带责任。合伙企业是合伙人根据《合伙企业法》共同出资，共同经营，共享收益，共担风险的企业；普通合伙人对企业债务承担无限连带责任，有限合伙人对企业债务承担有限责任，但特殊有限合伙企业除外。公司是股东按照《公司法》共同出资成立，共享收益的企业；股东以认缴额为限对公司债务承担风险。从法律角度看，独资企业投资人对个人独资企业债务承担连带责任；合伙企业普通合伙人对合伙企业债务承担连带责任，有限合伙人除外；公司股东对公司债务以出资额为限承担有限责任。在具体商业模式中，采用哪一种企业类型，取决于商业目的。就经营主体而言，如果商业目的是做大做强，进入资本市场，我们建议采用公司类型；如果商业目的是小本经营，利益优先，我们建议考虑个人独资企业或合伙企业。另外，基于持股目的设立的平台公司又有所不同。因此，企业经营者在进行商业模式创新或确定商业模式时，要从商业、法律、税负等多视角评估商业模式，以便做出最有利于实现商业目的的业务模式安排，确定合理的企业类型落地商业模式，最大化地实现经营目的。

第三节 股权激励税负分析

在现代企业经营管理中，股权激励是企业吸引人才和留住人才的最重要手段之一。但股权激励的效果如何呢？实践中存在很大的差异性。如何才能取得好的股权激励效果，是每一个股权激励方不得不思考的问题。激励模式、持股方式、税负成本等因素均在一定程度上影响着股权激励的效果。我国税法关于股权激励相关税负的规定比较分散，激励方案设计不当不仅会增加激励对象的税负成本，影响激励效果，而且在特定情况下还会带来税务风险。因此，企业在制订股权激励方案时必须考虑税负成本问题，以期最大化发挥股权激励效果。本节将探讨非上市公司虚拟股权激励和直接持股方式之股权或股票（以下简称股权）激励模式下激励对象税负问题。

一、虚拟股权激励模式税负

虚拟股权激励是指公司授予激励对象一种虚拟的股权，激励对象可以据此享受一定数量的分红权，但激励对象并不是真正意义上的公司股东，不享有所有权、表决权、转让权、继承权等股东权利，离职时不再享有虚拟股权权益。因为虚拟股权实质上是一种分红的权利，并不是股权，因此激励对象税负问题主要发生在取得分红环节。激励对象基于虚拟股权取得的分红本质上属于员工工资薪酬的一部分，是个人“工资、薪金所得”项目，属于综合收入范畴。根据我国个人所得税法规定，个人综合所得，适用3% －45%的7级超额累进税率。我国个人所得税法还规定，居民个人取得工资、薪金综合所得，按纳税年度合并计算个人所得税；非居民个人取得工资、薪金所得，按月或者按次分项计算个人所得税。所谓的居民个人是指在中国境内有住所，或者无住所而一个纳税年度内在中国境内居住累计满183天的个人；非居民个人是指在中国境内无住所又不居住，或者无住所而一个纳税年度内在中国境内居住累计不满183

天的个人。综上，在虚拟股权激励模式下，激励对象的税负主要发生在取得分红时的个人所得项目，适用3% －45%的7级超额累进税率。

二、直接持股方式之股权激励模式税负

所谓直接持股之股权激励模式，是指激励方在实施股权激励时，直接授予激励对象激励方本公司的股权；激励对象直接登记为激励方公司股东，享有股东权利。与虚拟股权激励相比，直接持股方式之股权激励模式涉及股权取得、分红、出售等多个环节，税负比较复杂。通常，直接持股方式之股权激励存在取得、分红和转让3个涉税环节。其中，员工在分红环节基于股权取得分红时，应缴纳个人所得税。根据我国个人所得税法规定，个人红利所得适用比例税率，税率为20%。分红环节的税负问题比较简单，在此不再赘述。取得和转让环节的税负问题比较复杂，具体又分为递延纳税和非递延纳税两种情况，具体如下：

（一）递延纳税

股权激励实践中，激励对象在获得股权环节往往没有资金流入，一方面需要支付一定的股权激励对价，另一方面还要缴纳个人所得税，往往会面临较大的现金流压力。为支持国家大众创业、万众创新战略的实施，促进我国经济结构转型升级，2016年国家财政部、国家税务总局颁布了《关于完善股权激励和技术入股有关所得税政策的通知》（财税〔2016〕101号）（以下简称101号文）。根据该通知，非上市公司授予本公司员工的股票期权、股权期权、限制性股票和股权奖励符合特定条件的，经向主管税务机关备案，可实行递延纳税政策，即员工在取得股权激励时可暂不纳税，递延至转让该股权时纳税；股权转让时，按照股权转让收入减除股权取得成本以及合理税费后的差额，适用“财产转让所得”项目，按照20%的税率计算缴纳个人所得税。因此，如果股权激励方案符合递延纳税政策，激励对象在取得股权权益时暂不缴纳所得税，只需在转让股权时按照“财产转让所得”项目缴纳20%所得税即可。

(二) 非递延纳税

如果股权激励方案不符合101号文规定的递延纳税政策，激励对象在获得和转让股权环节则应分别按照个人所得税法分别缴纳个人所得税。在取得环节，激励对象在获得股权、限制性股权解禁或股权期权行权时，应根据股权实际购买价格与公开市场价格之间的差额，按照“工资、薪金所得”项目缴纳个人所得税，适用税率为3% -45%的7级超额累进税率。其中，如果激励对象为居民个人，应按纳税年度合并计算个人所得税；如果激励对象是非居民个人，应按月或者按次分项计算个人所得税。转让环节，激励对象在转让上述股权时，应根据转让收入与取得股权时价格之间的增值部分缴纳个人所得税，该转让环节所得税按“财产转让所得”项目，适用20%的比例税率。因此，激励方应该意识到在直接持股方式之股权激励模式下，如何让激励方案符合101号文规定的递延纳税政策是要着重考虑的重大问题，该问题直接影响股权激励的效果。但这并不是建议企业在确定股权激励方案时优先考虑直接持股之股权激励模式。

三、间接持股方式之股权激励模式税负

间接持股方式之股权激励模式涉及股权授权、行权、分红、出售等多个环节，税负比较复杂。间接持股方式之股权激励与直接持股方式之股权激励都存在取得、分红和转让3个涉税环节，但又因间接持股方式之股权激励模式的激励平台有公司和合伙企业两种类型，所以间接持股方式之股权激励模式税负问题更为复杂。

(一) 取得环节税负

根据我国个人所得税法规定，在间接持股方式之股权激励模式中，激励对象在获得股权或合伙企业权益时应缴纳个人所得税。通常激励对象应在获得股权、限制性股权解禁或股权期权行权时，根据股权实际购买价格与公开市场价格之间的差额，按照“工资、薪金所得”项目缴纳个人所得税，适用税率为3% -45%的7级超额累进税率。问题的关键在于间接持股方式之股权

激励模式是否适用101号文规定的递延纳税政策。根据101号文通知，非上市公司授予本公司员工的股票期权、股权期权、限制性股票和股权奖励符合特定条件的，经向主管税务机关备案，可实行递延纳税政策，即员工在取得股权激励时可暂不纳税，递延至转让该股权时纳税；股权转让时，按照股权转让收入减除股权取得成本以及合理税费后的差额，适用“财产转让所得”项目，按照20%的税率计算缴纳个人所得税。就101号文的适用范围问题，直接持股方式之股权激励模式当然适用101号文，但间接持股方式之股权激励模式是否适用101号文呢？主流税务部门意见是不适用，但每个地区税务部门的认定结论不同。激励方在制订激励方案时要与当地税务部门进行沟通。因此间接持股方式股权激励取得环节的税负问题具有不确定性，如果间接持股方式之股权激励方案被认定为符合递延纳税政策，则激励对象在取得股权时暂不需要缴纳所得税；否则，激励对象在取得股权时需要按照“工资、薪金所得”项目缴纳个人所得税，适用税率为3% -45%的7级超额累进税率。

（二）分红环节税负

根据我国个人所得税规定，在间接持股方式之股权激励模式下，激励对象基于股权取得分红时，需要支付相应的个人所得税。就公司类型持股平台而言，我国企业所得税法规定符合条件的居民企业之间的股息、红利等权益性投资收益为免税所得。所谓的居民企业是指依法在中国境内成立，或者依照外国（地区）法律成立但实际管理机构在中国境内的企业。就我国境内股权激励而言，非居民企业极少，不具有代表性，在此不做讨论。就激励方分红而言，若持股平台为居民公司，该激励平台从激励方获取分红时不需缴纳所得税；员工只需要在持股公司将获得的红利再次进行利润分配时缴纳个人所得税。根据我国个人所得税法规定，个人红利所得适用比例税率，税率为20%。就合伙企业类型持股平台而言，我国《国家税务总局关于〈关于个人独资企业和合伙企业投资者征收个人所得税的规定〉执行口径的通知》（国税函〔2001〕84号）规定，个人独资企业和合伙企业对外投资分回的利息或者股息、红利，不并入企业的收入，而应单独作为投资者个人取得的利息、股利、红利所得，按“利息、股利、红利所得”应纳税项目计算缴纳个人所得税，即个人所得税税率为20%。因此在合伙企业类型持股平台模式下，激励平台之合伙企业从激励方获得分红时无需缴纳企业所得税；员工从持股合伙企业分配取得个人红利时，根据“先分后税的原则”缴纳个人所得税。根据我国个人所得税法规定，个人红利所得适用比例税率，税率为20%。综上，员工基于激励股权从居民企业获得分红时，无论是直接持股方式，还是间接持股方式，无论是公司类型持股平台，还是合伙企业类型持股平台，目前所得税税负均为20%。

（三）转让环节税负

根据我国个人所得税法规定，就间接持股方式之股权激励模式而言，激励对象转让激励平台公司股权或合伙企业权益，应缴纳个人所得税。激励对象应根据转让收入与取得股权时价格之间的增值部分缴纳个人所得税，该转让环节所得税应按“财产转让所得”项目，适用20%的比例税率。因此，就转让激励平台公司股权或合伙企业权益所涉及的税负问题比较简单。但是，在间接持股方式之股权激励模式下，激励方从激励平台分得激励平台转让激励方股权所得所涉及的所得税问题就要复杂很多了。我们都知道，激励平台具有很大的封闭性，股权激励平台公司股权或合伙企业权益的流通性很差，这也是间接持股方式之股权激励模式的弊端之一。此时，如果大股东承诺回购，激励对象在退出时可以通过向大股东转让激励平台公司股权或合伙企业权益的方式退出，此情况下税负问题比较简单，适用20%税率。如果大股东不承诺回购，激励对象持有的激励平台之公司股权或合伙企业权益很难通过直接转让的方式退出，此时只能先由激励平台出售激励方股权，然后再从激励平台退出。如若激励对象发生该路径的退出，就公司类型的股权激励平台而言，首先股权激励平台就出售激励方股权之所得需按照企业所得税法适用25%、20%或15%企业所得税；激励对象从激励平台退出时还需按照个人所得税法支付20%个人所得税，此情况会涉及双重税负问题。就合伙企业类型的股权激励平台而言，股权激励平台取得转让激励方股权之所得时无需支付企业所得税；在激励对象从激励平台退出时仅需按照“先分后税”的原则支付相应的个人所得税。此情况虽不会涉及双重税负问题，但激励对象一般为个人有限合伙人，就该个人有限合伙人从有限合伙企业取得转让激励方股权所得之个人所得税问题又是另一个比较复杂的问题。目前就创投性合伙企业之个人 LP（有限合伙人）从合伙企业分得的股权转让所得有了明确结论，即：创投企业选择按单一投资基金核算的，其个人合伙人从该基金应分得的股权转让所得和股息红利所得，按照 20% 税率计算缴纳个人所得税。创投企业选择按年度所得整体核算的，其个人合伙人应从创投企业取得的所得，按照“经营所得”项目 5% －35% 的超额累进税率计算缴纳个人所得税。但就非创投性股权激励平台之合伙企业的个人有限合伙人而言，从合伙企业退出时的所得，是按照个人营业所得项目适用 5% －35% 的超额累进税率？还是适用 20% 所得税率？目前尚无定论，基本由各地区税务部门自行认定，具有地区差异性。在确定股权激励方案时应与地方税务部分进行沟通确认。

第四节　股权激励之递延纳税政策

很多企业正在筹划，或实施股权激励计划。在股权激励实践中，激励对象在获得股权环节往往没有资金流入，但此时就个人而言一方面需要支付一定的股权激励对价，另一方面还会涉及个人所得税问题，此时激励对象往往会面临较大的现金流压力。这种困境是很多股权激励方在实施股权激励计划时遇到的现实问题。如何降低股权激励计划在激励初期给激励对象造成的税负成本，是企业在制定股权激励方案时必须考虑的问题。同时，很多企业也对自己的股权激励方案是否适用递延纳税政策存在疑问。本节将探讨非上市公司股权激励中的所得税递延纳税政策问题。

一、股权激励之递延纳税政策

什么是股权激励递延纳税政策？股权激励递延纳税政策指 101 号文所规定的符合条件居民企业股权激励，可以在取得环节暂不缴纳所得税，递延至股权转让时再缴纳。2016 年，为了支持国家大众创业、万众创新战略的实施，促进我国经济结构转型升级，针对股权激励实践中激励对象税负不合理的现状，国家财政部、国家税务总局颁布了《关于完善股权激励和技术入股有关所得税政策的通知》。该通知明确，非上市公司授予本公司员工的股票期权、股权期权、限制性股票和股权奖励符合特定条件的，经向主管税务机关备案，可实行递延纳税政策，即员工在取得股权激励时可暂不纳税，递延至转让该股权时纳税；股权转让时，按照股权转让收入减除股权取得成本以及合理税费后的差额，适用“财产转让所得”项目，按照 20% 的税率计算缴纳个人所得税。101 号文规定的股权激励递延纳税政策出台后，如果企业激励方案适用 101 号文规定的递延纳税政策，激励对象获取股权环节则不用缴纳所得税，降低资金压力，减轻税负，很好地提高了激励效果。

二、递延纳税政策适用条件

根据 101 号文，非上市公司股权激励方案须同时满足以下条件才可以享受递延纳税政策：

1. 属于境内居民企业的股权激励计划。所谓的居民企业是指依法在中国境内成立，或者依照外国（地区）法律成立但实际管理机构在中国境内的企业。依照外国（地区）法律成立且实际管理机构不在中国境内，但在中国境内设立机构、场所的，或者在中国境内未设立机构、场所，但有来源于中国境内所得的非居民企业不适用。

2. 股权激励计划经公司董事会、股东（大）会审议通过。未设股东（大）会的国有单位，经上级主管部门审核批准。股权激励计划应列明激励目的、对象、标的、有效期、各类价格的确定方法、激励对象获取权益的条件、程序等。

3. 激励标的应为境内居民企业的本公司股权。股权奖励的标的可以是技术成果投资入股到其他境内居民企业所取得的股权。激励标的股票（权）包括通过增发、大股东直接让渡以及法律法规允许的其他合理方式授予激励对象的股票（权）。

4. 激励对象应为公司董事会或股东（大）会决定的技术骨干和高级管理人员，激励对象人数累计不得超过本公司最近 6 个月在职职工平均人数的 30%。

5. 股票（权）期权自授予日起应持有满 3 年，且自行权日起持有满 1 年；限制性股票自授予日起应持有满 3 年，且解禁后持有满 1 年；股权奖励自获得奖励之日起应持有满 3 年。上述时间条件须在股权激励计划中列明。

6. 股票（权）期权自授予日至行权日的时间不得超过 10 年。

7. 实施股权奖励的公司及其奖励股权标的公司所属行业均不属于《股权奖励税收优惠政策限制性行业目录》，具体为采矿业、烟草制品业、房地产业、餐饮和住宿业等。

需要关注的是，在上述条件中，第 3 项“激励标的应为境内居民企业的本公司股权”给很多企业的激励方案带来了挑战，造成了很多企业的困惑。何为本公司股权？激励平台公司股权是否属于本公司股权？因为在非上市公司股权激励实践中，主流股权激励模式为间接持股方式之股权激励方案，很多企业激励的标的并不是严格意义上境内居民企业本公司的股权，而是激励平台的股权或合伙权益。

三、间接持股方式之股权激励与递延纳税

在股权激励实践中，持股方式有直接持股和间接持股两种方式。所谓的直接持股，是指激励方在实施股权激励时，直接授予激励对象激励方的股权或股票（以下简称股权）；激励对象直接登记为激励方股东，享有股东权利。直接持股方式中，激励的标的为企业本公司股权，就政策适用条件上当然适

用 101 号文。所谓的间接持股，是指激励方在实施股权激励时，不直接授予激励方的股权或股票，而是设立激励平台，授予激励平台公司股权或合伙企业权益，激励对象通过激励平台享有激励方的财产权益。在间接持股模式下，激励对象不直接登记为激励方股东，也不享有股东权利。相比于直接持股方式，间接持股模式既可以很好地激励员工，又能够很好地隔离股权激励的风险，分利而不分权，兼顾了经营和法律两个方面的需求，在股权激励实践中是主流持股方式。目前股权激励实践中，90% 的非上市公司股权激励均采用间接持股方式。问题的关键在于间接持股方式之股权激励模式下，激励对象获得的是激励平台的股权或合伙企业权益，而不是激励方本公司股权，该情形是否符合 101 号文的递延纳税政策呢？这就涉及如何解释 101 号文之“激励标的应为境内居民企业的本公司股权”的问题。从文义解释的角度，境内居民企业股权应仅指直接持股方式之股权激励，因为只有在直接持股方式中，激励的标的才是激励方企业自身的股权。但从立法目的角度解释，间接持股方式也应该是适用的。因为直接持股也好，间接持股也罢，仅为技术性问题，本质上两种持股方式中激励的对象都是公司技术股权和高级管理人员，激励标的价值最终关联的都是激励方价值，目的都是提高大众创业、万众创新的积极性，两种持股方式并无实质性区别。就该条件的理解，实践中每个地区税务部门的认定结论会有差异，但税务部门主流意见采用严格意义上的文义解释，间接持股方式不适用 101 号文。这就意味着目前 90% 的非上市公司的股权激励方案在适用 101 号文时都会遇到巨大的挑战。基于 101 号文规定和主流税务实践口径，在大部分地区 101 号文规定的递延纳税政策仅适用于直接持股方式之股权激励方案。这意味着在税务和财务部门明确该问题前，对绝大多数采用间接持股方式之股权激励方案的非上市公司股权激励而言，递延纳税仅是一个美丽的梦想。

第五节　研发税收优惠与研发机构设置

企业发展，创新是关键。企业创新，需要大量的研发投入。为了鼓励企业加大研发投入，促进企业研发创新活动，我国政府出台了许多促进企业创新的政策。每一个化妆品经营者都应多些税收成本意识，关注税收优惠政策，在法律规定的范围内合理降低经营税收成本。企业研发费用加计扣除政策和高新企业所得税优惠政策就是中国政府引导企业创新的两个重要涉及研发投入的税收优惠政策，合理利用该政策会在很大程度上降低企业的税负成本。本节将探讨研发相关税收优惠政策及研发机构设置问题。

一、研发费用加计扣除政策

研发费用加计扣除政策是企业所得税的一种税基式优惠方式。一般是指按照税法规定在实际发生支出数额的基础上，再加成一定比例，作为计算应纳税所得额时的扣除数额。对企业的研发支出实施加计扣除，则称之为研发费用加计扣除。我国《企业所得税法》第30条规定，企业的下列支出可以在计算应纳税所得额时加计扣除：开发新技术、新产品、新工艺发生的研究开发费用。按照现行政策规定，企业为了开发新技术、新产品、新工艺的研发费用，未形成无形资产计入当期损益的，在按照规定据实扣除的基础上，按照研发费用的50%加计扣除；形成无形资产的，按照无形资产成本的150%摊销。对于科技型中小企业而言，自2017年1月1日至2019年12月31日，研发费用加计扣除比例由50%提高到75%。

二、高新技术企业所得税优惠政策

高新技术企业所得税优惠是一种所得税税率优惠政策。所谓的高新技术企业是指在国家重点支持的高新技术领域内，持续进行研究开发与技术成果转化，形成企业核心自主知识产权，并以此为基础开展经营活动，在中国境内（不包括港、澳、台地区）注册1年以上的居民企业。我国《企业所得税法》规定，国家需要重点扶持的高新技术企业，按15%的税率征收企业所得税。非高新技术企业，按25%的税率征收企业所得税。根据规定，高新技术领域主要是：电子信息、生物与新医药、航空航天、新材料、高技术服务、新能源与节能、资源与环境、先进制造与自动化8个领域。就化妆品企业是否属于高新技术领域问题，存在一定争议。在高新技术企业认定实践过程中，化妆品企业可以考虑从生物与新医药行业范畴思考，特别是轻工和化工生物方向着手。实践中，很多化妆品企业已经被认定为高新技术企业。

四、化妆品企业研发机构设置

化妆品企业研发机构的设置是一个管理问题，更是一个税务问题。化妆品研发机构的设置形式不仅关系到研发费用归集和研发费用加计扣除政策，还在很大程度上决定了企业是否能够享受高新企业所得税优惠政策，意义重大。通常情况下，化妆品研发机构有两种设置形式，一种是作为企业内设部门，另一种是作为独立法人设置，其中作为公司内设部分是主流模式。目前欧莱雅公司和中国国产化妆品企业基本上均采用企业内设部分形式；爱茉莉太平洋公司和资生堂化妆品公司采用的独立法人形式。为什么化妆品研发机构作为企业内设机构是主流模式？因为一方面从管理的角度，化妆品行业属于快消品范畴，化妆品研发机构作为公司内设部门便于业务链统一管理，对快速变化的化妆品市场做出步调一致的经营反应；另一方面从税收成本的角度，化妆品研发机构作为公司内设部门可以在经营母体内最大化享受研发费用加计扣除的税务优惠政策，若符合法定条件被认定为高新技术企业，经营母体享受高新技术企业所得税优惠政策，极大地降低经营母体税收成本。实践中，为什么有些化妆品企业又会在经营母体外将研发中心设置为独立法人呢？通常存在以下3种考虑：（1）化妆品经营母体不具备高新技术企业的认定条件，此时企业为了享受高新技术企业的税收优惠政策，会把研发中心设置成独立法人，并申请高新技术企业认定，进而在研发范畴内享受高新技术企业税收优惠政策。（2）在采用集团架构的经营体系中通常存在多个经营实体，如跨国化妆品集团公司在中国有多个工厂，若其独立经营实体不符合高新技术企业的认定条件，集团公司会考虑将研发中心设置为独立法人，申请高新技术企业的认定，同时将该研发中心作为归集各经营实体经营利润的税务筹划平台，最大化地享受高新技术企业税务优惠政策。当然，此税务筹划模式会受到关联交易等问题的挑战，必须在合法的范围内筹划。（3）从管理的角度，在多研发中心的情况下将研发中心独立设立，并搭建独立的研发体系，既可以保证研发的高效开展，又可以在一定程度上将研发独立于业务部门，保证研发的独立性和中立性。

在市场竞争中，化妆品企业研发动力和研发能力对企业发展尤为重要。在竞争日益激励的化妆品行业，化妆品企业要从管理和税收成本的角度重视研发费用的归集和研发中心的设置形式，最大化地依法利用研发费用加计扣除政策和高新企业所得税优惠政策降低经营税收成本。这里需要强调的是，按照《财政部、国家税务总局关于执行企业所得税优惠政策若干问题的通知》（财税〔2009〕69 号）的规定，企业所得税法及其实施条例中规定的各项税收优惠，凡企业符合规定条件的，可以同时享受。因此，企业既符合享受研发费用加计扣除政策条件，又符合享受高新技术企业所得税优惠政策条件的，可以同时享受有关优惠政策。因此，化妆品经营者既要重视研发投入，又要重视与研发投入有关的税收优惠政策，为企业发展注入更强劲的动力。

第六节　从税法角度看研发费用加计扣除

创新是企业发展的第一动力，也是社会发展的根本动力。企业作为创新的最重要主体之一，其研发动力和研发能力对社会发展尤为重要。为了鼓励企业加大研发投入，有效促进企业研发创新活动，我国政府出台了很多促进企业创新的政策。企业研发费用加计扣除政策就是我国政府引导企业创新的税收优惠政策之一。我国《企业所得税法》规定，企业的下列支出可以在计算应纳税所得额时加计扣除：开发新技术、新产品、新工艺发生的研究开发费用。本节将从税法角度探讨企业研发费用的加计扣除相关问题。

一、研发费用加计扣除政策

如上文所述，研发费用加计扣除是企业所得税的一种税基式优惠方式，一般是指按照税法规定在实际发生支出数额的基础上，再加成一定比例，作为计算应纳税所得额时的扣除数额。对企业的研发支出实施加计扣除，则称之为研发费用加计扣除。按照现行政策规定，企业为了开发新技术、新产品、新工艺的研发费用，未形成无形资产计入当期损益的，在按照规定据实扣除的基础上，按照研发费用的50%加计扣除；形成无形资产的，按照无形资产成本的150%摊销。对于科技型中小企业而言，自2017年1月1日至2019年12月31日，研发费用加计扣除比例由50%提高到75%。例如，中小型科技企业当年开发新产品研发费用实际支出为1000万元，就可按1750万元（1000万×175%）在税前进行扣除。通过研发费用的加计扣除降低了所得税税基，减轻了企业所得税税负，进而鼓励企业加大研发投入。我国实施企业研发费用加计扣除政策起始于1996年。当年，财政部、国家税务总局为了贯彻落实《中共中央、国务院关于加速科学技术进步的决定》，积极推进经济增长方式的转变，提高企业经济效益，联合下发了《财政部、国家税务总局关于促进企业技术进步有关财务税收问题的通知》（财工字〔1996〕41号），首次就研发费用税前加计扣除问题进行了明确：国有、集体工业企业研究开发新产品、新技术、新工艺所发生的各项费用，增长幅度在10%以上的，经主管税务机关审核批准，可再按实际发生额的50%抵扣应税所得额。2003年，为进一步促进社会主义市场经济的健康发展，鼓励各类企业增加科技投入，提高经济效益，促进企业公平竞争，财政部、国家税务总局联合印发了《关于扩大企业技术开发费加计扣除政策适用范围的通知》（财税〔2003〕244

号）（已失效），将享受研发费用加计扣除的主体从“国有、集体工业企业”扩大到“所有财务核算制度健全，实行查账征收企业所得税的各种所有制的工业企业”。2006 年，《财政部、国家税务总局关于企业技术创新有关企业所得税优惠政策的通知》（财税〔2006〕88 号）（已失效）进一步对享受研发费用加计扣除主体进行扩围，在工业企业基础上，扩大到“财务核算制度健全、实行查账征税的内外资企业、科研机构、大专院校等”。2008 年《中华人民共和国企业所得税法》及其实施条例的实施，将研发费用加计扣除优惠政策以法律形式予以确认。2017 年 5 月，为进一步鼓励科技型中小企业加大研发费用投入，根据国务院常务会议决定，财政部、国家税务总局、科技部联合印发了《关于提高科技型中小企业研究开发费用税前加计扣除比例的通知》（财税〔2017〕34 号），将科技型中小企业享受研发费用加计扣除比例由 50% 提高到 75%。

二、研发费用加计扣除负面清单制度

我国研发费用加计扣除政策实行负面清单制度，根据《财政部、国家税务总局、科技部关于完善研究开发费用税前加计扣除政策的通知》（财税〔2015〕119 号）规定，烟草制造业、住宿和餐饮业、批发和零售业、房地产业、租赁和商务服务业、娱乐业 6 个行业不适用研发费用加计扣除政策。这意味着上述 6 个行业的研发投入不享受加计扣除政策。化妆品企业不属于负面清单所涉及行业，化妆品研发费用适用上述加计扣除政策。这里需要指出的是，研发费用加计扣除政策之研发费用外延与高新技术企业之研发费用外延并不完全一致，在归集相关费用时需要注意。

三、研发费用加计扣除的范围

根据相关规定，在所得税汇算清缴时，针对企业自主研发形式下发生的研发费用，企业可以加计扣除的费用具体如下：

1. 人员人工费用。直接从事研发活动人员的工资薪金、基本养老保险费、基本医疗保险费、失业保险费、工伤保险费、生育保险费和住房公积金，以及外聘研发人员的劳务费用。

2. 直接投入费用。（1）研发活动直接消耗的材料、燃料和动力费用。（2）用于中间试验和产品试制的模具、工艺装备开发及制造费，不构成固定资产的样品、样机及一般测试手段购置费，试制产品的检验费。（3）用于研发活动的仪器、设备的运行维护、调整、检验、维修等费用，以及通过经营租赁方式租入的用于研发活动的仪器、设备租赁费。

3. 折旧费用。用于研发活动的仪器、设备的折旧费。

4. 无形资产摊销。用于研发活动的软件、专利权、非专利技术（包括许可证、专有技术、设计和计算方法等）的摊销费用。

5. 新产品设计费、新工艺规程制定费、新药研制的临床试验费、勘探开发技术的现场试验费。

6. 其他相关费用。与研发活动直接相关的其他费用，如技术图书资料费、资料翻译费、专家咨询费、高新科技研发保险费，研发成果的检索、分析、评议、论证、鉴定、评审、评估、验收费用，知识产权的申请费、注册费、代理费，差旅费、会议费等。此项费用总额不得超过可加计扣除研发费用总额的10%。

7. 财政部和国家税务总局规定的其他费用。

就企业经营而言，上述研发费用加计扣除的费用外延还是比较宽泛的，也给了企业很多统筹安排的空间。

四、委托研发与自主研发

研发活动是指企业为获得科学与技术新知识，创造性地运用科学技术新知识，或实质性改进技术、产品（服务）、工艺而持续进行的具有明确目标的系统性活动。经营实践过程中，企业的研发活动形式通常有自主研发、委托研发、合作研发和集中研发4种形式，其中自主研发和委托研发为主要研发形式。企业自主研发指企业主要依靠自己的资源独立进行的研发，承担全部研发投入，对研发成果拥有完全独立的知识产权。委托研发是指企业委托第三方进行的研发项目。在委托研发中，企业作为委托方需要向第三方研发机构支付相应的报酬或研发费用，第三方研发机构根据企业的要求向企业交付研发成果。根据我国税法相关规定，就委托研发而言，只有委托方部分或全部拥有研发成果的知识产权时，才可按照委托研发享受加计扣除政策。否则，企业不能按照委托研发享受加计扣除政策。在享受加计扣除政策时，与自主研发形式的区别是：加计扣除时按照研发活动发生费用的80%作为加计扣除基数。其中“研发活动发生费用”是指委托方实际支付给受托方的费用。无论委托方是否享受研发费用税前加计扣除政策，受托方均不得加计扣除。

化妆品经营者在经营过程中要严格按照相应政策对研发费用进行准确归集，准确适用研发费用加计扣除政策，以免引起税务风险。同时，企业在经营过程中更要最大化地利用研发费用加计扣除政策，在企业部门划分、岗位设置、人员界定、费用归集、研发形式等方面进行统筹安排，以求最大化地享受加计扣除政策，降低税负成本，促进企业发展。比如，就化妆品行业而言，产品配方研发人员当然属于从事研发工作人员的范畴，同时产品设计人员、包材研发人员、公司管理系统开发工程师等都应该属于研发人员的范畴。

第七节 从税法角度看高新技术企业认定

合法降低税收成本一分钱，则意味着企业多了一分钱的竞争资源。税收成本是企业在经营中非常重要的组成部分，甚至在很大程度上影响着企业竞争力。每个经营者都应密切关注税收政策，重视企业税收成本问题。企业作为创新的最重要主体之一，其研发动力和研发能力对社会发展尤为重要。税收是直接影响市场主体行为最有效手段之一，各国普遍通过税收手段来引导市场主体的行为。为了鼓励企业加大研发投入，有效促进企业研发创新活动，我国政府出台了很多促进企业创新的税收优惠政策。高新技术企业所得税税收优惠政策就是我国政府引导企业创新的税收优惠政策之一。我国《企业所得税法》规定，国家需要重点扶持的高新技术企业，按15%的税率征收企业所得税。这意味着，企业一旦被认定为高新技术企业，则在企业所得税方面享受15%的优惠税率，对企业意义重大。本节将探讨高新技术企业认定问题。

一、高新技术企业

所谓的高新技术企业是指在国家重点支持的高新技术领域内，持续进行研究开发与技术成果转化，形成企业核心自主知识产权，并以此为基础开展经营活动，在中国境内（不包括港、澳、台地区）注册1年以上的居民企业。高新技术企业政策仅适用于居民企业，即依法在中国境内成立，或者依照外国（地区）法律成立但实际管理机构在中国境内的企业。如果是依照外国（地区）法律成立且实际管理机构不在中国境内，但在中国境内设立机构、场所的，或者在中国境内未设立机构、场所，但有来源于中国境内所得的非居民企业，则不适用高新技术企业政策。根据相应规定，高新企业技术领域主要是：电子信息、生物与新医药、航空航天、新材料、高技术服务、新能源与节能、资源与环境、先进制造与自动化8个领域。

二、高新技术企业认定条件

根据《高新技术企业认定管理办法》，符合特定条件的企业才可以申请认定为高新技术企业，进而享受高新技术企业所得税优惠政策。具体条件如下：

1. 企业申请高新技术企业认定时须注册成立1年以上。

2. 在中国境内（不含港、澳、台地区）注册的企业，通过自主研发、受让、受赠、并购等方式，或通过5年以上的独占许可方式，对其主要产品（服务）的核心技术拥有自主知识产权的所有权，且达到下列其中一项数量要求：（1）发明专利、植物新品种、国家新药、国家级农作物品种、国家一级中药保护品种、集成电路布图设计专有权1件以上；（2）实用新型专利8件以上；（3）非简单改变产品图案和形状的外观设计专利（主要是指：运用科学和工程技术的方法，经过研究与开发过程得到的外观设计）或者软件著作权8件以上。

3. 对企业主要产品（服务）发挥核心支持作用的技术属于《国家重点支持的高新技术领域目录》规定的范围。

4. 企业从事研发和相关技术创新活动的科技人员占企业当年职工总数的比例不低于10%。

5. 企业近3个会计年度（实际经营期不满3年的按实际经营时间计算，下同）的研究开发费用总额占同期销售收入总额的比例符合如下要求：（1）最近1年销售收入小于5000万元（含）的企业，比例不低于5%；（2）最近1年销售收入在5000万元至2亿元（含）的企业，比例不低于4%；（3）最近1年销售收入在2亿元以上的企业，比例不低于3%。其中，企业在中国境内发生的研究开发费用总额占全部研究开发费用总额的比例不低于60%；委托外部研究开发费用的实际发生额应按照独立交易原则确定，按照实际发生额的80%计入委托方研发费用总额。

6. 近1年高新技术产品（服务）收入占企业同期总收入的比例不低于60%。

7. 企业创新能力评价应达到相应要求。

8. 企业申请高新认定前1年内未发生重大安全、重大质量事故或严重环境违法行为。

就企业经营而言，应认真核实自身情况，判断是否存在高新技术企业认定的实质性障碍。若没有实质性障碍，企业应积极申请高新技术企业的认定，争取享受国际给予的高新技术企业优惠政策。若经营母体不具备申请高新技术企业的条件，可以通过业务模式调整、研发模式的调整或公司架构的调整，寻求税收成本最低的经营方案。在市场竞争中，企业研发动力和研发能力对企业发展尤为重要。企业要提高竞争力，就要加大研发投入，加大研发投入就需要资金。企业在经营过程中要合理设置研发机构形式，最大化地依法利用高新企业所得税优惠政策，降低税收成本。

第八节 税收违法行为识别与防范

税收违法行为是税收法律关系主体违反税收法律规范，侵害了税法保护的税收关系而应承担某种法律后果的行为。根据实施税收违法行为的主体类型，可以将税收违法行为分为征税主体的违法行为和纳税主体的违法行为。征税主体的违法行为，即征税机关和其他行使征税权的组织实施的违法征税行为，如征税越权、征税滥用职权、征税侵权、适用法律错误、程序违法等。纳税主体的违法行为是纳税人和其他纳税主体实施的不履行法定的税法义务的行为，如未依法设置或保管账簿、未按期办理纳税申报、偷税、逃避追缴欠税、抗税等。近年来，税制改革均是围绕提高税收征收管理进行的，比如金税三期系统、银行开户清理、信息联网、社保费改由税务征收等，未来的税收征收管理必将越来越严格。同时，针对纳税主体税收违法行为，国家发展改革委牵头 34 个部门共同推出了对重大税收违法案件当事人实施联合惩戒等多种措施，多部门联合对重大涉税违法行为进行多方面惩戒。我国税法体系复杂，经营实践中经营者稍有不慎就会导致不必要的税收违法风险，影响企业经济利益、企业商誉、资本运作、银行授信等，甚至导致经济损失，或深陷囹圄。本节将探讨纳税主体税收违法行为（以下简称“税收违法行为”）识别和防范问题。

一、税收违法行为法律责任

税收违法行为法律责任，是指行为人违反税收征收法定义务而承担的不利后果。根据违法行为的性质和危害程度不同，税收违法者所承担的法律责任也不同，即不同的违法事实承担不同的法律责任。纳税主体税收违法行为承担的法律责任形式包括行政法律责任和刑事法律责任两大类。具体如下：（1）行政法律责任，是指纳税人、扣缴义务人、纳税担保人及其他税务当事人违反税收法律规范，依法应当承担的法定不利后果，具体有限期改正、罚款、没收财产、收缴未用发票、暂停供应发票、停止出口退税权等。例如，对纳税人偷税行为，由税务机关追缴其不缴或者少缴的税款、滞纳金，并处不缴或者少缴的税款50%以上5倍以下的罚款。（2）刑事法律责任，是指公民、法人或者其他组织违反税收刑事法律规范，依法应当承担的法定不利后果，具体有罚金、拘役、有期徒刑、无期徒刑等。我国刑法规定了一系列危害税收征管的犯罪行为，如逃税罪、抗税罪、逃避追缴欠税罪、虚开增值税专用发票罪、虚开发票罪、伪造出售伪造的增值税专用发票罪、非法出售增值税专用发票罪、非法购买增值税专用发票罪、出售伪造的发票罪、非法出售发票罪、非法购买发票罪等。

宁波某食品有限公司接到来自合作银行的电话："你们这次的贷款没批下来。"听到这话，公司的实际控制人叶某一下子懵了，公司一向还贷准时，这是为什么呢？叶某立即赶到银行了解情况，银行通过信用信息系统查询到该公司被列入了重大税收违法"黑名单"，无法继续向其提供贷款。叶某的公司成立于1998年，经过20多年发展，从一家名不见经传的小企业发展成为当地有名的重点企业；她本人也因此获得了优秀企业家等诸多荣誉。然而因交友不慎，叶某的公司在他人诱骗下通过虚开发票骗取出口退税，造成国家税款损失数千万元，被税务和公安部门联合立案查处，企业补缴了税款并被停止出口退税3年。叶某以为在案件查处结束后便可以"重整旗鼓"，但她没想到企业不仅被列入税收违法"黑名单"，向全社会公布，而且被推送给相关部门实施联合惩戒。随后，公司纳税信用等级被直接判为D级，企业面临更加严格的税务管理，叶某作为公司的法定代表人被出入境管理部门阻止出境。公司的经营陷入了困境，叶某本想着从银行贷款解燃眉之急，却因"信用受限"被银行拒贷。税收违法"黑名单"和联合惩戒制度的实施，增加了纳税人的违法成本，一旦被列入税收违法"黑名单"，跨部门的联合惩戒会让经营者处处受限，损失极大。

二、税收违法行为识别

经营实践中，有一些企业为减少支出或法律意识淡薄实施了逃税、骗取出口退税、虚开增值税发票等行为，不仅导致企业面临巨大的税务稽查风险，也给国家经济秩序和税收安全等方面带来很大影响。《重大税收违法失信案件信息公布办法》（国家税务总局公告2018年第54号）确立了税务黑名单制度，对达到一定涉案金额的偷税、逃避追缴欠税、骗取出口退税、抗税、虚开增值税专用发票、虚开普通发票等特定税收违法案件进行登记，并予以公布。经营实践中，经营者要识别税收违法行为，并有效地控制税收违法风险。纳税主体税收违法行为可以分为违反税收管理制度行为和违反税收征收制度行为两种。违反税收管理制度的行为是指纳税主体违反有关税务登记、账簿凭证管理、发票管理等税法规定的义务，妨碍了国家税收征收权的正常行使，通常不以直接发生应纳税款的减少为结果要件的行为，如未依法设置或保管账簿、未按期办理纳税申报、未保存税务凭证等。纳税主体违反税收管理制度的税收违法行为的法律责任主要为行政责任。纳税主体违反税款征收制度的行为是指纳税主体违反有关税务征收义务，直接侵害国家税收债权的行为。违反税收征收制度的税收违法行为不仅要承担行政责任，情节严重时还需要承担刑事责任，经营者应给予特别关注。目前税收征收实践中，除了逃税和虚开增值税发票外，比较突出的纳税主体违反税收征收制度的税收违法行为还有：

（一）抗税

抗税，是指纳税主体以暴力、威胁方法拒不缴纳税款的行为。国务院税务主管部门主管全国税收征收管理工作，各地国家税务局和地方税务局应当按照国务院规定的税收征收管理范围分别进行征收管理。纳税人、扣缴义务人必须接受税务机关依法进行的税务检查，如实反映情况，提供有关资料，不得拒绝、隐瞒。若纳税人实施抗税行为，情节轻微的，由税务机关追缴其拒缴的税款、滞纳金，并处拒缴税款1倍以上5倍以下的罚款；情节严重的，除由税务机关追缴其拒缴的税款、滞纳金外，依法追究刑事责任。涉嫌下列情形之一的，为情节严重行为，由公安机关立案侦查，追究刑事责任：（1）造成税务工作人员轻微伤以上的；（2）以给税务工作人员及其亲友的生命、健康、财产等造成损害为威胁，抗拒缴纳税款的；（3）聚众抗拒缴纳税款的；（4）以其他暴力、威胁方法拒不缴纳税款的。

（二）逃避追缴欠税

逃避追缴欠税，是指纳税人欠缴应纳税款，但采取转移或者隐匿财产的手段，妨碍税务机关追缴欠缴税款的行为。逃避追缴欠税行为在主观上表现为故意；在客观上表现为纳税义务人在欠缴应缴纳税款的情况下，采用转移或者隐匿财产的手段转移或者以隐匿财产的手段导致税务机关无法追缴欠款，损害了国家税收征收制度和国家财产权。纳税人如果仅仅是因为不具备支付能力等客观原因导致拖欠税款的，不属于逃避追缴欠税行为。纳税主体实施逃避追缴欠税行为，由税务机关追缴欠缴的税款、滞纳金，并处欠缴税款50%以上5倍以下的罚款。其中，致使税务机关无法追缴欠缴的税款数额在1万元以上的，涉嫌构成逃避追缴欠税罪，由公安机关立案侦查，追究刑事责任。

三、税收违法行为防范

企业的经营离不开税收征收监管，企业要想实现自身可持续发展，必然要关注税收风险的防范。为了更好地防范税收违法风险，经营者要重点关注以下几个方面：

1. 树立正确的税收观念。依法纳税是企业的法定义务。经营者在经营决策和日常经营活动中要考虑税收因素的影响，要符合税法规定。特别是经营者应该树立正确的税务筹划意识，对公司当前的业务和可能发生的业务进行合理税务筹划，如可以从整体的业务流程来考虑增值税税务成本，也可以从企业类型角度考虑所得税税收成本。但经营者的税务行为和节税行为应在法律边界范围内展开，要降低税收成本，更要合理控制税务风险，防范税务违法行为，依法履行纳税义务，避免因没有遵循税法遭受法律制裁、财物损失或声誉损害。

2. 加强税收内控管理。税收管理是一件专业性极强的业务。税务登记、账簿凭证管理、税务档案管理、税务资料的准备和报备、纳税申报、税款缴纳等涉税事项均要符合税法规定。经营者要结合自身经营情况、税务风险特征和已有的内部风险控制体系，建立相应的税务风险管理制度，设立税务管理机构和岗位，明确岗位的职责和权限，责任到人，加强税收风险控制。小企业如不具备自身进行独立税务核算能力，可选择专业税务代理机构代理记账和报税，但要选择合法合规且信誉度较高的税务代理机构。税务代理机构对本企业业务相关情况了解程度很重要，一旦形成稳定委托关系可以长期合作，不建议频繁更换。

3. 依法完成纳税申报。纳税申报是经营者涉税业务中最重要的环节之一。纳税人必须依照法律、行政法规的规定确定的申报期限、申报内容如实办理纳税申报，报送纳税申报表、财务会计报表以及税务机关根据实际需要要求纳税人报送的其他纳税资料。我国税法体系复杂，政策调整频繁，企业如果对税法掌握得不熟悉或理解得不透彻，容易使自身遭受税务风险，从而承担一些不必要的税收风险或丧失企业本该享受的税收利益。经营者应准确理解税收政策，依法及时、准确完成税收申报工作，避免引起税务检查等风险。

4. 积极应对税务检查。纳税人、扣缴义务人必须接受税务机关依法进行的税务检查，如实反映情况，提供有关资料。在税务稽查过程中要积极配合，避免采取暴力等其他方式阻碍税务稽查工作，引起不必要的抗税法律风险。如有涉及偷税的补税通知，应积极补缴，以免引起逃税刑事风险。税务机关派出人员进行税务检查时，应当出示税务检查证和税务检查通知书，并有责任为被检查人保守秘密；未出示税务检查证和税务检查通知书的，被检查人有权拒绝检查。此外，纳税人、扣缴义务人对税务机关所作出的决定，享有陈述权、申辩权；依法享有申请行政复议、提起行政诉讼、请求国家赔偿等权利。经营者在收到《行政处罚预先告知书》后，若对告知书所告知的处罚事实、理由和处罚依据有异议的，应寻求专业人士协助，积极进行申辩，并提供相应的证据，维护企业的合法权益。若经营者对行政处罚有异议，还可以在法定期限内通过行政复议或行政诉讼的方式维护自身合法权益。

第九节　三种企业逃税行为会被公安机关立案侦查

逃税和逃税犯罪是经营者涉税红线，经营者需要高度关注。纳税是企业的法定义务，每个经营者都要有依法纳税的意识。税收成本是企业经营成本的重要组成部分。税收成本的高低在一定程度上影响着企业竞争力，在行业毛利润较低的行业甚至会影响企业生存空间。纳税是企业的法定义务，每个经营者都要有依法纳税的意识。为了降成本，很多企业通常在经营中通过各种方式降低企业的税收成本。我国税法体系复杂，涉税行为稍有不慎则会引发法律风险。有些企业在经营中税法意识淡薄，实施了不当的节税行为，轻则被追究行政责任，重则被追究刑事责任，导致企业经营陷入困境。在当今大数据时代，逃税行为会给企业带来极大的法律风险。本节将探讨企业涉税红线之逃税犯罪问题。

一、逃税行为与逃税犯罪

所谓的逃税行为，是指纳税人采取欺骗、隐瞒手段进行虚假纳税申报或者不申报，逃避缴纳税款数额较大的行为。实践中，纳税人逃税行为主要有两类。第一类逃税行为是指纳税人采取欺骗、隐瞒手段进行虚假纳税申报的行为，具体包括但不限于设立虚假的账簿、记账凭证；对账簿、记账凭证进行涂改等；未经税务主管机关批准而擅自将正在使用中或尚未过期的账簿、记账凭证销毁处理等；在账簿上多列支出或者不列、少列收入等。第二类逃税行为是纳税人不向税务机关进行纳税申报的行为，主要表现为已经领取工商营业执照的法人实体不到税务机关办理纳税登记；已经办理纳税登记的法人实体有经营活动，却不向税务机关申报或者经税务机关通知申报而拒不申报的行为等。所谓的逃税罪，是指纳税人采取欺骗、隐瞒手段进行虚假纳税申报或者不申报，逃避缴纳税款数额较大的逃税行为。仅有上述逃税行为尚不足以构成犯罪，逃税犯罪的构成要件除了具有逃税行为外，还需要具备逃避缴纳税款金额较大且占应纳税额 10% 以上、纳税人主观上属于故意等构成要件，其中金额较大一般是指人民币 5 万元以上。逃税行为破坏了我国税收征收管理秩序，为法律所禁止，轻则构成违法，会被税务稽查部门追究行政责任；重则构成逃税犯罪，会被司法部门追究刑事责任。

二、偷税罪与逃税罪

我国刑法规定的逃税罪是由偷税罪演变而来。2009 年，《刑法修正案(七)》吸收借鉴国外经验将“偷税罪”修改为“逃税罪”，不再使用“偷税”一词，偷税罪成为历史。在立法理念、立法技术、构成要件等方面，逃税罪与偷税罪均存在重大区别。需要特别指出的是，2009 年修订后的逃税罪对逃税初犯规定了不予追究刑事责任的特别条款，该修订是一大立法进步。因为按照偷税罪的规定，一个企业如偷税达到一定数额、比例，一旦发现，不管企业是否积极补缴税款和滞纳金，接受罚款，都会定罪。这将大概率导致企业经营者被判刑，进而导致企业破产，工人下岗，国家税收无法征缴到位。显然，这种处理方式对国家、社会、企业和本人都无好处，也不利于构建和谐社会。2009 年，修订后的刑法规定纳税人逃避缴纳税款达到规定的数额、比例标准，虽然构成犯罪的初犯，但满足以下条件可不予追究刑事责任：一是在税务机关依法下达追缴通知后，补缴应纳税款和缴纳滞纳金；二是已受到税务机关行政处罚。第一个条件好理解，这里有必要对第二个条件“已受处罚的”的含义作特别的解释。在刑法修正案（七）草案审议过程中，法律委员会对于逃税的当事人是否可以对税务机关的“行政处罚”（罚款决定）提起行政诉讼问题进行了专门研究，委员会一致认为：由于修正案是对本已构成犯罪、本应追究刑事责任的逃税人作出宽大处理的特别规定，不存在逃税当事人先补缴税款和滞纳金后，再来与税务机关就所谓行政罚款是否必要、罚款是否合理打行政诉讼官司的问题。因此，此处的“已受行政处罚的”不仅仅是指逃税人已经收到了税务机关的行政处罚（主要是行政罚款）决定书，更为重要的是逃税人本人已经积极缴纳了罚款，全面接受了税务机关的行政处罚决定，这是判断逃税人对自己已经构成犯罪的行为有无悔改之意的重要判断标准。如果已经构成逃税罪的纳税人拒不积极配合税务机关，税务机关就应当将此案件转交公安机关立案侦查进入刑事司法程序，追究当事人的刑事责任。另外，纳税人在公安机关立案后再补缴应纳税款、缴纳滞纳金或者接受行政处罚的，不影响刑事责任的追究。当然，我国刑法规定该特别条款不适用于5年内因逃避缴纳税款受过刑事处罚或者被税务机关给予2次以上行政处罚的当事人，也不适用于扣缴义务人。

三、三种逃税行为会被公安机关立案侦查

逃税行为是一种违法行为，为我国法律所禁止。对逃税行为的查处，涉及公安机关和税务稽查部门。偷税罪修改之前，对于企业涉嫌偷税的案件，税务稽查部门和公安经侦部门都有权到企业去查。中国老百姓传统的看法是，如果警察到哪家企业去调查犯罪，这个企业就是真有问题了。在所举报偷税行为是否存在、是否构成犯罪还不清楚的情况下，公安机关的介入侦查不可避免地会对企业或个体经营者的信誉、生产经营活动产生负面影响。鉴于偷税罪的巨大副作用，修订后的逃税罪进行了相应的修改，对逃税初犯规定了满足一定条件不予追究刑事责任的特别条款。《最高人民检察院、公安部关于公安机关管辖的刑事案件立案追诉标准的规定（二）》对逃税罪的刑事立案情形作了进一步明确规定，明确逃避缴纳税款涉嫌下列3种情形之一的，应予立案追诉：（1）纳税人采取欺骗、隐瞒手段进行虚假纳税申报或者不申报，逃避缴纳税款，数额在5万元以上并且占各税种应纳税总额10%以上，经税务机关依法下达追缴通知后，不补缴应纳税款、不缴纳滞纳金或者不接受行政处罚的；（2）纳税人5年内因逃避缴纳税款受过刑事处罚或者被税务机关给予2次以上行政处罚，又

逃避缴纳税款，数额在5万元以上并且占各税种应纳税总额10%以上的；（3）扣缴义务人采取欺骗、隐瞒手段，不缴或者少缴已扣、已收税款，数额在5万元以上的。据此，上述3种逃税行为应进行刑事立案，进入刑事司法程序，由公安机关立案侦查；其他逃税行为，应由税务稽查部门查处。

四、逃税罪刑事责任

就逃税罪，我国刑法规定了两个量刑标准。根据刑法及相关司法解释规定，纳税人逃避缴纳税款数额较大（一般是指逃避缴纳税款数额超过5万元）并且占应纳税额10%以上的，处3年以下有期徒刑或者拘役，并处罚金；数额巨大并且占应纳税额30%以上的，处3年以上7年以下有期徒刑，并处罚金。扣缴义务人犯逃税罪，按照前述标准量刑。另外，我国逃税罪的主体既可以是自然人，也可以是单位。在单位逃税犯罪中，我国刑法实行双罚制。所谓双罚制是指对于单位犯罪的，既对单位判处罚金，又对其直接负责的主管人员和其他直接责任人员依照逃税罪的规定判处刑罚。根据我国刑法相应规定，在单位逃税犯罪中，一方面单位会被判处罚金，另一方面单位直接负责的主管人员和其他直接责任人则会被判处刑罚，具体责任人的量刑标准为：数额较大（一般是指逃避缴纳税款数额超过5万元）并且占应纳税额10%以上的，处3年以下有期徒刑或者拘役，并处罚金；数额巨大并且占应纳税额30%以上的，处3年以上7年以下有期徒刑，并处罚金。

第十节　虚开增值税专用发票可能会被判处无期徒刑

虚开增值税专用发票是企业经营涉税行为的高压线，经营者务必要远离。纳税义务是企业的法定义务。从企业经营实践看，经营成本直接关系到企业经营利润，很大程度上决定了企业盈利目的能否实现。税收成本是企业经营成本的重要组成部分。为了降低税收成本，有些企业在经营中税法意识淡薄，实施了违法的节税行为，轻则被追究行政责任，重则被追究刑事责任，导致企业经营陷入困境。本节将探讨企业涉税红线之虚开增值税专用发票犯罪问题。

一、虚开增值税专用发票罪

所谓的虚开增值税专用发票罪，是指违反国家税收征管和发票管理规定，为他人虚开、为自己虚开、让他人为自己虚开或介绍他人虚开增值税专用发票，以骗取国家税款的行为。增值税专用发票是发票的一种，由国家税务总局监制设计印制，限于增值税一般纳税人领购使用，既作为纳税人经济活动中的重要会计凭证，又是兼记销货方纳税义务和购货方进项税额的合法证明。增值税专用发票与普通发票不同，不仅具有商事凭证的作用，由于实行凭发票注明税款扣税，购货方要向销货方支付增值税，更具有完税凭证的作用。我国《发票管理办法》第22条规定："开具发票应当按照规定的时限、顺序、栏目、全部联次一次性如实开具，并加盖发票专用章。……"第24条第1项规定，任何单位和个人应当按照发票管理规定使用发票，不得转借转让、介绍他人转让发票。虚开增值税专用发票的行为违反了发票管理制度，同时由于虚开增值税专用发票可以抵扣大量税款，还会造成国家税款的大量流失，严重地破坏了社会主义经济秩序，为我国法律所禁止。虚开增值税专用发票是企业经营涉税红线之一。虚开增值税专用发票需达到法定情节才能构成犯罪，否则应依《刑法》第13条之规定，不构成犯罪。依据《最高人民法院关于虚开增值税专用发票定罪量刑标准有关问题的通知》规定，虚开税款数额5万元以上的，应当依法定罪处罚。

二、虚开增值税专用发票行为

虚开增值税专用发票行为是一种违法行为，为我国法律所禁止。实践中，虚开增值税专用发票的具体行为方式有以下4种：

1. 为他人虚开增值税专用发票，即合法拥有增值税专用发票的单位或者个人，明知他人没有货物购销或者没有提供或接受应税劳务而为其开具增值税专用发票，或者即使有货物购销或者提供了应税劳务但为其开具数量或者金额不实的增值税专用发票的行为。

2. 为自己虚开增值税专用发票，即合法拥有增值税专用发票的单位和个人，在本身没有货物购销或者没有提供或者接受应税劳务的情况下为自己开具增值税专用发票，或者即使有货物购销或者提供或接受了应税劳务但却为自己开具数量或者金额不实的增值税专用发票的行为。

3. 让他人为自己虚开增值税专用发票，即没有货物购销或者没有提供或接受应税劳务的单位或者个人要求合法拥有增值税专用发票的单位或者个人为其开具增值税专用发票，或者即使有货物购销或者提供或接受了应税劳务但要求他人开具数量或者金额不实的增值税专用发票或者进行了实际经营活动，但让他人为自己代开增值税专用发票的行为。

4. 介绍他人虚开增值税专用发票，即在合法拥有增值税专用发票的单位或者个人与要求虚开增值税专用发票的单位或者个人之间沟通联系、牵线搭桥的行为。

企业一旦实施上述任一虚开增值税专用发票的行为，轻则被税务稽查部门追究行政责任，重则被司法部门追究刑事责任。在当今大数据时代，虚开增值税专用发票会给企业带来极大的法律风险，企业一定要高度关注。

三、虚开增值税发票罪的刑事责任

就虚开增值税专用发票罪，我国刑法规定了 3 个量刑标准。根据刑法及相关司法解释规定，虚开税款金额 5 万元以上的处 3 年以下有期徒刑或者拘役，并处 2 万元以上 20 万元以下罚金；虚开的税款数额较大（一般是指虚开税款金额超过 50 万元）或者有其他严重情节的，处 3 年以上 10 年以下有期徒刑，并处 5 万元以上 50 万元以下罚金；虚开的税款数额巨大（一般是指虚开金额超过 250 万元）或者有其他特别严重情节的，处 10 年以上有期徒刑或者无期徒刑，并处5万元以上50万元以下罚金或者没收财产。另外，我国虚开增值税专用发票罪的主体既可以是自然人，也可以是单位。在单位虚开增值税专用发票犯罪中，我国刑法实行双罚制。所谓双罚制是指对于单位犯罪的，既对单位判处罚金，又对其直接负责的主管人员和其他直接责任人员判处刑罚。根据我国刑法相应规定，在单位虚开增值税专用发票犯罪中，一方面单位会被判处罚金，另一方面单位直接负责的主管人员和其他直接责任人则会被判处刑罚，具体责任人的量刑标准为：虚开金额5万元以上者处3年以下有期徒刑或者拘役；虚开的税款数额较大（一般是指虚开税款金额超过50万元）或者有其他严重情节的，处3年以上10年以下有期徒刑；虚开的税款数额巨大（一般是指虚开金额超过250万元）或者有其他特别严重情节的，处10年以上有期徒刑或者无期徒刑。

附录：部分常用法律法规

化妆品监督管理条例

（2020 年 1 月 3 日国务院第 77 次常务会议通过 2020 年 6 月 16 日中华人民共和国国务院令第 727 号公布 自 2021 年 1 月 1 日起施行）

第一章 总 则

第一条 为了规范化妆品生产经营活动，加强化妆品监督管理，保证化妆品质量安全，保障消费者健康，促进化妆品产业健康发展，制定本条例。

第二条 在中华人民共和国境内从事化妆品生产经营活动及其监督管理，应当遵守本条例。

第三条 本条例所称化妆品，是指以涂擦、喷洒或者其他类似方法，施用于皮肤、毛发、指甲、口唇等人体表面，以清洁、保护、美化、修饰为目的的日用化学工业产品。

第四条 国家按照风险程度对化妆品、化妆品原料实行分类管理。

化妆品分为特殊化妆品和普通化妆品。国家对特殊化妆品实行注册管理，对普通化妆品实行备案管理。

化妆品原料分为新原料和已使用的原料。国家对风险程度较高的化妆品新原料实行注册管理，对其他化妆品新原料实行备案管理。

第五条 国务院药品监督管理部门负责全国化妆品监督管理工作。国务院有关部门在各自职责范围内负责与化妆品有关的监督管理工作。

县级以上地方人民政府负责药品监督管理的部门负责本行政区域的化妆

品监督管理工作。县级以上地方人民政府有关部门在各自职责范围内负责与化妆品有关的监督管理工作。

第六条 化妆品注册人、备案人对化妆品的质量安全和功效宣称负责。

化妆品生产经营者应当依照法律、法规、强制性国家标准、技术规范从事生产经营活动，加强管理，诚信自律，保证化妆品质量安全。

第七条 化妆品行业协会应当加强行业自律，督促引导化妆品生产经营者依法从事生产经营活动，推动行业诚信建设。

第八条 消费者协会和其他消费者组织对违反本条例规定损害消费者合法权益的行为，依法进行社会监督。

第九条 国家鼓励和支持开展化妆品研究、创新，满足消费者需求，推进化妆品品牌建设，发挥品牌引领作用。国家保护单位和个人开展化妆品研究、创新的合法权益。

国家鼓励和支持化妆品生产经营者采用先进技术和先进管理规范，提高化妆品质量安全水平；鼓励和支持运用现代科学技术，结合我国传统优势项目和特色植物资源研究开发化妆品。

第十条 国家加强化妆品监督管理信息化建设，提高在线政务服务水平，为办理化妆品行政许可、备案提供便利，推进监督管理信息共享。

第二章 原料与产品

第十一条 在我国境内首次使用于化妆品的天然或者人工原料为化妆品新原料。具有防腐、防晒、着色、染发、祛斑美白功能的化妆品新原料，经国务院药品监督管理部门注册后方可使用；其他化妆品新原料应当在使用前向国务院药品监督管理部门备案。国务院药品监督管理部门可以根据科学研究的发展，调整实行注册管理的化妆品新原料的范围，经国务院批准后实施。

第十二条 申请化妆品新原料注册或者进行化妆品新原料备案，应当提交下列资料：

（一）注册申请人、备案人的名称、地址、联系方式；

（二）新原料研制报告；

（三）新原料的制备工艺、稳定性及其质量控制标准等研究资料；

（四）新原料安全评估资料。

注册申请人、备案人应当对所提交资料的真实性、科学性负责。

第十三条 国务院药品监督管理部门应当自受理化妆品新原料注册申请之日起3个工作日内将申请资料转交技术审评机构。技术审评机构应当自收到申请资料之日起90个工作日内完成技术审评，向国务院药品监督管理部门提交审评意见。国务院药品监督管理部门应当自收到审评意见之日起20个工作日内作出决定。对符合要求的，准予注册并发给化妆品新原料注册证；对不符合要求的，不予注册并书面说明理由。

化妆品新原料备案人通过国务院药品监督管理部门在线政务服务平台提交本条例规定的备案资料后即完成备案。

国务院药品监督管理部门应当自化妆品新原料准予注册之日起、备案人提交备案资料之日起5个工作日内向社会公布注册、备案有关信息。

第十四条 经注册、备案的化妆品新原料投入使用后3年内，新原料注册人、备案人应当每年向国务院药品监督管理部门报告新原料的使用和安全情况。对存在安全问题的化妆品新原料，由国务院药品监督管理部门撤销注册或者取消备案。3年期满未发生安全问题的化妆品新原料，纳入国务院药品监督管理部门制定的已使用的化妆品原料目录。

经注册、备案的化妆品新原料纳入已使用的化妆品原料目录前，仍然按照化妆品新原料进行管理。

第十五条 禁止用于化妆品生产的原料目录由国务院药品监督管理部门制定、公布。

第十六条 用于染发、烫发、祛斑美白、防晒、防脱发的化妆品以及宣称新功效的化妆品为特殊化妆品。特殊化妆品以外的化妆品为普通化妆品。

国务院药品监督管理部门根据化妆品的功效宣称、作用部位、产品剂型、使用人群等因素，制定、公布化妆品分类规则和分类目录。

第十七条 特殊化妆品经国务院药品监督管理部门注册后方可生产、进口。国产普通化妆品应当在上市销售前向备案人所在地省、自治区、直辖市人民政府药品监督管理部门备案。进口普通化妆品应当在进口前向国务院药品监督管理部门备案。

第十八条 化妆品注册申请人、备案人应当具备下列条件：

（一）是依法设立的企业或者其他组织；

（二）有与申请注册、进行备案的产品相适应的质量管理体系；

（三）有化妆品不良反应监测与评价能力。

第十九条 申请特殊化妆品注册或者进行普通化妆品备案，应当提交下列资料：

（一）注册申请人、备案人的名称、地址、联系方式；

（二）生产企业的名称、地址、联系方式；

（三）产品名称；

（四）产品配方或者产品全成分；

（五）产品执行的标准；

（六）产品标签样稿；

（七）产品检验报告；

（八）产品安全评估资料。

注册申请人首次申请特殊化妆品注册或者备案人首次进行普通化妆品备案的，应当提交其符合本条例第十八条规定条件的证明资料。申请进口特殊化妆品注册或者进行进口普通化妆品备案的，应当同时提交产品在生产国（地区）已经上市销售的证明文件以及境外生产企业符合化妆品生产质量管理规范的证明资料；专为向我国出口生产、无法提交产品在生产国（地区）已经上市销售的证明文件的，应当提交面向我国消费者开展的相关研究和试验的资料。

注册申请人、备案人应当对所提交资料的真实性、科学性负责。

第二十条 国务院药品监督管理部门依照本条例第十三条第一款规定的化妆品新原料注册审查程序对特殊化妆品注册申请进行审查。对符合要求的，准予注册并发给特殊化妆品注册证；对不符合要求的，不予注册并书面说明理由。已经注册的特殊化妆品在生产工艺、功效宣称等方面发生实质性变化的，注册人应当向原注册部门申请变更注册。

普通化妆品备案人通过国务院药品监督管理部门在线政务服务平台提交本条例规定的备案资料后即完成备案。

省级以上人民政府药品监督管理部门应当自特殊化妆品准予注册之日起、普通化妆品备案人提交备案资料之日起 5 个工作日内向社会公布注册、备案有关信息。

第二十一条 化妆品新原料和化妆品注册、备案前，注册申请人、备案人应当自行或者委托专业机构开展安全评估。

从事安全评估的人员应当具备化妆品质量安全相关专业知识，并具有 5 年以上相关专业从业经历。

第二十二条 化妆品的功效宣称应当有充分的科学依据。化妆品注册人、备案人应当在国务院药品监督管理部门规定的专门网站公布功效宣称所依据的文献资料、研究数据或者产品功效评价资料的摘要，接受社会监督。

第二十三条 境外化妆品注册人、备案人应当指定我国境内的企业法人办理化妆品注册、备案，协助开展化妆品不良反应监测、实施产品召回。

第二十四条 特殊化妆品注册证有效期为 5 年。有效期届满需要延续注册的，应当在有效期届满 30 个工作日前提出延续注册的申请。除有本条第二款规定情形外，国务院药品监督管理部门应当在特殊化妆品注册证有效期届满前作出准予延续的决定；逾期未作决定的，视为准予延续。

有下列情形之一的，不予延续注册：

（一）注册人未在规定期限内提出延续注册申请；

（二）强制性国家标准、技术规范已经修订，申请延续注册的化妆品不能达到修订后标准、技术规范的要求。

第二十五条 国务院药品监督管理部门负责化妆品强制性国家标准的项目提出、组织起草、征求意见和技术审查。国务院标准化行政部门负责化妆品强制性国家标准的立项、编号和对外通报。

化妆品国家标准文本应当免费向社会公开。

化妆品应当符合强制性国家标准。鼓励企业制定严于强制性国家标准的企业标准。

第三章 生产经营

第二十六条 从事化妆品生产活动，应当具备下列条件：

（一）是依法设立的企业；

（二）有与生产的化妆品相适应的生产场地、环境条件、生产设施设备；

（三）有与生产的化妆品相适应的技术人员；

（四）有能对生产的化妆品进行检验的检验人员和检验设备；

（五）有保证化妆品质量安全的管理制度。

第二十七条 从事化妆品生产活动，应当向所在地省、自治区、直辖市人民政府药品监督管理部门提出申请，提交其符合本条例第二十六条规定条件的证明资料，并对资料的真实性负责。

省、自治区、直辖市人民政府药品监督管理部门应当对申请资料进行审核，对申请人的生产场所进行现场核查，并自受理化妆品生产许可申请之日起30个工作日内作出决定。对符合规定条件的，准予许可并发给化妆品生产许可证；对不符合规定条件的，不予许可并书面说明理由。

化妆品生产许可证有效期为5年。有效期届满需要延续的，依照《中华人民共和国行政许可法》的规定办理。

第二十八条 化妆品注册人、备案人可以自行生产化妆品，也可以委托其他企业生产化妆品。

委托生产化妆品的，化妆品注册人、备案人应当委托取得相应化妆品生产许可的企业，并对受委托企业（以下称受托生产企业）的生产活动进行监督，保证其按照法定要求进行生产。受托生产企业应当依照法律、法规、强制性国家标准、技术规范以及合同约定进行生产，对生产活动负责，并接受化妆品注册人、备案人的监督。

第二十九条 化妆品注册人、备案人、受托生产企业应当按照国务院药品监督管理部门制定的化妆品生产质量管理规范的要求组织生产化妆品，建立化妆品生产质量管理体系，建立并执行供应商遴选、原料验收、生产过程及质量控制、设备管理、产品检验及留样等管理制度。

化妆品注册人、备案人、受托生产企业应当按照化妆品注册或者备案资料载明的技术要求生产化妆品。

第三十条 化妆品原料、直接接触化妆品的包装材料应当符合强制性国家标准、技术规范。

不得使用超过使用期限、废弃、回收的化妆品或者化妆品原料生产化妆品。

第三十一条 化妆品注册人、备案人、受托生产企业应当建立并执行原料以及直接接触化妆品的包装材料进货查验记录制度、产品销售记录制度。进货查验记录和产品销售记录应当真实、完整，保证可追溯，保存期限不得少于产品使用期限届满后 1 年；产品使用期限不足 1 年的，记录保存期限不得少于 2 年。

化妆品经出厂检验合格后方可上市销售。

第三十二条 化妆品注册人、备案人、受托生产企业应当设质量安全负责人，承担相应的产品质量安全管理和产品放行职责。

质量安全负责人应当具备化妆品质量安全相关专业知识，并具有 5 年以上化妆品生产或者质量安全管理经验。

第三十三条 化妆品注册人、备案人、受托生产企业应当建立并执行从业人员健康管理制度。患有国务院卫生主管部门规定的有碍化妆品质量安全疾病的人员不得直接从事化妆品生产活动。

第三十四条 化妆品注册人、备案人、受托生产企业应当定期对化妆品生产质量管理规范的执行情况进行自查；生产条件发生变化，不再符合化妆品生产质量管理规范要求的，应当立即采取整改措施；可能影响化妆品质量安全的，应当立即停止生产并向所在地省、自治区、直辖市人民政府药品监督管理部门报告。

第三十五条 化妆品的最小销售单元应当有标签。标签应当符合相关法律、行政法规、强制性国家标准，内容真实、完整、准确。

进口化妆品可以直接使用中文标签，也可以加贴中文标签；加贴中文标签的，中文标签内容应当与原标签内容一致。

第三十六条 化妆品标签应当标注下列内容：

（一）产品名称、特殊化妆品注册证编号；

（二）注册人、备案人、受托生产企业的名称、地址；

（三）化妆品生产许可证编号；

（四）产品执行的标准编号；

（五）全成分；

（六）净含量；

（七）使用期限、使用方法以及必要的安全警示；

（八）法律、行政法规和强制性国家标准规定应当标注的其他内容。

第三十七条 化妆品标签禁止标注下列内容：

（一）明示或者暗示具有医疗作用的内容；

（二）虚假或者引人误解的内容；

（三）违反社会公序良俗的内容；

（四）法律、行政法规禁止标注的其他内容。

第三十八条 化妆品经营者应当建立并执行进货查验记录制度，查验供货者的市场主体登记证明、化妆品注册或者备案情况、产品出厂检验合格证明，如实记录并保存相关凭证。记录和凭证保存期限应当符合本条例第三十一条第一款的规定。

化妆品经营者不得自行配制化妆品。

第三十九条 化妆品生产经营者应当依照有关法律、法规的规定和化妆品标签标示的要求贮存、运输化妆品，定期检查并及时处理变质或者超过使用期限的化妆品。

第四十条 化妆品集中交易市场开办者、展销会举办者应当审查入场化妆品经营者的市场主体登记证明，承担入场化妆品经营者管理责任，定期对入场化妆品经营者进行检查；发现入场化妆品经营者有违反本条例规定行为的，应当及时制止并报告所在地县级人民政府负责药品监督管理的部门。

第四十一条 电子商务平台经营者应当对平台内化妆品经营者进行实名登记，承担平台内化妆品经营者管理责任，发现平台内化妆品经营者有违反本条例规定行为的，应当及时制止并报告电子商务平台经营者所在地省、自治区、直辖市人民政府药品监督管理部门；发现严重违法行为的，应当立即停止向违法的化妆品经营者提供电子商务平台服务。

平台内化妆品经营者应当全面、真实、准确、及时披露所经营化妆品的信息。

第四十二条 美容美发机构、宾馆等在经营中使用化妆品或者为消费者提供化妆品的，应当履行本条例规定的化妆品经营者义务。

第四十三条 化妆品广告的内容应当真实、合法。

化妆品广告不得明示或者暗示产品具有医疗作用，不得含有虚假或者引人误解的内容，不得欺骗、误导消费者。

第四十四条 化妆品注册人、备案人发现化妆品存在质量缺陷或者其他问题，可能危害人体健康的，应当立即停止生产，召回已经上市销售的化妆品，通知相关化妆品经营者和消费者停止经营、使用，并记录召回和通知情况。化妆品注册人、备案人应当对召回的化妆品采取补救、无害化处理、销毁等措施，并将化妆品召回和处理情况向所在地省、自治区、直辖市人民政府药品监督管理部门报告。

受托生产企业、化妆品经营者发现其生产、经营的化妆品有前款规定情形的，应当立即停止生产、经营，通知相关化妆品注册人、备案人。化妆品注册人、备案人应当立即实施召回。

负责药品监督管理的部门在监督检查中发现化妆品有本条第一款规定情形的，应当通知化妆品注册人、备案人实施召回，通知受托生产企业、化妆品经营者停止生产、经营。

化妆品注册人、备案人实施召回的，受托生产企业、化妆品经营者应当予以配合。

化妆品注册人、备案人、受托生产企业、经营者未依照本条规定实施召回或者停止生产、经营的，负责药品监督管理的部门责令其实施召回或者停止生产、经营。

第四十五条 出入境检验检疫机构依照《中华人民共和国进出口商品检验法》的规定对进口的化妆品实施检验；检验不合格的，不得进口。

进口商应当对拟进口的化妆品是否已经注册或者备案以及是否符合本条例和强制性国家标准、技术规范进行审核；审核不合格的，不得进口。进口商应当如实记录进口化妆品的信息，记录保存期限应当符合本条例第三十一条第一款的规定。

出口的化妆品应当符合进口国（地区）的标准或者合同要求。

第四章 监督管理

第四十六条 负责药品监督管理的部门对化妆品生产经营进行监督检查时，有权采取下列措施：

（一）进入生产经营场所实施现场检查；

（二）对生产经营的化妆品进行抽样检验；

（三）查阅、复制有关合同、票据、账簿以及其他有关资料；

（四）查封、扣押不符合强制性国家标准、技术规范或者有证据证明可能危害人体健康的化妆品及其原料、直接接触化妆品的包装材料，以及有证据证明用于违法生产经营的工具、设备；

（五）查封违法从事生产经营活动的场所。

第四十七条 负责药品监督管理的部门对化妆品生产经营进行监督检查时，监督检查人员不得少于2人，并应当出示执法证件。监督检查人员对监督检查中知悉的被检查单位的商业秘密，应当依法予以保密。被检查单位对监督检查应当予以配合，不得隐瞒有关情况。

负责药品监督管理的部门应当对监督检查情况和处理结果予以记录，由监督检查人员和被检查单位负责人签字；被检查单位负责人拒绝签字的，应当予以注明。

第四十八条 省级以上人民政府药品监督管理部门应当组织对化妆品进行抽样检验；对举报反映或者日常监督检查中发现问题较多的化妆品，负责药品监督管理的部门可以进行专项抽样检验。

进行抽样检验，应当支付抽取样品的费用，所需费用纳入本级政府预算。

负责药品监督管理的部门应当按照规定及时公布化妆品抽样检验结果。

第四十九条 化妆品检验机构按照国家有关认证认可的规定取得资质认定后，方可从事化妆品检验活动。化妆品检验机构的资质认定条件由国务院药品监督管理部门、国务院市场监督管理部门制定。

化妆品检验规范以及化妆品检验相关标准品管理规定，由国务院药品监督管理部门制定。

第五十条 对可能掺杂掺假或者使用禁止用于化妆品生产的原料生产的化妆品，按照化妆品国家标准规定的检验项目和检验方法无法检验的，国务院药品监督管理部门可以制定补充检验项目和检验方法，用于对化妆品的抽样检验、化妆品质量安全案件调查处理和不良反应调查处置。

第五十一条 对依照本条例规定实施的检验结论有异议的，化妆品生产经营者可以自收到检验结论之日起7个工作日内向实施抽样检验的部门或者其上一级负责药品监督管理的部门提出复检申请，由受理复检申请的部门在复检机构名录中随机确定复检机构进行复检。复检机构出具的复检结论为最终检验结论。复检机构与初检机构不得为同一机构。复检机构名录由国务院药品监督管理部门公布。

第五十二条 国家建立化妆品不良反应监测制度。化妆品注册人、备案人应当监测其上市销售化妆品的不良反应，及时开展评价，按照国务院药品监督管理部门的规定向化妆品不良反应监测机构报告。受托生产企业、化妆品经营者和医疗机构发现可能与使用化妆品有关的不良反应的，应当报告化妆品不良反应监测机构。鼓励其他单位和个人向化妆品不良反应监测机构或者负责药品监督管理的部门报告可能与使用化妆品有关的不良反应。

化妆品不良反应监测机构负责化妆品不良反应信息的收集、分析和评价，并向负责药品监督管理的部门提出处理建议。

化妆品生产经营者应当配合化妆品不良反应监测机构、负责药品监督管理的部门开展化妆品不良反应调查。

化妆品不良反应是指正常使用化妆品所引起的皮肤及其附属器官的病变，以及人体局部或者全身性的损害。

第五十三条 国家建立化妆品安全风险监测和评价制度，对影响化妆品质量安全的风险因素进行监测和评价，为制定化妆品质量安全风险控制措施和标准、开展化妆品抽样检验提供科学依据。

国家化妆品安全风险监测计划由国务院药品监督管理部门制定、发布并组织实施。国家化妆品安全风险监测计划应当明确重点监测的品种、项目和地域等。

国务院药品监督管理部门建立化妆品质量安全风险信息交流机制，组织化妆品生产经营者、检验机构、行业协会、消费者协会以及新闻媒体等就化妆品质量安全风险信息进行交流沟通。

第五十四条 对造成人体伤害或者有证据证明可能危害人体健康的化妆品，负责药品监督管理的部门可以采取责令暂停生产、经营的紧急控制措施，并发布安全警示信息；属于进口化妆品的，国家出入境检验检疫部门可以暂停进口。

第五十五条 根据科学研究的发展，对化妆品、化妆品原料的安全性有认识上的改变的，或者有证据表明化妆品、化妆品原料可能存在缺陷的，省级以上人民政府药品监督管理部门可以责令化妆品、化妆品新原料的注册人、备案人开展安全再评估或者直接组织开展安全再评估。再评估结果表明化妆品、化妆品原料不能保证安全的，由原注册部门撤销注册、备案部门取消备案，由国务院药品监督管理部门将该化妆品原料纳入禁止用于化妆品生产的原料目录，并向社会公布。

第五十六条 负责药品监督管理的部门应当依法及时公布化妆品行政许可、备案、日常监督检查结果、违法行为查处等监督管理信息。公布监督管理信息时，应当保守当事人的商业秘密。

负责药品监督管理的部门应当建立化妆品生产经营者信用档案。对有不良信用记录的化妆品生产经营者，增加监督检查频次；对有严重不良信用记录的生产经营者，按照规定实施联合惩戒。

第五十七条 化妆品生产经营过程中存在安全隐患，未及时采取措施消除的，负责药品监督管理的部门可以对化妆品生产经营者的法定代表人或者主要负责人进行责任约谈。化妆品生产经营者应当立即采取措施，进行整改，消除隐患。责任约谈情况和整改情况应当纳入化妆品生产经营者信用档案。

第五十八条 负责药品监督管理的部门应当公布本部门的网站地址、电子邮件地址或者电话，接受咨询、投诉、举报，并及时答复或者处理。对查证属实的举报，按照国家有关规定给予举报人奖励。

第五章　法律责任

第五十九条 有下列情形之一的，由负责药品监督管理的部门没收违法所得、违法生产经营的化妆品和专门用于违法生产经营的原料、包装材料、工具、设备等物品；违法生产经营的化妆品货值金额不足1万元的，并处5万元以上15万元以下罚款；货值金额1万元以上的，并处货值金额15倍以上

30倍以下罚款；情节严重的，责令停产停业、由备案部门取消备案或者由原发证部门吊销化妆品许可证件，10年内不予办理其提出的化妆品备案或者受理其提出的化妆品行政许可申请，对违法单位的法定代表人或者主要负责人、直接负责的主管人员和其他直接责任人员处以其上一年度从本单位取得收入的3倍以上5倍以下罚款，终身禁止其从事化妆品生产经营活动；构成犯罪的，依法追究刑事责任：

（一）未经许可从事化妆品生产活动，或者化妆品注册人、备案人委托未取得相应化妆品生产许可的企业生产化妆品；

（二）生产经营或者进口未经注册的特殊化妆品；

（三）使用禁止用于化妆品生产的原料、应当注册但未经注册的新原料生产化妆品，在化妆品中非法添加可能危害人体健康的物质，或者使用超过使用期限、废弃、回收的化妆品或者原料生产化妆品。

第六十条 有下列情形之一的，由负责药品监督管理的部门没收违法所得、违法生产经营的化妆品和专门用于违法生产经营的原料、包装材料、工具、设备等物品；违法生产经营的化妆品货值金额不足1万元的，并处1万元以上5万元以下罚款；货值金额1万元以上的，并处货值金额5倍以上20倍以下罚款；情节严重的，责令停产停业、由备案部门取消备案或者由原发证部门吊销化妆品许可证件，对违法单位的法定代表人或者主要负责人、直接负责的主管人员和其他直接责任人员处以其上一年度从本单位取得收入的1倍以上3倍以下罚款，10年内禁止其从事化妆品生产经营活动；构成犯罪的，依法追究刑事责任：

（一）使用不符合强制性国家标准、技术规范的原料、直接接触化妆品的包装材料，应当备案但未备案的新原料生产化妆品，或者不按照强制性国家标准或者技术规范使用原料；

（二）生产经营不符合强制性国家标准、技术规范或者不符合化妆品注册、备案资料载明的技术要求的化妆品；

（三）未按照化妆品生产质量管理规范的要求组织生产；

（四）更改化妆品使用期限；

（五）化妆品经营者擅自配制化妆品，或者经营变质、超过使用期限的化妆品；

（六）在负责药品监督管理的部门责令其实施召回后拒不召回，或者在负责药品监督管理的部门责令停止或者暂停生产、经营后拒不停止或者暂停生产、经营。

第六十一条 有下列情形之一的，由负责药品监督管理的部门没收违法所得、违法生产经营的化妆品，并可以没收专门用于违法生产经营的原料、包装材料、工具、设备等物品；违法生产经营的化妆品货值金额不足1万元的，并处1万元以上3万元以下罚款；货值金额1万元以上的，并处货值金额3倍以上10倍以下罚款；情节严重的，责令停产停业、由备案部门取消备案或者由原发证部门吊销化妆品许可证件，对违法单位的法定代表人或者主要负责人、直接负责的主管人员和其他直接责任人员处以其上一年度从本单位取得收入的1倍以上2倍以下罚款，5年内禁止其从事化妆品生产经营活动：

（一）上市销售、经营或者进口未备案的普通化妆品；

（二）未依照本条例规定设质量安全负责人；

（三）化妆品注册人、备案人未对受托生产企业的生产活动进行监督；

（四）未依照本条例规定建立并执行从业人员健康管理制度；

（五）生产经营标签不符合本条例规定的化妆品。

生产经营的化妆品的标签存在瑕疵但不影响质量安全且不会对消费者造成误导的，由负责药品监督管理的部门责令改正；拒不改正的，处2000元以下罚款。

第六十二条 有下列情形之一的，由负责药品监督管理的部门责令改正，给予警告，并处1万元以上3万元以下罚款；情节严重的，责令停产停业，并处3万元以上5万元以下罚款，对违法单位的法定代表人或者主要负责人、直接负责的主管人员和其他直接责任人员处1万元以上3万元以下罚款：

（一）未依照本条例规定公布化妆品功效宣称依据的摘要；

（二）未依照本条例规定建立并执行进货查验记录制度、产品销售记录制度；

（三）未依照本条例规定对化妆品生产质量管理规范的执行情况进行自查；

（四）未依照本条例规定贮存、运输化妆品；

（五）未依照本条例规定监测、报告化妆品不良反应，或者对化妆品不良反应监测机构、负责药品监督管理的部门开展的化妆品不良反应调查不予配合。

进口商未依照本条例规定记录、保存进口化妆品信息的，由出入境检验检疫机构依照前款规定给予处罚。

第六十三条 化妆品新原料注册人、备案人未依照本条例规定报告化妆品新原料使用和安全情况的，由国务院药品监督管理部门责令改正，处5万元以上20万元以下罚款；情节严重的，吊销化妆品新原料注册证或者取消化妆品新原料备案，并处20万元以上50万元以下罚款。

第六十四条 在申请化妆品行政许可时提供虚假资料或者采取其他欺骗手段的，不予行政许可，已经取得行政许可的，由作出行政许可决定的部门撤销行政许可，5年内不受理其提出的化妆品相关许可申请，没收违法所得和已经生产、进口的化妆品；已经生产、进口的化妆品货值金额不足1万元的，并处5万元以上15万元以下罚款；货值金额1万元以上的，并处货值金额15倍以上30倍以下罚款；对违法单位的法定代表人或者主要负责人、直接负责的主管人员和其他直接责任人员处以其上一年度从本单位取得收入的3倍以上5倍以下罚款，终身禁止其从事化妆品生产经营活动。

伪造、变造、出租、出借或者转让化妆品许可证件的，由负责药品监督管理的部门或者原发证部门予以收缴或者吊销，没收违法所得；违法所得不足1万元的，并处5万元以上10万元以下罚款；违法所得1万元以上的，并处违法所得10倍以上20倍以下罚款；构成违反治安管理行为的，由公安机关依法给予治安管理处罚；构成犯罪的，依法追究刑事责任。

第六十五条 备案时提供虚假资料的，由备案部门取消备案，3年内不予办理其提出的该项备案，没收违法所得和已经生产、进口的化妆品；已经生产、进口的化妆品货值金额不足1万元的，并处1万元以上3万元以下罚款；货值金额1万元以上的，并处货值金额3倍以上10倍以下罚款；情节严重的，责令停产停业直至由原发证部门吊销化妆品生产许可证，对违法单位的法定代表人或者主要负责人、直接负责的主管人员和其他直接责任人员处以其上一年度从本单位取得收入的1倍以上2倍以下罚款，5年内禁止其从事化妆品生产经营活动。

已经备案的资料不符合要求的，由备案部门责令限期改正，其中，与化妆品、化妆品新原料安全性有关的备案资料不符合要求的，备案部门可以同时责令暂停销售、使用；逾期不改正的，由备案部门取消备案。

备案部门取消备案后，仍然使用该化妆品新原料生产化妆品或者仍然上市销售、进口该普通化妆品的，分别依照本条例第六十条、第六十一条的规定给予处罚。

第六十六条 化妆品集中交易市场开办者、展销会举办者未依照本条例规定履行审查、检查、制止、报告等管理义务的，由负责药品监督管理的部门处2万元以上10万元以下罚款；情节严重的，责令停业，并处10万元以上50万元以下罚款。

第六十七条 电子商务平台经营者未依照本条例规定履行实名登记、制止、报告、停止提供电子商务平台服务等管理义务的，由省、自治区、直辖市人民政府药品监督管理部门依照《中华人民共和国电子商务法》的规定给予处罚。

第六十八条 化妆品经营者履行了本条例规定的进货查验记录等义务，有证据证明其不知道所采购的化妆品是不符合强制性国家标准、技术规范或者不符合化妆品注册、备案资料载明的技术要求的，收缴其经营的不符合强制性国家标准、技术规范或者不符合化妆品注册、备案资料载明的技术要求的化妆品，可以免除行政处罚。

第六十九条 化妆品广告违反本条例规定的，依照《中华人民共和国广告法》的规定给予处罚；采用其他方式对化妆品作虚假或者引人误解的宣传的，依照有关法律的规定给予处罚；构成犯罪的，依法追究刑事责任。

第七十条 境外化妆品注册人、备案人指定的在我国境内的企业法人未协助开展化妆品不良反应监测、实施产品召回的，由省、自治区、直辖市人民政府药品监督管理部门责令改正，给予警告，并处 2 万元以上 10 万元以下罚款；情节严重的，处 10 万元以上 50 万元以下罚款，5 年内禁止其法定代表人或者主要负责人、直接负责的主管人员和其他直接责任人员从事化妆品生产经营活动。

境外化妆品注册人、备案人拒不履行依据本条例作出的行政处罚决定的，10 年内禁止其化妆品进口。

第七十一条 化妆品检验机构出具虚假检验报告的，由认证认可监督管理部门吊销检验机构资质证书，10 年内不受理其资质认定申请，没收所收取的检验费用，并处 5 万元以上 10 万元以下罚款；对其法定代表人或者主要负责人、直接负责的主管人员和其他直接责任人员处以其上一年度从本单位取得收入的 1 倍以上 3 倍以下罚款，依法给予或者责令给予降低岗位等级、撤职或者开除的处分，受到开除处分的，10 年内禁止其从事化妆品检验工作；构成犯罪的，依法追究刑事责任。

第七十二条 化妆品技术审评机构、化妆品不良反应监测机构和负责化妆品安全风险监测的机构未依照本条例规定履行职责，致使技术审评、不良反应监测、安全风险监测工作出现重大失误的，由负责药品监督管理的部门责令改正，给予警告，通报批评；造成严重后果的，对其法定代表人或者主要负责人、直接负责的主管人员和其他直接责任人员，依法给予或者责令给予降低岗位等级、撤职或者开除的处分。

第七十三条 化妆品生产经营者、检验机构招用、聘用不得从事化妆品生产经营活动的人员或者不得从事化妆品检验工作的人员从事化妆品生产经营或者检验的，由负责药品监督管理的部门或者其他有关部门责令改正，给予警告；拒不改正的，责令停产停业直至吊销化妆品许可证件、检验机构资质证书。

第七十四条 有下列情形之一，构成违反治安管理行为的，由公安机关依法给予治安管理处罚；构成犯罪的，依法追究刑事责任：

（一）阻碍负责药品监督管理的部门工作人员依法执行职务；

（二）伪造、销毁、隐匿证据或者隐藏、转移、变卖、损毁依法查封、扣押的物品。

第七十五条 负责药品监督管理的部门工作人员违反本条例规定，滥用职权、玩忽职守、徇私舞弊的，依法给予警告、记过或者记大过的处分；造成严重后果的，依法给予降级、撤职或者开除的处分；构成犯罪的，依法追究刑事责任。

第七十六条 违反本条例规定，造成人身、财产或者其他损害的，依法承担赔偿责任。

第六章 附 则

第七十七条 牙膏参照本条例有关普通化妆品的规定进行管理。牙膏备案人按照国家标准、行业标准进行功效评价后，可以宣称牙膏具有防龋、抑牙菌斑、抗牙本质敏感、减轻牙龈问题等功效。牙膏的具体管理办法由国务院药品监督管理部门拟订，报国务院市场监督管理部门审核、发布。

香皂不适用本条例，但是宣称具有特殊化妆品功效的适用本条例。

第七十八条 对本条例施行前已经注册的用于育发、脱毛、美乳、健美、除臭的化妆品自本条例施行之日起设置5年的过渡期，过渡期内可以继续生产、进口、销售，过渡期满后不得生产、进口、销售该化妆品。

第七十九条 本条例所称技术规范，是指尚未制定强制性国家标准、国务院药品监督管理部门结合监督管理工作需要制定的化妆品质量安全补充技术要求。

第八十条 本条例自2021年1月1日起施行。《化妆品卫生监督条例》同时废止。

化妆品卫生监督条例

（1989年9月26日国务院批准 1989年11月13日卫生部令第3号发布 根据2019年3月2日《国务院关于修改部分行政法规的决定》修订）

第一章 总 则

第一条 为加强化妆品的卫生监督，保证化妆品的卫生质量和使用安全，保障消费者健康，制定本条例。

第二条 本条例所称的化妆品，是指以涂擦、喷洒或者其他类似的方法，散布于人体表面任何部位（皮肤、毛发、指甲、口唇等），以达到清洁、消除不良气味、护肤、美容和修饰目的的日用化学工业产品。

第三条 国家实行化妆品卫生监督制度。国务院化妆品监督管理部门主管全国化妆品的卫生监督工作，县以上地方各级人民政府的化妆品监督管理部门主管本辖区内化妆品的卫生监督工作。

第四条 凡从事化妆品生产、经营的单位和个人都必须遵守本条例。

第二章 化妆品生产的卫生监督

第五条 对化妆品生产企业实行化妆品生产许可证制度。

化妆品生产许可证由省、自治区、直辖市化妆品监督管理部门批准并颁发。化妆品生产许可证有效期五年。

未取得化妆品生产许可证的单位，不得从事化妆品生产。

第六条 化妆品生产企业必须符合下列卫生要求：

（一）生产企业应当建在清洁区域内，与有毒、有害场所保持符合卫生要求的间距。

（二）生产企业厂房的建筑应当坚固、清洁。车间内天花板、墙壁、地面应当采用光洁建筑材料，应当具有良好的采光（或照明），并应当具有防止和消除鼠害和其他有害昆虫及其孳生条件的设施和措施。

（三）生产企业应当设有与产品品种、数量相适应的化妆品原料、加工、包装、贮存等厂房或场所。

（四）生产车间应当有适合产品特点的相应的生产设施，工艺规程应当符合卫生要求。

（五）生产企业必须具有能对所生产的化妆品进行微生物检验的仪器设备和检验人员。

第七条 直接从事化妆品生产的人员，必须每年进行健康检查，取得健康证后方可从事化妆品的生产活动。

凡患有手癣、指甲癣、手部湿疹、发生于手部的银屑病或者鳞屑、渗出性皮肤病以及患有痢疾、伤寒、病毒性肝炎、活动性肺结核等传染病的人员，不得直接从事化妆品生产活动。

第八条 生产化妆品所需的原料、辅料以及直接接触化妆品的容器和包装材料必须符合国家卫生标准。

第九条 使用化妆品新原料生产化妆品，必须经国务院化妆品监督管理部门批准。

化妆品新原料是指在国内首次使用于化妆品生产的天然或人工原料。

第十条 生产特殊用途的化妆品，必须经国务院化妆品监督管理部门批准，取得批准文号后方可生产。

特殊用途化妆品是指用于育发、染发、烫发、脱毛、美乳、健美、除臭、祛斑、防晒的化妆品。

第十一条 生产企业在化妆品投放市场前，必须按照国家《化妆品卫生标准》对产品进行卫生质量检验，对质量合格的产品应当附有合格标记。未经检验或者不符合卫生标准的产品不得出厂。

第十二条 化妆品标签上应当注明产品名称、厂名，并注明生产企业化妆品生产许可证编号；小包装或者说明书上应当注明生产日期和有效使用期限。特殊用途的化妆品，还应当注明批准文号。对可能引起不良反应的化妆品，说明书上应当注明使用方法、注意事项。

化妆品标签、小包装或者说明书上不得注有适应症，不得宣传疗效，不得使用医疗术语。

第三章 化妆品经营的卫生监督

第十三条 化妆品经营单位和个人不得销售下列化妆品：

（一）未取得化妆品生产许可证的企业所生产的化妆品；

（二）无质量合格标记的化妆品；

（三）标签、小包装或者说明书不符合本条例第十二条规定的化妆品；

（四）未取得批准文号的特殊用途化妆品；

（五）超过使用期限的化妆品。

第十四条 化妆品的广告宣传不得有下列内容：

（一）化妆品名称、制法、效用或者性能有虚假夸大的；

（二）使用他人名义保证或以暗示方法使人误解其效用的；

（三）宣传医疗作用的。

第十五条 首次进口的特殊用途化妆品，进口单位必须提供该化妆品的说明书、质量标准、检验方法等有关资料和样品以及出口国（地区）批准生产的证明文件，经国务院化妆品监督管理部门批准，方可签订进口合同。首次进口的其他化妆品，应当按照规定备案。

第十六条 进口的化妆品，必须经国家商检部门检验；检验合格的，方准进口。

个人自用进口的少量化妆品，按照海关规定办理进口手续。

第四章　化妆品卫生监督机构与职责

第十七条　各级化妆品监督管理部门行使化妆品卫生监督职责。

第十八条　国务院化妆品监督管理部门聘请科研、医疗、生产、卫生管理等有关专家组成化妆品安全性评审组，对特殊用途的化妆品和化妆品新原料进行安全性评审，对化妆品引起的重大事故进行技术鉴定。

第十九条　各级化妆品监督管理部门设化妆品卫生监督员，对化妆品实施卫生监督。

化妆品卫生监督员，由省、自治区、直辖市化妆品监督管理部门和国务院化妆品监督管理部门，从符合条件的卫生专业人员中聘任，并发给其证章和证件。

第二十条　化妆品卫生监督员在实施化妆品卫生监督时，应当佩戴证章，出示证件。

化妆品卫生监督员对生产企业提供的技术资料应当负责保密。

第二十一条　化妆品卫生监督员有权按照国家规定向生产企业和经营单位抽检样品，索取与卫生监督有关的安全性资料，任何单位不得拒绝、隐瞒和提供假材料。

第二十二条　各级化妆品监督管理部门和化妆品卫生监督员不得以技术咨询、技术服务等方式参与生产、销售化妆品，不得监制化妆品。

第二十三条　对因使用化妆品引起不良反应的病例，各医疗单位应当向当地化妆品监督管理部门报告。

第五章　罚　　则

第二十四条　未取得化妆品生产许可证的企业擅自生产化妆品的，责令该企业停产，没收产品及违法所得，并且可以处违法所得 3 到 5 倍的罚款。

第二十五条 生产未取得批准文号的特殊用途的化妆品，或者使用化妆品禁用原料和未经批准的化妆品新原料的，没收产品及违法所得，处违法所得3到5倍的罚款，并且可以责令该企业停产或者吊销化妆品生产许可证。

第二十六条 违反本条例规定，进口或者销售未经批准或者检验的进口化妆品的，没收产品及违法所得，并且可以处违法所得三到五倍的罚款。

对已取得批准文号的生产特殊用途化妆品的企业，违反本条例规定，情节严重的，可以撤销产品的批准文号。

第二十七条 生产或者销售不符合国家《化妆品卫生标准》的化妆品的，没收产品及违法所得，并且可以处违法所得3到5倍的罚款。

第二十八条 对违反本条例其他有关规定的，处以警告，责令限期改进；情节严重的，对生产企业，可以责令该企业停产或者吊销化妆品生产许可证，对经营单位，可以责令其停止经营，没收违法所得，并且可以处违法所得2到3倍的罚款。

第二十九条 本条例规定的行政处罚，由县级以上化妆品监督管理部门决定。违反本条例第十四条有关广告管理的行政处罚，由市场监督管理部门决定。

吊销化妆品生产许可证的处罚由省、自治区、直辖市化妆品监督管理部门决定；撤销特殊用途化妆品批准文号的处罚由国务院化妆品监督管理部门决定。

罚款及没收非法所得全部上交国库。没收的产品，由化妆品监督管理部门监督处理。

第三十条 当事人对化妆品监督管理部门的行政处罚决定不服的，可以在收到通知书次日起15日内向上一级化妆品监督管理部门申请复议。上一级化妆品监督管理部门应当在30日内给予答复。当事人对上一级化妆品监督管理部门复议决定不服的，可以在收到复议通知书次日起15日内向人民法院起诉。但对化妆品监督管理部门所作出的没收产品及责令停产的处罚决定必须立即执行。当事人对处罚决定不执行，逾期又不起诉的，化妆品监督管理部门可以申请人民法院强制执行。

第三十一条 对违反本条例造成人体损伤或者发生中毒事故的，有直接责任的生产企业和经营单位或者个人应负损害赔偿责任。

对造成严重后果，构成犯罪的，由司法机关依法追究刑事责任。

第三十二条 化妆品卫生监督员滥用职权，营私舞弊以及泄露企业提供的技术资料的，由化妆品监督管理部门给予行政处分，造成严重后果，构成犯罪的，由司法机关依法追究刑事责任。

第六章 附 则

第三十三条 中国人民解放军所属单位生产的投放市场的化妆品的卫生监督，依照本条例执行。

第三十四条 本条例的实施细则由国务院化妆品监督管理部门制定。

第三十五条 本条例自1990年1月1日起施行。

化妆品命名规定

（2010年2月5日 国食药监许〔2010〕72号）

第一条 为保证化妆品命名科学、规范，保护消费者权益，依据《化妆品卫生监督条例》、《化妆品卫生监督条例实施细则》，制定本规定。

第二条 本规定适用于在中华人民共和国境内销售的化妆品。

第三条 化妆品命名必须符合下列原则：

（一）符合国家有关法律、法规、规章、规范性文件的规定；

（二）简明、易懂，符合中文语言习惯；

（三）不得误导、欺骗消费者。

第四条 化妆品名称一般应当由商标名、通用名、属性名组成。名称顺序一般为商标名、通用名、属性名。

第五条 化妆品命名禁止使用下列内容：

（一）虚假、夸大和绝对化的词语；

（二）医疗术语、明示或暗示医疗作用和效果的词语；

（三）医学名人的姓名；

（四）消费者不易理解的词语及地方方言；

（五）庸俗或带有封建迷信色彩的词语；

（六）已经批准的药品名；

（七）外文字母、汉语拼音、数字、符号等；

（八）其他误导消费者的词语。

前款第七项规定中，表示防晒指数、色号、系列号的，或注册商标以及必须使用外文字母、符号表示的除外；注册商标以及必须使用外文字母、符号的需在说明书中用中文说明，但约定俗成、习惯使用的除外，如维生素 C。

第六条 化妆品的商标名分为注册商标和未经注册商标。商标名应当符合本规定的相关要求。

第七条 化妆品的通用名应当准确、客观，可以是表明产品主要原料或描述产品用途、使用部位等的文字。

第八条 化妆品的属性名应当表明产品真实的物理性状或外观形态。

第九条 约定俗成、习惯使用的化妆品名称可省略通用名、属性名。

第十条 商标名、通用名、属性名相同时，其他需要标注的内容可在属性名后加以注明，包括颜色或色号、防晒指数、气味、适用发质、肤质或特定人群等内容。

第十一条 名称中使用具体原料名称或表明原料类别词汇的，应当与产品配方成分相符。

第十二条 进口化妆品的中文名称应当尽量与外文名称对应。可采用意译、音译或意、音合译，一般以意译为主。

第十三条 本规定由国家食品药品监督管理局负责解释。

第十四条 本规定自发布之日起施行。此前发布的规定与本规定不符的，以本规定为准。

附件：

化妆品命名指南

为指导化妆品命名，根据《化妆品命名规定》，制定本指南。

一、禁用语

有些用语是否能在化妆品名称中使用应根据其语言环境来确定。在化妆品名称中禁止表达的词意或使用的词语包括：

（一）绝对化词意。如特效；全效；强效；奇效；高效；速效；神效；超强；全面；全方位；最；第一；特级；顶级；冠级；极致；超凡；换肤；去除皱纹等。

（二）虚假性词意。如只添加部分天然产物成分的化妆品，但宣称产品“纯天然”的，属虚假性词意。

（三）夸大性词意。如“专业”可适用于在专业店或经专业培训人员使用的染发类、烫发类、指（趾）甲类等产品，但用于其他产品则属夸大性词意。

（四）医疗术语。如处方；药方；药用；药物；医疗；医治；治疗；妊娠纹；各类皮肤病名称；各种疾病名称等。

（五）明示或暗示医疗作用和效果的词语。如抗菌；抑菌；除菌；灭菌；防菌；消炎；抗炎；活血；解毒；抗敏；防敏；脱敏；斑立净；无斑；祛疤；生发；毛发再生；止脱；减肥；溶脂；吸脂；瘦身；瘦脸；瘦腿等。

（六）医学名人的姓名。如扁鹊；华佗；张仲景；李时珍等。

（七）与产品的特性没有关联，消费者不易理解的词意。如解码；数码；智能；红外线等。

（八）庸俗性词意。如“裸”用于“裸体”时属庸俗性词意，不得使用；用于“裸妆”（如彩妆化妆品）时可以使用。

（九）封建迷信词意。如鬼、妖精、卦、邪、魂。又如“神”用于“神灵”时属封建迷信词意；用于“怡神”（如芳香化妆品）时可以使用。

（十）已经批准的药品名。如肤螨灵等。

（十一）超范围宣称产品用途。如特殊用途化妆品宣称不得超出《化妆品卫生监督条例》及其实施细则规定的九类特殊用途化妆品含义的解释。又如非特殊用途化妆品不得宣称特殊用途化妆品作用。

二、可宣称用语

凡用语符合化妆品定义的，可在化妆品名称中使用。在化妆品名称中推荐使用的可宣称用语包括：

（一）非特殊用途化妆品

1. 发用化妆品名称中可使用祛屑；柔软等词语。

2. 护肤化妆品名称中可使用清爽；控油；滋润；保湿；舒缓；抗皱；白皙；紧致；晒后修复等词语。

3. 彩妆化妆品名称中可使用美化；遮瑕；修饰；美唇；润唇；护唇；睫毛纤密、卷翘等词语。

4. 指（趾）甲化妆品名称中可使用保护；美化；持久等词语。

5. 芳香化妆品名称中可使用香体；怡神等词语。

（二）特殊用途化妆品名称可使用与其含义、用途、特征等相符的词语。

如健美类化妆品名称中可使用健美；塑身等词语。祛斑类化妆品名称中可使用祛斑；淡斑等词语。

三、本指南是对化妆品名称中的禁用语和可宣称用语的原则性要求，具体词语包括但不限于上述词语。

化妆品标识管理规定

（2007 年 8 月 27 日国家质量监督检验检疫总局令第 100 号公布 自 2008 年 9 月 1 日起施行）

第一章 总 则

第一条 为了加强对化妆品标识的监督管理，规范化妆品标识的标注，防止质量欺诈，保护消费者的人身健康和安全，根据《中华人民共和国产品质量法》、《中华人民共和国标准化法》、《中华人民共和国工业产品生产许可证管理条例》、《国务院关于加强食品等产品安全监督管理的特别规定》等法律法规，制定本规定。

第二条 在中华人民共和国境内生产（含分装）、销售的化妆品的标识标注和管理，适用本规定。

第三条 本规定所称化妆品是指以涂抹、喷、洒或者其他类似方法，施于人体（皮肤、毛发、指趾甲、口唇齿等），以达到清洁、保养、美化、修饰和改变外观，或者修正人体气味，保持良好状态为目的的产品。

本规定所称化妆品标识是指用以表示化妆品名称、品质、功效、使用方法、生产和销售者信息等有关文字、符号、数字、图案以及其他说明的总称。

第四条 国家质量监督检验检疫总局（以下简称国家质检总局）在其职权范围内负责组织全国化妆品标识的监督管理工作。

县级以上地方质量技术监督部门在其职权范围内负责本行政区域内化妆品标识的监督管理工作。

第二章 化妆品标识的标注内容

第五条 化妆品标识应当真实、准确、科学、合法。

第六条 化妆品标识应当标注化妆品名称。

化妆品名称一般由商标名、通用名和属性名三部分组成，并符合下列要求：

（一）商标名应当符合国家有关法律、行政法规的规定；

（二）通用名应当准确、科学，不得使用明示或者暗示医疗作用的文字，但可以使用表明主要原料、主要功效成分或者产品功能的文字；

（三）属性名应当表明产品的客观形态，不得使用抽象名称；约定俗成的产品名称，可省略其属性名。

国家标准、行业标准对产品名称有规定的，应当标注标准规定的名称。

第七条 化妆品标注“奇特名称”的，应当在相邻位置，以相同字号，按照本规定第六条规定标注产品名称；并不得违反国家相关规定和社会公序良俗。

同一名称的化妆品，适用不同人群，不同色系、香型的，应当在名称中或明显位置予以标明。

第八条 化妆品标识应当标注化妆品的实际生产加工地。

化妆品实际生产加工地应当按照行政区划至少标注到省级地域。

第九条 化妆品标识应当标注生产者的名称和地址。生产者名称和地址应当是依法登记注册、能承担产品质量责任的生产者的名称、地址。

有下列情形之一的，生产者的名称、地址按照下列规定予以标注：

（一）依法独立承担法律责任的集团公司或者其子公司，应当标注各自的名称和地址；

（二）依法不能独立承担法律责任的集团公司的分公司或者集团公司的生产基地，可以标注集团公司和分公司（生产基地）的名称、地址，也可以仅标注集团公司的名称、地址；

（三）实施委托生产加工的化妆品，委托企业具有其委托加工的化妆品生产许可证的，应当标注委托企业的名称、地址和被委托企业的名称，或者仅标注委托企业的名称和地址；委托企业不具有其委托加工化妆品生产许可证的，应当标注委托企业的名称、地址和被委托企业的名称；

（四）分装化妆品应当分别标注实际生产加工企业的名称和分装者的名称

及地址，并注明分装字样。

第十条 化妆品标识应当清晰地标注化妆品的生产日期和保质期或者生产批号和限期使用日期。

第十一条 化妆品标识应当标注净含量。净含量的标注依照《定量包装商品计量监督管理办法》执行。液态化妆品以体积标明净含量；固态化妆品以质量标明净含量；半固态或者粘性化妆品，用质量或者体积标明净含量。

第十二条 化妆品标识应当标注全成分表。标注方法及要求应当符合相应的标准规定。

第十三条 化妆品标识应当标注企业所执行的国家标准、行业标准号或者经备案的企业标准号。

化妆品标识必须含有产品质量检验合格证明。

第十四条 化妆品标识应当标注生产许可证标志和编号。生产许可证标志和编号应当符合《中华人民共和国工业产品生产许可证管理条例实施办法》的有关规定。

第十五条 化妆品根据产品使用需要或者在标识中难以反映产品全部信息时，应当增加使用说明。使用说明应通俗易懂，需要附图时须有图例示。

凡使用或者保存不当容易造成化妆品本身损坏或者可能危及人体健康和人身安全的化妆品、适用于儿童等特殊人群的化妆品，必须标注注意事项、中文警示说明，以及满足保质期和安全性要求的储存条件等。

第十六条 化妆品标识不得标注下列内容：

（一）夸大功能、虚假宣传、贬低同类产品的内容；

（二）明示或者暗示具有医疗作用的内容；

（三）容易给消费者造成误解或者混淆的产品名称；

（四）其他法律、法规和国家标准禁止标注的内容。

第三章　化妆品标识的标注形式

第十七条 化妆品标识不得与化妆品包装物（容器）分离。

第十八条 化妆品标识应当直接标注在化妆品最小销售单元（包装）上。化妆品有说明书的应当随附于产品最小销售单元（包装）内。

第十九条 透明包装的化妆品，透过外包装物能清晰地识别内包装物或者容器上的所有或者部分标识内容的，可以不在外包装物上重复标注相应的内容。

第二十条 化妆品标识内容应清晰、醒目、持久，使消费者易于辨认、识读。

第二十一条 化妆品标识中除注册商标标识之外，其内容必须使用规范中文。使用拼音、少数民族文字或者外文的，应当与汉字有对应关系，并符合本规定第六条规定的要求。

第二十二条 化妆品包装物（容器）最大表面面积大于20平方厘米的，化妆品标识中强制标注内容字体高度不得小于1.8毫米。除注册商标之外，标识所使用的拼音、外文字体不得大于相应的汉字。

化妆品包装物（容器）的最大表面的面积小于10平方厘米且净含量不大于15克或者15毫升的，其标识可以仅标注化妆品名称，生产者名称和地址，净含量，生产日期和保质期或者生产批号和限期使用日期。产品有其他相关说明性资料的，其他应当标注的内容可以标注在说明性资料上。

第二十三条 化妆品标识不得采用以下标注形式：

（一）利用字体大小、色差或者暗示性的语言、图形、符号误导消费者；

（二）擅自涂改化妆品标识中的化妆品名称、生产日期和保质期或者生产批号和限期使用日期；

（三）法律、法规禁止的其他标注形式。

第四章 法律责任

第二十四条 违反本规定第六条、第七条规定，化妆品标识未标注化妆品名称或者标注名称不符合规定要求的，责令限期改正；逾期未改正的，处以1万元以下罚款。

第二十五条 违反本规定第八条、第九条，化妆品标识未依法标注化妆品实际生产加工地或者生产者名称、地址的，责令限期改正；逾期未改正的，处以1万元以下罚款。

属于伪造产品产地、伪造或者冒用他人厂名、厂址的，按照《中华人民共和国产品质量法》第五十三条的规定处罚。

第二十六条 违反本规定第十条、第十五条的，按照《中华人民共和国产品质量法》第五十四条的规定处罚。

第二十七条 违反本规定第十一条，未按规定标注净含量的，按照《定量包装商品计量监督管理办法》的规定处罚。

第二十八条 违反本规定第十二条，化妆品标识未标注全成分表，标注方法和要求不符合相应标准规定的，责令限期改正；逾期未改正的，处以1万元以下罚款。

第二十九条 违反本规定第十三条，未标注产品标准号或者未标注质量检验合格证明的，责令限期改正；逾期未改正的，处以1万元以下罚款。

第三十条 违反本规定第十四条，未依法标注生产许可证标志和编号的，按照《中华人民共和国工业产品生产许可证管理条例》第四十七条的规定处罚。

第三十一条 违反本规定第十六条的，责令限期改正；逾期未改正的，处以1万元以下罚款；违反有关法律法规规定的，依照有关法律法规规定处理。

第三十二条 违反本规定第十七条、第十八条的，责令限期改正；逾期未改正的，处以1万元以下罚款。

第三十三条 违反本规定第二十一条、第二十二条，责令限期改正；逾期未改正的，处以1万元以下罚款。

第三十四条 违反本规定第二十三条规定的，责令限期改正，并处以5000元以下罚款；逾期未改正的，处以1万元以下罚款。

第三十五条 本章规定的行政处罚，由县级以上地方质量技术监督部门在职权范围内依法实施。

法律、行政法规对行政处罚另有规定的，从其规定。

第五章　附　　则

第三十六条　进出口化妆品标识的管理，由出入境检验检疫机构按照国家质检总局有关规定执行。

第三十七条　本规定由国家质检总局负责解释。

第三十八条　本规定自 2008 年 9 月 1 日起施行。

图书在版编目（CIP）数据

中国化妆品经营法律指引／焦汉伟著.—北京：中国法制出版社，2020.9

ISBN 978-7-5216-0830-4

Ⅰ.①中… Ⅱ.①焦… Ⅲ.①化妆品-商业经营-经济法-研究-中国 Ⅳ.①D922.294.4

中国版本图书馆CIP数据核字（2020）第020981号

责任编辑　欧　丹　　　　封面设计　李　宁

中国化妆品经营法律指引

ZHONGGUO HUAZHUANGPIN JINGYING FALÜ ZHIYIN

著者／焦汉伟

经销／新华书店

印刷／三河市国英印务有限公司

开本／710毫米×1000毫米　16开　　　　印张／16.5　字数／190千

版次／2020年9月第1版　　　　2020年9月第1次印刷

中国法制出版社出版

书号 ISBN 978-7-5216-0830-4　　　　定价：52.00元

北京西单横二条2号

邮政编码 100031　　　　传真：010-66031119

网址：http：//www.zgfzs.com　　　　**编辑部电话：010-66066621**

市场营销部电话：010-66033393　　　　**邮购部电话：010-66033288**

（如有印装质量问题，请与本社印务部联系调换。电话：010-66032926）